SASCHA ANDERSON

SASCHA ANDERSON

DuMont

Erste Auflage 2002

Ausstattung und Umschlag: Groothuis & Consorten
Gesetzt aus der Neuen Helvetica und der Documenta
Gedruckt auf säurefreiem und chlorfrei gebleichtem Papier
Satz: FAGOTT, Frankfurt am Main
Druck und Verarbeitung: Claussen & Bosse, Leck
Printed in Germany
ISBN 3-8321-5904-5

Nun weiß ich, wann der letzte Morgen
seyn wird, wann das Licht nicht mehr
die Nacht und die Liebe scheucht.

NOVALIS

Wie einen Schatten hat Gott den
Menschen erschaffen wer soll
ihn richten wenn die Sonne
untergegangen ist.
Der Maler wohnt in seinem Schatten, der keine
Sonne braucht.

HEINER MÜLLER

1.1

»Eine sichere Ordnung, eine feste Form ist etwas für das Ende des Lebens. Oder für solche, die Anfang und Ende verwechseln. Auf der Bühne findet das statt, wenn jemand plötzlich beginnt, seine eigene Geschichte zu erzählen. Das bricht die Vereinbarung, fällt aus dem dramatischen Rahmen, stößt das Publikum vor den Kopf, ist der Anfang vom Ende eines Spektakels, für das der freie Bürger den Eintrittspreis bezahlt hat«

Wir saßen, während der Leipziger Buchmesse im Frühjahr 1994, in einem vom Messehaus am Markt gesehen links gegenüber der Thomaskirche in einem diffusen Schatten gelegenen, morgenmüden und leeren Café. Heiner Müllers *Krieg ohne Schlacht. Leben in zwei Diktaturen. Eine Autobiographie* war erschienen. Ich hatte inzwischen ein Jahr in Rom gelebt und mir einen autobiographisch gefärbten Zweiakter, zwanzig

Seiten lang, über Novalis, den Schnellsprecher und *Reiter, der nicht mehr vom Pferd steigt*, zusammengereimt. Eine artifizielle Fehlbesetzung.

»Das ist der Unterschied. Ich bin eine GmbH mit dem Berliner Ensemble, für die letztlich doch der Staat aufkommt. Du, als OHG, mit deinem Verlag für Lyrik, haftest persönlich. Die lyrische Perspektive kann den Unterschied nur als Selbstbehauptung darstellen. Da öffnet sich natürlich ein Abgrund, ein Zwischenraum. Bei mir, zum Beispiel, sind es zur Zeit Träume. Maskenspiele. Keine Selbstkritik; also Farben erst im nachhinein.«

Ich erinnerte mich dunkel: *Mit der Wiederkehr der Farbe droht die Auferstehung*. Die Replik auf ein Bild von A. R. Penck, die Heiner Müller mir 1988 schriftlich gegeben hatte. Penck, der davon ausging, daß man solche Sätze reimen müsse, damit sie ihre Wirkung transportieren und gleichzeitig brechen. Ich war mir im unklaren darüber, ob die Katastrophe in Friedrich von Hardenbergs Lebenslauf nicht der Tod seiner Verlobten Sophie war, sondern das Dunkel, das sich vor ihm auftat. Ein Dunkel, das die Kindheit verdunkelt. Dieses immer wieder Das-Licht-anschalten-müssen wie das Licht hinter dem Ende. Was, außer einem Märchen, sollte daraus noch werden? Ein Mann, der ein Kind spielt, wie ein Kind, das einen Mann spielt. Und zweifellos hatte Novalis in Friedrich Hölderlins HYPERION, der 1797 erschienen war, gelesen: *Sterblichkeit ist Schein, ist, wie die Farben, die vor unsrem Auge zittern, wenn es lange in die Sonne sieht.*

»Was du dem Zuschauer nicht antun willst, das tut er dir an. Die Rolle, die du ihm nicht ausstellst, bildet er dir ein: ein Schauspieler, der das Kind spielt, ist keins. Und wenn du einen Schauspieler hast, der ein Kind ist, wird er es nicht spielen können. Das ist das Kreuz, wenn du ein Kind auf der Flucht aus der Familie in die Familie erzählen willst. Wer in ein Theaterstück geht, will zur Mehrheit gehören, die sich zwischen den Fronten aufhält. Wenn du die Mehrheit nicht sättigst, verkörperst du das Böse. Das Problem der Kommunisten an der Macht. Sie hatten am Ende nur noch Zuschauer, kaum greifbare Gegner.«

Das letzte Mal hatte ich Heiner Müller vor vier Jahren bei einer gemeinsamen Lesung im Fernsehturm am Alexanderplatz getroffen. Die Mauer war auf und irgendein Bruchstück der Kultur, wie die Verteidigung des Ampelmännchens oder die kollektive Erinnerung an die Demonstration der Intellektuellen am 4. November 1989 auf dem Alexanderplatz (an der ich als Fernsehzuschauer vom Westen Berlins aus beteiligt war, das plötzlich hinter der Mauer lag) sollte aus dem Erlös der Lesung finanziert werden. Heiner Müller war in den vier vergangenen Jahren alt geworden und meinte jetzt in meinen Gedichten aus *Jewish Jetset*, die 1991 erschienen waren, einen Gegenstand zu entdecken. Die hügeligen Mittelgebirge meiner wie seiner Herkunft, über die Johann Gottfried Herder, nach seiner Ankunft dort, von Weimar aus gesprochen hatte. Vollendete Vergangenheit. Der Unterschied zur ebenen Bühne des preußischen Theaters.

»Das ist keine Landschaft, durch die man wandert wie durch ein abgewirtschaftetes Ich. Da ist etwas dahinter, immer hinter diesem zerfressenen Horizont, etwas, das schon immer dahinter war. Der Reisende kommt dort an oder durch, vielleicht, aber her kann er von dort nicht kommen und am Ende auch nicht zurück.«

Die Zynismen seiner abgeklärten achtziger-Jahre-Sätze, wie sie mir am besten im Fernsehformat bekamen, waren verschwunden. Keine Anekdoten mehr, keine Pointen. Abschied. Er ging nach rechts, zurück zum Messehaus am Markt, zur Messe, ich nach links weiter, zum Theater. Ich war in der jetzt öffentlichen Kantine mit einem Kameramann, mit dem ich 1974 ein Volontariat bei der DEFA[1] absolviert hatte, verabredet, um ihm die 100 Mark zurückzuzahlen, die ich ihm vor zwanzig Jahren gestohlen hatte.

Wie wir, schweben die Sterne in abwechselnder Erleuchtung und Verdunklung. Und: *Die Natur ist nichts als lauter Vergangenheit – ehemalige Freiheit –, daher durchaus*

Der Boden Der Geschichte[2].

2.1.

Heidenangst hatte im Umkreis meiner Herkunft (wobei von Kreis zu sprechen schon Klasse, Schicht und Stand aufzurufen schien und mindestens so verpönt war wie in jung-kommunistischen Kleinfamilien alte Möbel), weder mit der Angst der Heiden noch mit der Angst vor den Heiden zu tun; und Herkunft war ein Tabu, so kurz nach der Befreiung der Deutschen durch die »armen« Russen. Die Angst war eine mythisch marode, wie alter Knochenleim im Zwischenraum von privat und politisch knirschende Erblast aus den scheinbar immer kürzeren Zeiten zwischen einem vergangenen und einem drohenden Krieg.

Das Politische illuminierte das Private, und es durchdrang das Persönliche wie nichts. Das Private maskierte sich mit der Trinität eines Bösen-Blick-Banners, von der Heidenangst an den Festtagen schwarz-rot-gold in die Öffentlichkeit hinausgehängt; was so viel heißen sollte wie: *Alles in Ordnung* hier hinter den demonstrativ offenen Fenstern einer von Oktober bis Mai leeren Veranda zur Straße. Das Politische und das Öffentliche waren im Wesentlichen eins, demgegenüber es galt, das Private und das Persönliche, wie vor der Politik, so auch vor der Öffentlichkeit zu schützen. Der bizarre Faltenwurf auf dem wetterabhängigen Weg zum Kommunismus waren die demonstrativ miserabel sitzenden Bügelfalten im Marschblock der Innung niedergelassener Psychologen am 1. Mai, dem Kampf- und Feiertag.

Im Hintergrund, hinter den geschlossenen Augen, hinter den schweren Brillengläsern und -gestellen von der Kasse, hinter dem mit aller Kraft mit allem brechenden Aufbruch regierte die Inquisition peinlich stummer Befragung und Folter durch Entzug, die Sprache von unterdrückter Geilheit und LTI [3], der Horror Gebrüder-Grimmscher Zeitlupen, die am beschleunigten Herzen nagten. Nichts sollte nach außen dringen. Die privaten Verhältnisse waren heilig wie andererseits die politischen Zusammenhänge logisch. Ein rätselhaftes, sich wissenschaftlich gebendes, froststarres Grinsen zu Sais [4] bestimmte die Umgangsformen.

Lächeln muß man nicht lernen. Dort, wo das Gesicht der Mutter sein sollte, die den Wagen aus frischgeweißtem Weidenflechtwerk die Belvederer Allee zum Schloßpark hinaufschiebt, taucht die lächelnde Masse Tantengesicht auf. Hinter dem Wolkenrand des Federbetts die sinnerfüllt lächelnden Stimmen. Das wolkige Verswerk des schmalen Horizonts, die abgestumpfte Erfahrung mit der buckligen, wetterverwaschenen Welt, aufgelöst im Kaleidoskop eines ersten Blicks zurück. »Поживём-увидем«[5] oder »Die Birke ist fremd im Deutschen Wald.«

Momente reinster Eingeschlossenheit; die Verknotungen nach innen gezogen. Handwarmes Knäuel, fern der an die Wegränder hin verhexten, glasig im Blick klirrenden Märchenensemble wie Vergangenheit und Zukunft. Das Lächeln transportiert vielleicht einen weithergeholten Laut, oder ist nur die Öffnung seiner Dehnung. Die Öffnung zurück, in ein konzertantes Grunzen aus der Tiefe einer vorchorischen, hinteren Dunkelheit.

Die Instrumente sind gestimmt. Das Kind ist hellwach und in Diskant gekleidet und fast schon wieder dem Schlaf der Welt nahe, wenn die Stimmflut endlich aus einem der Vokale hinabsackt. Ein permanentes Hoch-Tief, andauernde Vergesellschaftung, die mich weder wachen noch schlafen läßt, der eine Stille folgt wie *ein weißes biscuit*, der Mehrwert vom Bäcker um die Ecke, eine lichtdurchlächelte Stille.

Am 24. August 1953, wenige Minuten nach Mitternacht, hatte mein Vater, gewillt, die Hauptrolle eines Vaters zu lernen, das Kind, selbst das Kind, das er darzustellen vorgab, von der Bühne verdrängt. Verdrängt unser verabredetes Lächeln im Sternbild der Jungfrau am Kometen-Himmel über Weimar, den lächerlichen Batzen des ewigen Ebenbildes, verdrängt die lachhafte Menge, verdrängt von der Waage als dialektischem Weltbild.

Mein Vater war nicht der Autor, der er sein wollte. Er wollte *die Puppen tanzen lassen*, sie dergestalt zur Sprache bringen. Und er hatte keine Zeit, denn er hatte kein Sprechen. Wenn er aufwachte, schaute ihn das Wort Mutter an. Dann schlief er ein wie ein Gesetz, das »immer Eins nach dem Anderen« verspricht und hält, was es versprochen hat, ihn von Anfang an allein zu lassen, mit den Geschwistern seiner Gebärdensprache, mit den Schwangerschaften seiner Mutter, mit dem waldgeborenen Wahnsinn seines Vaters, mit dem nachtleeren Loch der Bühne, der deutschen Muttersprache, der er sich stumm – *Alle Menschen werden Brüder* – wie der kosmischen Grammatik widersetzte. Ihm blieben, das Begreifen und die Angst vor den infantilen Verrenkungen der Kunst. Der Glaube an die Wahrhaftigkeit der Kunst. Die Wahrheit des Willens. Der Wille zur Kunst, begriffen als Furcht vor den Spielregeln. Der Vater, den das Kind spielt, hat kein Alter. Wie alt wird das Kind, das der Vater spielt?

Meine Mutter hatte keine Worte, nur eine die Fremdwortgewalt ihrer Kindheit wie ein russisches Gutenachtlied absorbierende Stimme. Hinter den Versen – *Wenn nicht mehr Zahlen und Figuren Sind Schlüssel aller Kreaturen … Dann fliegt von einem geheimen Wort Das ganze verkehrte Wesen fort* – vermutete sie ein prinzipielles Letternskelett und (»Über Geschmack läßt sich nicht streiten«) die jederzeit mögliche Korrektur der Ordnung einer gewiß allenfalls in ihrem Kern unüberschaubaren Sachlage.

Das Wortwörtliche war nicht gekleidet in die verschiedenen Dialekte ländlicher Herkunft, für die ich mich hätte entscheiden können, sondern in die auszuforstende Sprache eines übergeordneten Zieles: das Hochdeutsch des Rollenspiels auf der Bühne – und da die in den Sternen stand –, die Rolle hinter der Bühne. Dort, im Jenseits des paradiesischen Arbeitsplatzes zum Nachkriegsglück, wurde die Sprache abgewetzter Krägen, gewendeter Tweeds, drückender Strumpfhalter und kratzender Unterwäsche studiert. Im Gegensatz dazu der über die Zeitenwende gerettete, safranseidige Fundus des beständigen Theaters.

Der Wille meiner Eltern, mich Kind in Sternbilder zu betten, scheiterte an den Gegensätzen, nicht aber an den so naheliegenden Gegenständen, wie Sonne, Mond und Sterne es einst waren.

Als ich achtzehn Jahre alt und volljährig war, nannte ich mich DAVID MENZER, ein Versuch, der jüdischen Linie meiner mütterlich-großmütterlichen Familie den süßen Geschmack einer – zu früh für Geständnisse – aus dem Radebeuler Nachbarhaus mit ihrer Familie fortgezogenen Liebe beizurühren. Vor- und Nachname, romantisiertes Symbol des unberührbar und -erreichbar Naheliegenden.

Zehn Jahre später nannte ich mich FRITZ MÜLLER. Längst hatte ich die Hoffnung aufgegeben, vom KGB, der mich 1971 angeworben hatte, als ich mit dem Dresdener Maler Peter Glomp, dem ich Modell stand, Berlin besuchte, zum Agent hinter den feindlichen Linien ausgebildet zu werden. Vielleicht hätte ich mich Karl Horst nennen sollen, nach dem Berliner Stadtbezirk, in dem die zwei konspirativen Treffen mit jenem Kultur-Offizier stattgefunden hatten, der eigenartigerweise eine russische Couragiertheit meiner Großmutter, die er zu verehren vorgab, einer jüdischen Verzagtheit meines Großvaters, den er als Dolmetscher in Thüringen kennengelernt habe, gegenüberstellte. Karls-Horst wäre meinen Dresdener Führungsoffizieren sicher eine Sinn- und Rückfrage mehr wert gewesen als Fritz Müller. Karlshorst, wo ich, noch kaum zwei Jahre alt, ein Jahr lang mit meiner Mutter gelebt habe, um eine der vielen Tages-und-Wochen-Stätten meiner Kinderjahre zu besuchen.

So war der Rest meiner Jugend ein Vorlauf *mit links*, ein lächerlich psychokratischer Akt, die reine Routine. Absolut unnötig, mich aus meinem Tag-und-Nacht-Traum von der noch besseren Welt zu reißen. Ein Leichtes, mich am Rande dessen, wofür ich Synonyme bereit hielt, zu plazieren; den *Schweiß der »Arbeit* hinter den Kulissen« auf der hohen Stirn, bescheiden bis ins Mark, lächelnd und wissend und ein Glas Московская in der Hand.

Erst 1986 entschloß ich mich, verbittert von der eigenen Desillusion, zerrissen von meiner rücksichtslosen Fähigkeit zu verstehen, aggressiv bis in den Schlaf, gierig, geliebt zu werden, fernsehsüchtig, paranoisch und klaustrophobisch, in den Westen Berlins überzusiedeln. Ich stellte einen Ausreiseantrag und einen Antrag auf Entlassung aus der Staatsbürgerschaft der DDR. Als meine Führungsoffiziere mich, nachdem ich einen letzten Bekenntnistext zu den Akten gegeben hatte, von dem auch die, die ihn aufgesetzt hatten, um vor ihrer Führung zu glänzen, wußten, daß er nichts als Selbstbetrug war, fragten, welchen Namen ich mir jetzt für meine neue Mission geben wolle, wählte ich PETERS. Peter, der Herzens-Wunsch-Name meines Vaters, den er sich hatte aufsparen müssen für einen zweiten Versuch, einen zweiten Symbolismus, ein zweites Rollenspiel seines Fortpflanzungswillens.

Wie ich mir erzählen ließ, verbrachte ich die ersten Monate meines Lebens mit meiner lebenshungrigen Mutter, die sich später in einer archaischen Mansarde der Thomas-Müntzer-Straße in Weimar an ihrer Diplomarbeit versuchte, in einem

Geraer Mütterhaus, wo es lebhaft zugegangen sein soll. Der deutsche Sozialismus nach sowjetischem Vorbild (Nur wer arbeitet, darf sein Kind auch in der Wochenkrippe abgeben.) traf in meiner Mutter auf einen kolchotischen Herkunftsnerv und in mir auf das Gute an sich.

Während mein Vater seinem ersten Engagement als Dramaturg am Theater der sächsischen Kreisstadt Bautzen nachging, folgte meine Mutter dem Ruf ihres Architekturprofessors Henselmann an die Aufbaufront der Ostberliner Stalinallee, und mein dreijähriges Ich wurde schlagartig Zeuge einer Prozession an die Gräber von Karl Liebknecht und Rosa Luxemburg[6]; ein Ereignis, dessen andauernder Widerhall sich mir einbrannte als die grundlegende Perspektive,

Daß Draußen Stehen Heißt.

Keine der ins Schöne gilbenden Erinnerungshilfen mit ungleichmäßig zackig gezahntem Rand rahmt meine erste Erinnerung. Das, was der Netzhaut des von einer Sekunde zur anderen rückwärts Vorwärtsdrängenden sich einbrennt, sich wüst hochstapelt wie, zum Beispiel, ein Fahnen-Wald nach abgeleisteter Gedenkarbeit auf dem die Kurzgeschichte begleitenden Anhänger mit russischer Zugmaschine, all das will sich an Motiven entflechten.

Was hilft es mir jetzt, zu wissen, daß nicht das Rot des Himmels schnalzend wie ein Spruchband im Wind über mir schwankt, nach hinten wegbricht unter meine auf vier Rädern quietschende Erde und ihre Schwester, den haushohen russischen Bruder Traktor, kein aus dem dampfenden Filz der Fahnenträger steigender Nebel mich emporheben wird, auf die Schultern der Welt, nachdem Himmel und Erde nicht die Farben getauscht und ich nie die goldene Fraktur des Schnees von den Gräbern gesammelt habe. Die Fahnen bedeuteten mir in ihrer haufenhaften Wirklichkeit nichts. Meine angeboren kurzsichtige, die Welt als einen Farbflickenteppich betrachtende Kindposition im Kinderwagen am Rande dieses Totengedenkens steht für noch nichts. Das Ich ist noch keine Selbstbehauptung, ist höchstens ein Mit-Teilchen unter anderen, die auch nur Farben sind wie Rosa, Karl, Luxemburg, Liebknecht, Stein, Haufen, Fahne, Zugmaschine, Stalin und Stimme. Aber auch Angst und Dunkelheit, Nacht und Welt, Wirklichkeit und Wahrheit sind Namen der Vergangenheit, kurzsichtig zum Regenbogen einer pflichtvergessenen Komparserie aufgespannt, die aus ihrer Rolle fiel in dem Moment, als mir meine erste Brille angepaßt wurde.

Zurück in die ausgewaschene, über meine verkrampften Unterarme abgewickelte Wolle. Dahin zurück, wo der Stundenlohn für das wiederholt zu Verstrickende bei Ostmark 1,50 lag. Und was sind schon eine Mark und fünfzig Pfennige, im Angesicht der Kommunisten, die uns versprechen, das Geld abzuschaffen, damit das Ich im Allgemeinen aufblühe. Und selbst meine Mutter wußte noch aus ihren sowjet-republikanischen Kinderjahren zu erzählen, daß nicht nur im Winter die Öfen mit Streichhölzern und die Pferde mit Brot gefüttert würden.

Derart verschwanden wir in meinem dritten Jahr aus Berlin, um uns, gemeinsam mit meinen Großeltern mütterlicherseits meinem Vater zuzugesellen, der an den Theatern der Landesbühnen Sachsen in der Doppelrolle als Dramaturg und Schauspieler zu glänzen begonnen hatte.

Wenn er jung ist und kräftig ohne Ende und geboren zum Agitator und Propagandisten und ideologisch geschult, glaubt auch der sozialistische Künstler, Mephisto sei die Urgestalt des Faust und das Glück auf der Seite dessen, der die Gebärden seiner Rolle beherrscht.

Seit meiner ersten Erinnerung aber hat das Glück die Gestalt jenes Augenblicks, der mich aus der Form zurückwirft. Zurück in eine frühe Gestaltvielfalt. Und wenn auch Wachstum das Ziel war, so nie als ein Stammbaum symbolischer Artenvielfalt. Das von Sprüchen wie »Ich suche nicht, ich finde« wie von einem Schlußfirnis überzogene, förmlich räumlich gerahmte Bild der goetheschen Urpflanze blieb mir fern. Das Greifbare blieb unbegreiflich, wenn es sich nicht im Chor seiner Farben erklärte.

Wie die Stimmen der Tanten, hinter denen das Wort Flucht lauert, das sich in ihren Wartezeiten festsetzt. Die Flucht ihrer Familien durch den Westen und schließlich aus dem Westen in den Osten. Die Flucht mit ihren Familien durch den Osten und letztlich aus dem Osten in den Westen, wo ihr Glaube mit dem Rückweg verschmolz mit der Flucht aus der Bedeutung ihrer Verhältnisse in die Bedeutung ihres Zusammenhangs. Sie geben nichts, das ohne sie unbedingt anders zu verstehen wäre als ein Zusammenhalt.

Zwischen der Sprache, die ihrem Unglück entspricht, und der inzwischen formvollendeten Existenz meiner Kindheit bleibt eine Wand. Eine dumpfe Schuldwand, an die ich mein Ohr presse, in das die exzessiven Satzfetzen der im geteilten Deutschland auch noch getrennten Familie tropfen. Eine zu grelle Verzweiflungswand, aus der das Politische und das Heimatlose sickern, verquirlt zu einer einzigen flüsternden Menge von Buchstaben, wie ich sie 1964 oder 1965 noch auf den Transparenten der Einheit behauptenden Deutschlandtreffen las. Die handgreifliche Ohnmachtswand, die mich in den Schlaf drückt, die nächtliche Wort-, Satz- und Versvernichtungswand, die Pinnwand der klassischen Strophe:

Meine Eigenen Vier Wände.

Diese früh an sich selbst Aufgerichteten, die in mir einstürzen. Wie das Unglück, als ich aus der ersten meiner weinroten Kordsamthosen herauswuchs und hinein in die aktuelle Mode, zu der mir die halbhohen Stiefel fehlten. Ein einziges Murmeln, auf- und abschwellendes Raunen, ein erschöpftes, unausweichliches, in die Küche, fern des Kinderzimmers sich rettendes, Gläser spülendes, motorisches Zerren. Ein weniger als selbstkontrolliertes, Schlaf und »Ende der Debatte«, und »jedes weitere Wort ist sinnlos« forderndes, aus der erschöpfenden Anwesenheit, in den väterlichen Schlaf sinkendes Unglück.

Mein Zimmer, schmal wie ein Handtuch. Schmal wie die Handtuchfelder der Ende der fünfziger Jahre noch auf ihren winzigen Mutterböden das Vaterland aberntenden Bauern. Die »Klasse der Bauern« auf dem Lehen, auf dem staatlicherseits zugesprochenen Blut-und-Boden. Kontrolliert wie die kreideweiße Lineatur der sachlichen Futura[7] auf den Transparenten der jungen Landagitatoren, zu denen mein Vater zählte, um an den Wochenenden (die Kinder im Troß) den Neubauern die genossenschaftlichen Vorzüge zu klampfen. Keiner der sich reimenden Sprüche – ein Tribut an das Analphabetentum – ist mir im Gedächtnis, nur daß die armen Bäuerinnen die Kinder vollstopften mit eigens zum Festtag ihrer Selbstaufgabe Selbstgebackenem.

Schmal wie der Lichtspalt zum fensterlosen Flur, dem Mittelpunkt der Wohnung. Am Abend, wenn die Großeltern sich in ihre estnisch-russische Zweisamkeit zurückzogen, ein Zeichen dafür, daß die Luft brannte. Auf den geschlossenen Lidern schmerzen die Stimmen. Der Schlaf greift sich das Nichtverstandene. Dem Kind fällt es schwer, die Augen geschlossen zu halten. Die Nacht beginnt. Wenn das Licht ins Schlüsselloch fällt.

Eines nächsten Tages waren meine Großeltern nach Weimar zurückgezogen. In ein wuchtiges, der Kleinstadt um die Jahrhundertwende eingekerbtes Jugendstilhaus. Gekrönt von einer patinierten Kuppel, überragend in die namenvolle Sonne gepflanzt, im Schnittpunkt von Belvederer Allee und Amalienstraße, so daß Wielandplatz und Frauenplan im Schatten lagen, wie die von sechs- auf sechzigtausend Einwohner aufgeblasene Almosen-Empfänger-Gemeinde der kurfürstlichen Politik, die sich aus Gewohnheit für die Verliererseite zu entscheiden hatte, nun im Schatten einer verschämt gelichteten Klassik der Aufklärung.

Ein Licht, in dessen leibfüllendem Herz ein schwarzlackierter Flügel schlug, angerührt von den ohne Partitur ihre Erinnerungen fügenden, über ihre Jugend in Saratow, Moskau und Petersburg hinperlenden Fingern meiner Großmutter. Ein Licht, in dem ich aufgelöst versank, gekrümmt wie eines der Bücherregale unter den zur Stadt hinausgewölbten Fenstern voller Puschkin-in-Deutschland. Ein Licht, das weiterhin aus den goldenen Pedalen tropfte, wenn der traditionelle Pragmatismus der Mutter meiner Mutter ihren Mann und mich aus einem der ziegelrot neubezogenen Sessel rief, auf die schattige Seite des Nachmittags, zum weißbespannten, mit варенье und Tee aus der Untertasse gedeckten Tisch.

»In Radebeul, denn das liegt zweihundert Kilometer weiter im Osten, ist es schon Abend«, sagte, um etwas zum Fortgang des Tages beizutragen, mein Großvater, der studierte Chemiker und: »die Bolschewiken müssen schon bald wieder aufstehen.« »So weit entfernt«, gab meine Großmutter, die in Moskau Mathematik studiert hatte, zurück, »ist Rußland auch wieder nicht.« »Sibirien«, versuchte es mein Großvater noch einmal, um uns deutlich zu machen, in welchen Dimensionen er den Unterschied zu verstehen gedachte; von unsterblicher Größe und absolut, weil sie rund war, und an einer der Schiffslinien von Hamburg nach New York, an deren Gründung, Betreibung und Aktienkapital ein Vorfahre beteiligt gewesen sei … »Nicolaus. Wenigstens haben wir keine Kakerlaken mehr an der Wand, aber müssen wir uns deshalb gleich mit einem Rembrandt hervortun.«

Und ich stellte mir vor, meine Eltern schlafend, nah bei Dresden, Der *Mann mit Goldhelm* leuchtet, und an der Wand gegenüber: Ganymed, in ein himmlisches Rest-Rot pissend, braucht keine Lampe, keine Taschenlampe, vor die man ein rotes, gelbes oder blaues Glas schiebt – und wenn man gelb und blau addiert, wird es grün unter der Bettdecke und die Geschichte im Buch eine andere.

Das ptolemäische Inselreich des eckigen Teppichs im Wohnzimmer, das außerdem als Arbeitszimmer des Vaters diente. Im blauen Zimmer der Mutter nebenan schliefen die Gäste oder wurde feiertags gegessen. Der zwischen traumzerkauende Sprache und Schlaf vor der Arbeit geklemmte Schlauch namens Kinderzimmer. Nichts als Kinderzimmer. Die unseligen Zimmer in den Häusern nach 1900, in denen sich, wie in der Pekingoper die Stimmlagen, die Funktionen stapeln. Eßecke, Arbeitsecke, Leseecke und Schlafecke. Schrankwand, Fensterwand, Bilderwand und Bücherwand. Wer Bücher hat, hat keine Farbe. Mir, ohne Brille, blüht aus dem Graugrün und Marx-Engels-Lenin-Stalin-Profil der Buchrückenwiese das Weiß der Wände, wie Bauhaus und Brecht es uns lehren. Und Blumenbilder. Blumen von B., dem sächsischen Kunstmaler, dem Trink- und Skatgenossen aus der Gastwirtschaft *Zum Russen* zweimal um die Ecke.

Bilder Nicht Blumen.

Der Teppich mit den orientalisch fernen Motiven, das Festland gegen Kepplersche Gewißheiten. Das Ufer der Bücher, der letzte Halt Robinsons, das an den Strand gespülte Buch. Unter dem ersten Augenschein aufblitzende, anachronistisch gen Moskau donnernde Kavallerie. Von Steppenstaub und steter Morgendämmerung begleitete, vergilbte, aus dem Leim flatternde Welt kindlich gelungener Landnahme.

Radebeul-Ost, Kleinstadt am Rande der sächsischen Theaterwelt meines Vaters, der meinen Vater spielte und mit stimmgebildeten Ansprüchen meiner Mutter, die ihrerseits von der Innenarchitektur zum Kindertrickfilm überlief, die Standards vorsprach. Meine Mutter, die ihre Liebe zum Baltischen Meer mit dem Blau eines Teppichs grundierte, in dem ich nach dem Tafelsilber tauchte, das vor den Augen meiner Tante Tilda von Buxhoeveden, vor Reval, bevor die Russen kamen, in der Ostsee versunken war. Die Ostsee, eine gold- und silbergrundierte, dem Kind durchschaubare Tiefe.

Gelegenheit Macht Liebe.

Sie setzten mich in einen D-Zug und hängten mir ein mit Kopierstift blei-violett beschriebenes Pappschild um den

Hals, auf dem stand: *Alexander Anderson, 5 Jahre alt, Fritz-Schultze-Straße 8, Radebeul und Weimar, Am Frauenplan 6, wird von seinen Großeltern de Reese vom Bahnhof abgeholt.*

Unterwegs von Dresden über Karl-Marx-Stadt[8] nach Weimar. Notbremsung. Eingehüllt in den Dampf der alten Reichsbahn, zum Stehen gebracht über der Mulde. Der Bachgrund ein Haufen in die Tiefe gesackter Stahlreste vom Rückzug der deutschen Wehrmacht vor den Russen. Der Anfang der neuen Zeit auch in den Tälern des Erzgebirges. Das chaotische Knäuel Sisyphos', Erz, unter der Talbrücke in die rostig einem ewig fernen Styx zuplätschernde Lethe gelegt, über die im Schrittempo eine Reihe Waggons mit quietschenden Rädern kriecht.

»Hier hat jeder ein Blatt Papier, auf das er schreibt, was er an Wertsachen mit sich führt.« Wenn die Lokomotive die Behelfsbrücke passiert hat und die hinteren, überfüllten Abteile abstürzen, schieben die vorderen Wagen die noch lose auf den Schwellen liegenden Gleise auseinander und müssen von den über dem Abgrund hängenden getrennt werden, damit wenigstens die 1. Klasse noch zu retten ist.

Was ich von der Geschichte verstanden habe, erzähle ich meiner Großmutter. Wie sie zu Ende ging, weiß ich nicht; es ist wahrscheinlich eine dieser Geschichten ohne Ende. Wenn ich es zurückschauend betrachte, dann ist es auch eine Geschichte ohne Anfang. Denn am Anfang wird man geboren, als ein Kind der Liebe, und wird rücksichtslos geliebt. Ich glaube, daß auch ich geliebt worden bin. Aber meine Eltern mußten Rücksicht nehmen. Eltern, die sich in der knappen Zeit nach dem Krieg verliebten, waren an Rücksichten gebunden. Die Kinder dieser rücksichtsvollen Eltern sind nicht geboren worden. Sie waren nicht Kinder der Liebe, sondern Fortsetzungen der leistungsbereiten Liebe. Der Kopf und der Leib. Das Leben und die Liebe. *Hammer oder Amboß sein.* Der Schweiß des Steins und der Schweiß des Steinebrechers. Die grausamen russischen Maler, die das, was sie malten, wie die französischen Modernen malten. Der Schweißausbruch, der in der Herkunft lauert, da irgendwo hockt, irgendwie. In der Ebene Estlands, Licht zwischen den Birken, ohne den Weg zu wissen, nur das wie. Mit dem Keinenleib, der da hingeweht ist über die Elbaue bei Dessau, mit dem jugendlich angstverklebten Rücken zum Ostharz, fast der Gauleib noch und schon der Beiderleib.

Denn die Liebe war das Tier, das die Eltern nicht mehr sein wollten. Vier Füße und zwei Köpfe. In einem der Müll asphodelischer Felder und im anderen – am Grunde der Saale, am Grund der Elbe, am Grund von Ilm und Ilse, Prießnitz und Pool – der Pappschildkamerad, der das Ende nicht sieht. Narziß, der sich laut hersagt, was – wie grausam – er in einem verschlossenen Briefkouvert in seinem schweißtriefenden, wasserfesten Brustbeutel aus blaßhäutigem Wachstuch mit sich führt.

Flach wie der Teich der Erinnerung, die Moritzburger, inzwischen zur Karpfenzucht rekrutierten Teiche. Wenn die Bauern, die zur Belustigung des Königs August von Sachsen Seeschlachten imitierten, kenterten, standen sie bis zu den Bäuchen im Wasser, »die faulen Schweine.« Zur Not Erschießung nach verlorenem Spiel. Sonnensonntag, da die Eltern ausschlafen. Im Anfang war es 6 Uhr. Der Teppich, auf den ich die Bücher aus den hohen Regalen herüberangelte, sie mir zu blassen Sternbildern zusammenzählte, die ich aufhängte an den Wachtraumwänden, den Weltwächterwänden, den nimmermüden Weltbildwänden. Eine graugelbe Sternchen- oder Buchstabensuppe aus *Die Steppe brennt um Mungalow*, vier Bände Mao, John Reeds *Zehn Tage die die Welt erschütterten*, Makarenkos

Der Weg Ins Leben.

Auf der anderen Seite des Tals, zwei Stunden von Tartaros, gab mich meine Mutter zum letzten Mal, da ich im Herbst zur Schule kommen sollte, für einen ewiglangen Sommer in Elysium ab. Auf ihrem Motorroller BERLIN fuhr sie mich nach Weimar, wo die Großeltern den sienafarbenen *F9* [9] für die lange Reise an die Ostsee, das Baltische Meer, die Insel Usedom, Trassenheide und Zinnowitz, wo Polen beginnt, am anderen Ende der Welt, längst gepackt hatten.

Erst wenn die Füße das Trittbrett erreichen, darf das Kind auf den Sozius. Die Angst darf mit, weil sie singen muß, damit die Mutter hört, wann das Kind müde wird. »Genau hier beginnt Thüringen.« »Den Berg hinab rollen wir, benzinsparend im Leerlauf.« »Gleich siehst du den Ettersberg.« Unter dem von unzähligen Sommern elfenbeingilben Kindersturzhelm die singende Angst davor, daß die Großeltern ohne mich abgereist sein könnten. Ein dämmrig frühes Wissen davon, daß die Sonne im Westen untergeht, um uns von Osten her zu überrunden, und kein Fahrzeug der Welt ist schnell genug. Das Motorrad ein resistaschwarzer, gelblichweiß blessierter Angstpfeil. Ein Erlkönig in der experimentellen Fassung von Charles Ives [10].

Die den Einheits-Rauhputz der ersten Häuser pflügenden Anker der Augen, selbst, wie Betonkanonen hinter der Schutzbrille brennend, auf die einzige Aufgabe gerichtet, das zusammenzuhalten, was *die Zeit verplempert* wie die hügelige Landschaft das Echo der rasenden Fahrt.

Was der Traum trennt, um es in die ewige Nacht, den ewigen Tag oder in den Nirosta-Baukasten der Kindheit zu sortieren. Was da als vollgepacktes Auto vor FOTO-HELD an der Belvederer Allee steht – in den milchweißen Scheinwerfern der Widerschein des erleuchteten Hauses: ein lückenklaffendes Hirn.

Die Lücke, die ich bin, zwischen den Cousins und Cousinen, zu spät »чёрт возьми« am Abend aufgereiht nach dem Alter des Lebens und der Größe, der nachgeholfen werden kann mit Büchern, für das Album der Familie auf dem Diwan, vor der Batik-Vedute von Tallinns Türmen, verziert mit dem Wappen des Deutschritterordens. Die Mitte. Freigehalten für mich, in einem meiner neuen Matrosenanzüge.

Die Membran der bunten, Blüten stilisierenden Oberscheiben einer Flügeltür, die in sirrendem Diskant aus den Wänden gezogen wird, um sich zu schließen in der blitzenden Synkope ihres Messingschlosses, das seidige Geviert der Steppdecke, ein in kaltgemangelte Weißwäsche geknöpftes, rhombisches Herz, warmabgetöntes Gelächter von Müttern, Schwestern, Tanten, die ihre Erinnerungen auf der Waage familiärer Erzählung ausschütten.

Der Fleischer namens Fischer in Weimar. Der Heidelbeersaft aus dem blauen Plastikbecher am Parkplatz auf der Autobahn, die aschweißen Bälle auf den aschroten Tennisplätzen der Seebäder. Der Großvater mit seinem knorrigen Wanderstecken, die windflüchtigen Föhren. Die Großmutter und ein grauer Hund, von dem sie das Schwimmen zu lernen scheint. Der Fischer namens Fleischer im Nachbarhaus.

So wie es war, so soll es sein und bleiben. Hinter den Bilderrätseln knarrt auch noch das Nußholz der Doppelbetten, und ich halte den Atem wie die Zeit an, wenn ich mich zur Wand drehe und die Hand hinter das Rubinrot des durch das Bleiglas sickernden Salons schiebe.

Die Personage ein und derselben Geschichte jagt wieder und wieder wie in der böhmischen Frührenaissance durch das Bild. Die Szenen jagen über die winzigen Abgründe der Zeit – blendend ausgeleuchtet von einem ewigen Augusthimmel. Und ich jage mich selbst durch die Dunkelheit vor meinen Augen in jede der Lücken, in die ich die nächsten dreißig Jahre jedes herrenlose Tier die Rolle zu spielen einlud, in der das Kind nichts weiter zu sagen hätte als:

Einmal Noch Schlafen.

2.2

Der Eßtisch der Familie, ein sogenannter Couchtisch, und der Teppich, den dieses gesellschaftliche Ungeheuer auf der anderen Seite meiner Insel besetzte, galt als Festland.

Das Sofa unter den sieben farbigen Scherenschnitten, die Standards aus der Pekingoper figurierten, diente als Notbett. Die Gäste gingen und ließen blumig Erzähltes zurück. So wie der von mir leere Sommer – die hoffnungslos gierige Blüte der filzigen Klette vor der Mauer zum Nachbargarten – am Blau eines meiner vorweihnachtlich neuen Strickpullover hängenblieb.

Nachtschattiges Durcheinander, das durch die Wände trieb, verstäubte Überlebensmagie, in nebeligen Kammlagen ostdeutscher Mittelgebirge nicht, aber noch in westdeutschen Hochgebirgen kurierter Tuberkulosen, dem Kind entwendete Hosenträger oder Patty Frank[11], die noch lebende Legende am

Stammtisch der Stammkneipe. Die matte, bernsteinfarbene Maser des *Hellerauer Schrankwandsystems* im ungeheizten Zimmer der Mutter. Die Gegenstände hinter den Schranktüren, an denen die Schlüssel fehlten.

Die Dinge hatten zwei Seiten. Die Außenseite, die mich einschließende Kehrseite des Süßen, die nikotingelb flatternde Hand des Vaters, meine kanariengelbköpfigen, einäugigen Antworten, die ich wie Stecknadeln aus dem Teppichblau kämmte und im Mund versteckte, um den Falter, der die höheren Ideen verkörperte, daran aufzuspießen. Ein Holz, an dem – welches Schloß auch immer ich, mit jeder Nadel, die ich zum Dietrich bog, aufbrach – der Duft von AFTER EIGHT, LUX und HB haftete.

Die Welt war ein Verpackungskunstwerk. Ein Paket aus dem Westen, ein Westpaket, ein mit unzählbaren, von mir weder rück- noch nachvollziehbaren Westknoten verschnürtes Weltbild. Ein duftendes, berauschendes Dunkel, das sich mit der ölig ornamentalen Präsenz süßer, russischer халва verbrüderte, die wir in blechernen, an den Nähten rostigen Büchsen aus Moskau bezogen.

Wenn die Gäste gegangen und die Nächte nur noch ein Cocktail aus alkoholisiertem Atem und Schlaf vor der Arbeit waren, schlich ich mich in das Zimmer meiner Mutter, schaltete das Radio an. Im Schimmer des kaltgrünen magischen Auges und einer Skala mit mir damals jederzeit erreichbar scheinenden und klangsicheren Orten wie Kapstadt, Melbourne, Montreal, Nairobi öffnete ich die Schränke und versuchte die Knoten in der Reihenfolge, in der ich sie löste, auf Durchschlagpapier nachzuzeichnen; einen Berg Knoten für jedes Paket. Ein Berg Schnüre für jedes Paket, ein Berg Packpapier für jedes Paket, ein Berg von Päckchen aus jedem Paket. Jedes Päckchen verschnürt mit farbigen Bändern, metallisch durchwirkt. All dies öffnete, glättete, stapelte und ordnete ich. Eine Ordnung, dic es mir ermöglichen sollte, die Verhältnisse vor meinem Einbruch zu rekonstruieren. Ich breitete den Inhalt des Schrankes vollständig auf der nächtlichen Insel des Teppichs aus und stieg in den Duftraum. Ich schloß die Tür, indem ich die Nadel von innen ins Schlüsselloch steckte und zuzog. Ich schloß ab und sah von innen auf die von mir freigelegte Westwelt, diese unter ihrem welt-skalengrünen Himmel schwimmende Insel der Geschenke.

Ich war im Moment meiner Untat aus der Welt meiner Untat verschwunden. Ich tauschte mich aus gegen die Geschenke. Ich war der Schlaf bis Ostern oder Weihnachten und der, der am Morgen, als alles entdeckt war, nicht in seinem Bett schlief.

Niemand kam in der restalkoholischen Eile des Morgengrauens vor der Arbeit auf den Gedanken, ich hielte den Platz der Geschenke besetzt, und wenn ich in meinem eigenen Bett fehlte, könne es nur bedeuten, daß ich auf der Flucht vor den Folgen der Untat das Vaterhaus vorzeitig Richtung Schule verlassen habe. Das Radio wurde abgestellt, das überwache Kind ausgeschlossen. Ein in den Schrank, das Zimmer, das Haus eingeschlossenes Schlüsselkind. Gierig nach

Rosamanna, Kissell Und Bubert.[12]

Wie Schlaf in Kristallschalen geschüttet. Auf die Veranda gestellt, in die Kühle. So sieht das gute Gewissen aus. Geflocktes Milchweißrosa, geliertes Brombeerblut, luftiges Süßkartoffelgelb. Das schlechte Gewissen greift nach dem guten. Schlecht gleich schmutzig.

Beschmutzt von der Arbeit, die Einzelheiten aus dem Weltbild herauszuhalten. Wrackteile, die wie Schokoladenstücke im Schatten unter dem Kinderbett zu gammeln beginnen. Schmutz wie tatsächlicher Staub, vor Ostern aus dem reinen Geist abgestandener Bücher geschlagen. In der eigens für diese alljährliche Bibliotheksentstaubung hergestellten Zugluft. Schmutz, das legale Schlachtfeld des Vaters. Die der Selbstbindung überlassene Schicht Staub juckt auf der Haut, der unwaschbaren. Ein Rest schlechten, vom lauwarmen Wasser aus dem Fünfliterboiler bis zu den Ellenbogen eingeweichten Gewissens, in das ich mich stützte und, in den Rasierspiegel vor meinem Gesicht starrend, gestützt blieb, bis die in der knappen Probezeit zwischen Brechts MUTTER COURAGE und Gorkis DIE MUTTER geschulte Stimme »Wenn in drei Minuten niemand vor deinem Teller sitzt, fliegen die Bemmen in den Schweinetrog« rief. »Du bleibst so lange vor deinem Teller sitzen, bis er ratzekahl leer ist.«

Eine glasig stinkende, klebrige Haut. Kontur, die an ihrer Mitte nagt, »Was heute nicht gegessen wird, steht morgen wieder auf dem Tisch«, Tages- wie Jahresringe. Schweiß der schwitzenden Pflanze im Querschnitt. Je kleiner das Tier, mit dem ich zu vergleichen bin, desto größer die Angst, ich fräße mich selbst. »Parasit der Gesellschaft.« Totes Brot. Tödlicher der Belag. Brotpyramide. An den Unterseiten der Blutwurstviertel klebt Harzer Käse. »Hast du es endlich gefressen.«

Was soll von so einem immer und niemals hungrig Verstockten anderes bleiben als die Überschrift *Der Vater, die Mutter, das dreckige Kind.* Der Karpfen, die Anchovispaste, das Kabeljaufilet. Atheistische Freitags-Dreieinigkeit. Bin ich es, der an den Gräten erstickt, während die Illustrierten FÜR

DICH und FREIE WELT in spaltenlangem, grazilem Flattersatz und vierfarbigen Anzeigen ausgemergelte, afrikanische Kinder abbilden.

Nicht ich hocke hinter dem kindgroßen eisigen Kanonenofen am Lichtspalt. Die Angst, in den Schwaden der tauben, weltversessenen Stimmen der Abendgesellschaft zu ertrinken, noch bevor ich das abstoßend kalt gekachelte Ufer der zehn Stufen hinab zum Klo auf der halben Treppe erreicht habe. Angst steigt auf den Stuhl, Angst pinkelt auf die kalte Asche vom Wochenende.

Dreck, der lauthals in sich zusammensackt, wie die Nachttüren zwischen den scheinbar immerwachen Zimmern. Halluzinierte Schlaflosigkeit. Die Wohnung, ein windiger Kasten um die Körperkugel. Worterschöpfung gegen die hastig atem- und sinnholenden Satzfetzen der Eltern. Erinnerung an Jahreszeiten, nicht an Jahreszeitenwechsel, Erinnerung an Sätze, nicht an Gespräche. Ein aus den aufgeweichten Kanten des Pappdeckels quellendes Scrabble.

Jetzt, da ich endlich schreiben kann, obwohl ich nicht will, schreibt es *nasses Salz* und *nasses Laken*, auf dem ich friere. *Frost*, für den ich Atem hole, an dem ich ersticke, wie am Hunger, in Durst verwandelt, in Vierfruchtmarmelade und bleitrübes Wasser. Unter dem Bett schreibt die Ameisenstraße cholerische Rinnsale. Spritzer von Sternschnuppen auf dem grauen Schieferdach, wenn ich in die Dachrinne pisse. Über den Rand hinausschreiben. Himmelgrausüchtiges Kind und Cousin einer fenstersturzsüchtigen Cousine.

Graues Haus wie Geburt und Kindheit meines Vaters im Wörlitzer Park bei Dessau. *Elbe* – an der die Verwandtschaft haust – durch Dresden, Torgau und Magdeburg. Und *Fluß* schreibt es – abwärts wie im Spiel, das bis nahe Boizenburg geht. Flußabwärts in der stinkenden Spiegelschrift der Industrieruinen bei Hochwasser. Abwärts wie ich einhundert Mal das Wort *Familie* schreiben lernte.

Aber ganze Sätze über das Deutsche Nationaltheater, in dem meine Tante mit Shakespeares Versen, und über die Ruine des Gauforums, in dem ihre Tochter mit mir Doktor spielte. Über die zwischen den glänzenden Himmelskörpern dahinplätschernde Leere, die mein zahlenfanatischer Onkel (die Zeit, die es brauchte, daß unser 95 Kilometer pro Stunde fahrendes Auto ein 90 Kilometer pro Stunde fahrendes Auto überholte) als in Lichtjahren nicht zu überbrücken beschrieb, was ich nicht glaubte, aber – was ich keinem verriet – längst wußte von Pawel Kortschagin, der

Wie Der Stahl Gehärtet Wurde.

Der gewonnene Krieg. Das verlorene Glück. Keine Geschichte wert, wie die Papiere meiner Großmutter, die auf dem Landweg über Polen, als mein Großvater plötzlich Bauer war, plötzlich verschwanden. Dann plötzlich Sozialismus, auch kein Grund, sich jüdisch zu geben. Hätte ich nicht hinten im Auto gesessen und aus dem Fenster gesehen, wäre Petersburg plötzlich ein Vorort von коммунагорск und Weimar ein Dorf bei Buchenwald. Die Geschichten handelten vom Staunen über die unglaubliche Geschwindigkeit zwischen Geburt und Erzählung. Die Erzählenden sind Kinder. Sie raffen sich zusammen, halten sich fest an der Hand eines noch älteren Weges durch den dunklen Weltwald.

Hinter dem Schreibtisch meines Vaters hing ein, ich denke, von Picasso gezeichnetes Porträt Lenins, von dem ich nur die Mumienform des Konfekts aus der nach seiner Frau крупская benannten Pralinenfabrik erinnere. Ich weiß nicht, was Lenin über das Theater dachte. Ich konnte die winzige Schrift meines Vaters, der die Buchstaben im Karree des mattblauen Rasters seiner kleiner Rechenhefte separierte, die in schwarzgefärbtes Leinen eingeschlagen waren, nicht lesen. Lenin soll, wie Schiller, ein Liebhaber des Dufts faulender Äpfel gewesen sein. Mein Vater ein Liebhaber des Theaters der Zusammenhänge. Der Zweck heiligt die Mittel. Mein Vater, Gesslers Knecht, den er in fuchsrotem Kunstleder auf der Freilichtbühne seines die Familie unterhaltenden Arbeitsplatzes gab. Jetzt, zu Hause in Unterhosen zwar, aber als ginge es um eine aus der Parabel zu schlagende Demokratie, probt er den einen Satz, der die Aufmerksamkeit des Publikums spalten wird, es ablenkt von Wilhelms nicht ausgeführtem Schuß nach dem Apfel, dessen sorgfältig präparierte Hälften das durchtriebene Kind im selben Moment unauffällig vom Kopf zu werfen hat.

Der glasäugige Latein- und Deutschlehrer Eichler sagt, das Kind sei seit Tagen nicht zum Unterricht erschienen. Der Vater, der Dramaturg, kann nicht allzusehr überrascht sein, das Kind im Kartoffelkeller des Hauses in der Umarmung mit einem Hund zu finden. Theater ist Vereinbarung.

Mein Schlaf, bewacht von einem deutschen Schäferhund, der mir die im Dreck geronnenen, süßen Pfützen des Kirschkompotts aus den aufgebrochenen Einweckgläsern vom Hals leckt. Der Schlaf in den Armen des hungrigen Tieres, ein Schlaf, vor dem der furchtsame Humanist zurückschreckt. Ein Schlaf, vor dem die Mutter dahinschmelzen müßte, wäre sie gewillt, am Morgen, eines schönen Sonntags, das Frühstück auf einem hölzernen, mit buntem Wachstuch ausgeschlagenen Tablett vor dem ehelichen Bett abzustellen. Sie würde zerfließen müssen vor dem Bild ihres Sohnes in den Armen ihres Mannes.

Die Sonntage waren Theater, und hinter der Bühne, im Labyrinth einer von Marionetten in Blaumännern beherrschten Stahltakelage traf ich die aufatmenden Leichen wieder, und Prospero, während aus dem Lautsprecher der Inspizient zum letzten Mal »Herr H. und Frau F. machen sich bitte fertig« flüsterte, stand an der Theke der Theaterkantine, die eine Hand auf meiner Schulter, in der anderen den Flachmann, *Goldbrand*[13], mit dem er seinen Tee vorkühlte. Der Prospero, den ich sommers auf der Felsenbühne Rathen als Colonel Brinkley, den Widersacher Winnetous, oder in *Der König des Böhmerwaldes* als über den Bayrischen Wald in die ČSSR[14] eingeschleusten Spion verachtete. Der Star der Skatrunden, Clown der Busfahrten und Held der Schauspieler-Kinder-Phantasien verklärte mir meine Welt aus der Sicht einer über die Dörfer tingelnden Truppe: »Darin liegt meine Kunst. Du trockne Deine Augen getrost. Das Spiel grausamen Schiffbruchs, von dem des Mitleids Kraft in Dir erregt, hab ich vorsichtig und solcher Art so sicher angeordnet, daß keiner Seele noch ein Haar gekrümmt ward.«

Nach der Pause, wenn die von Schülerabonnements geleerten Reihen mir einen auffälligen Randplatz boten, war ich kein Zuschauer mehr. Mir mußte Prospero die Geschichte seines Lebens, »die besondern Fälle, so geschehn« nicht erzählen. Ich war eingeweiht. Zur Not ein Ersatz der Souffleuse. Wo ich saß, war die Bühne, war Prospero. Prospero, der den

Nichtsahnenden »Füllt milder Hauch aus euerm Mund mein Segel nicht, so geht zu Grund mein Plan« einhauchte.

Vor mir verbeugte er sich wieder und wieder, forderte in dieser ausgeklügelten Inszenierung noch die Schläfrigsten zu Ovationen auf. Ovationen, die ich entgegennahm, nicht endensollende, so lang Ariel und die privilegierten Assistenten Iris, Ceres, Juno, die ich auf du und du mit mir wußte, sie auf der Bühne, wie vereinbart, organisierten. Dann verließ ich den Saal – nicht ganz der ungeteilten Aufmerksamkeit der im langsam aufflammenden Parkett Applaudierenden sicher und floh meinen Platz in einer Geschwindigkeit, die es jenen Namenlosen, deren Blicke ich in meinem Rücken bündelte, wenigstens noch gestatten sollte, der mir eingebildeten Bedeutung zu folgen, und öffnete einen der Allgemeinheit bis dahin verborgenen Zugang hinter die Bühne.

Weder mit dem Zuschauer- noch mit dem Bühnenraum fühlte ich mich eins. Die Bühne drang in mich ein, noch während sie ihre artistischen, mir verwandten Ungeheuer auf der ächzenden Maschinerie in den Horizont drehte; ihre Grimassen, ihre Gebärden, ihr Stottern, ihr sprecherzieherisches Würgen wegkippte, hinter die *Nur für die Mitarbeiter des Hauses* halböffentlichen, lichtziselierten Schwingtüren der Kantine, in die Kleinstadtfamilien und ihren nach den Hauptrollen gierenden Anhang.

Mit den Zuschauern wollte ich nichts zu tun haben. Ich war nicht Jago, der nach der Vorstellung noch die Rolle seiner Ferne zu Jago – und, für die Perspektive des Nachbartisches, doch nicht ganz – zu spielen hatte. Ich wußte, wer ich bin. Ich mußte mich nicht abschminken für die posthistorische Runde. Ich war von Anfang an das Kind, das später ins Bett geht.

Ich sah meinen Vater in äußersten Verzerrungen, auf der Bühne wie in der Familie. Dort fand ich sein Kostüm schön und hier fand ich es schön häßlich, und

Ich Sah Mich.

Bis mein Vater sich von mir verfolgt fühlte, trug ich die Lüge wie ein von ihm entleertes, lächerlich zu weites Kostüm. Nach der Vorstellung litt ich unter der Rolle. Die Lüge wurde von jungen Kostümbildnerinnen an einen mit dem Titel des Stücks und dem Datum seiner nächsten Aufführung gekennzeichneten, rollenden Kleiderständer gehängt. Meine Lügen kleideten meinen Vater wie ein Kind, das sich im Mitleid der mitleidlosen Mutter aufbläht. Ich aber paßte in die Kostüme meines Vaters mindestens zweimal. Und ich mußte lachen, und ich lachte laut. Über ihn. Und ich verletzte mich mit meinem lächerlichen Vater so laut, daß ich das Gefühl hatte, er wäre ein von ihm in der Zeit zurückgelassenes, verwahrlostes Kind und ich wäre unschlagbar wie im Spiel, das er, der seine Nebenrollen zu Hause übte, Arbeit nannte.

Es gibt kein kindliches Vermögen, keine kindliche Phantasie, aber vielleicht kindlichen Willen, hinter der Fassade einer elterlichen Beziehung Unabhängigkeiten zu ahnen. Dies ist die einzige Fremdheit, anhand derer es sich dennoch seiner selbst versichert.

Wie meine Mutter, von den Orten ihrer Kindheit getrennt und aus der Ganzheit des Raumes dieser Kindheit im Osten ausgeschlossen, sehe ich meinen Vater von einer Zeit abgetrennt, die ihm versprochen hatte, ein Held zu werden. Ein Held, der nichts mehr beweisen müßte, der erwachsen oder tot an die Tür des heimischen Forsthauses klopfen würde ... Ende des Krieges ... Fortsetzung des Kinder-Theaters mit staatlichen Mitteln. Aber die Heldenrollen wurden mit den wirklich aus dem Krieg Zurückgekehrten besetzt.

Die, die in ihrem Innersten von ihrer Nebenrollenqualität wissen, sichern sich im Kulturbetrieb des Systems ab und geben die Hauptrolle existentiell im Kammertheater der Familie, in der sie ein Kind bleiben, das den Wunschkindern die Zeit stiehlt. Wäre meine Mutter bei der Architektur geblieben, sie hätte es sich erspart, ihr Haus mit Kuscheltieren und dem fortgesetzten Versuch der Reanimation ihrer Liebesfähigkeit zu beleben.

Als ich alt genug war, etwas über meinen Vater erfahren zu wollen, das über seine Familiengeschichte hinausgeht, die im Anfang des 19. Jahrhunderts, quasi als Geschenk des Hauses Bernadotte an den kleinen anhaltinischen Hof, nach Dessau übersiedelte, um die konditorialen Ansprüche eines von schwedischen Törtchen begeisterten Fürsten zu erfüllen, war ich mir inzwischen fremd genug, um alles, was ich von meinem Vater wissen wollte, ohne ihn zur Offenbarung zu zwingen, in mir selbst nachzulesen.

Ich wußte aus eigener Erfahrung, daß nicht allein die Masse des Werkzeugs multipliziert mit dem Quadrat der Geschwindigkeit geteilt durch zwei zu einem Ergebnis führt, das der Bewegungsenergie eines Schlages entspricht.

In der Wohnung, in die ich mittags nach der Schule heimkehrte, waren, außer zu meinem, nach Süden hin, im Schatten des Nachbarhauses liegenden Zimmer, alle Türen und hinter diesen alle Schränke abgeschlossen. In der Mitte hauste ein dämmriger Flur. Durch das Milchglasfenster im oberen Viertel der Küchentür nach Westen fiel der diffuse, satte Himmel. Die kräftigeren Lichtkegel der leeren Schlüssellöcher, die aufrecht wie wachsame Erdhörnchen in der wolkendurchtriebenen Dämmerung auf meiner offenen Hand saßen, verschmolzen vor meinen Augen mit dem Feierabend. Ich verließ die Wohnung, indem ich die Flügel der nach innen aufgedrückten Doppeltür ineinanderzog, die vertikalen Verriegelungen mit einem Schraubenzieher in den Rahmen zurückschob, und versteckte mich auf dem Dachboden.

Eines Morgens stahl ich meinem Vater aus einer seiner vielen Jackentaschen, die ich auswendig kannte, zwei Einhundertmarkscheine. Mein Freund U. und ich gingen in einen kleinen Laden an der Hauptstraße und kauften elf russische Uhren. Versilberte Taschenuhren Marke »мир« für siebzehn Mark das Stück. Wir öffneten sie der einhundertvierundfünfzig Rubine wegen, die zu je vierzehn auf den römischen Zifferblättern in englischer Schreibschrift avisiert waren, und schlugen uns mit einem Hammer

Die Zeit Tot.

2.3

Anders als ich hieß, wollte ich heißen. Die Zeit war (nach dem polnischen Science-fiction-Autor Stanislaw Lem) eine Schleife, das verzerrte und dennoch sehnlichst erwartete Echo eines durch die Zeit eigenen Namens. Ein Name, lang genug, um sich, an sich selbst aufschwingend, der trochäisch aus den Nähten platzenden Angst vor dem Ende, einem Vers gleich, in das Vertraute und bis zur Unkenntlichkeit Fremde zugleich folgen zu können. Von keinem Ruf aus einem Spiegel und an den Abendbrottisch, von keinem Hunger aus der Flugbahn gerissen. Die Zeit bleibt stehn, wie die Mitspieler auf der Stelle des pappelgesäumten Kiesplatzes.

»Halt, Die Brille.«

Aber selbst der Hunger ist nicht unsäglich. »Strafe muß sein.« Ich hatte die Vermutung, es wäre keine Zeit, das, was ich hörte, mit dem, was ich sah, zu verbinden. Ein hungrig verkrampftes Kind. Eltern, die in den Fernseher starren. Kein Wort sollte mich ablenken von einem Teller, auf dem nur noch das lag, was *ich* zu essen hatte. Ich fresse, was ich sehe. Ich sehe fern. Was ich höre, ist abstoßend. Das abstoßende Bild meiner schweigenden Eltern, die nicht wissen können, daß ich es war, der ihnen zuhören wird. Ich, der »Freiraum« zwischen ihnen, eine dramatisch leere Lücke. Ich war »die kleine Distanz« zwischen ihnen, für die sie keine Sprache hatten, das Zünglein an der Waage.

Nach dort, wo ich rausgekrochen war, konnte mein Vater nicht zurück. Dort, wo ich war, war für meine Mutter Endstation. Eine ausweglose gesellschaftliche Situation. Allein in Gesellschaft war mein Vater fähig, eine Sprache zu sprechen, mit der er sich nicht verletzte, die ihn dem Verdacht enthob, nichts zu wollen als zurück in den Mutterleib. Die Heidenangst meines Vaters, von einer männlichen Nachgeburt wie mir verschlungen zu werden, hielt ihn senkrecht, aufrecht, steif und an seinem mütterlichen Erbteil zu messen, den Maßregeln einer germanisch mitteldeutschen Schule für höhere Töchter in Eberswalde.

Dort, von wo aus Tacitus den östlichen Sümpfen ein paar geschliffene und unerwiderte Worte hinterhergeworfen hatte, lernte mein Großvater, ein angehender Forstmeister, seine Frau kennen, und er schwängerte sie mit einem später zur Adoption freigegebenen Mädchen, einem vorehelichen Geschwister meines Vaters.

Aus der Nachbarschaft von deutscher Forstschule und Pensionat für die perfekte Hausfrau, aus dieser symbolischen Mitte zwischen Erstem und Zweitem Weltkrieg, aus dieser Zeit zwischen durchschaubar wildem Forst und englischen

Parks wie Feuerholz erfuhr ich, wie ein Witz funktioniert. Der Witz vom Tannenzapfen in der Hosentasche des jungen Deutschen, der am Wochenende zum Tanz ausgeht. Das Unausgesprochene ist das Ungelebte. Dem aber wenden sich die Damen nicht zu und ab von dem, der lacht, dem dreckigen Tannenzapfen, der auch ein Schlüsselbund sein kann. Das Schlüsselbund für die Schlüssellöcher der von meinem Vater gefürchteten und eingetretenen Türen,

Die Urform Einfallenden Lichts.

Embryonisches Leuchten. Auch wenn es dann schon wieder dem ähnelt, welches die den Text mitflüsternden Lippen der jungen Souffleuse in der kleinen Muschel am Strand der Abendvorstellung erhellt.

Der ich bisher bin, bleibt allein, wie mein als ältestes Kind seiner Familie in ahnungsvoller Angst, nicht der erste gewesen zu sein, aufgewachsener Vater. Der mich nach seinem Bilde gemacht hat, um meine Mutter, die als jüngstes Kind ihrer Familie in absoluter Freiheit und Selbstbewußtlosigkeit Erzogene, zu erstaunen. Das entspannte Staunen, gemeinsam mit der Mutter, über den unstillbaren Hunger eines jeden Kindes, der in meinem Falle Appetit genannt wurde. Mein Staunen über die in aufwendigen Einzelbildern maschinisierten Puppen der Filmgeschichten. Die in ihren stahlverschraubten Gelenken rostfrei quietschenden Glieder unter dem schaumstoffgepolsterten, neonblauen Kunstfell, das nach Berührung schrie. Gekrönt von immer etwas zu großen Glasaugen, wie sie vom Thüringer Lauscha aus die Welt eroberten.

So muß sie von Estland nach Deutschland gekommen sein. Aus der Freiheit der Welt ihrer Kindheit in die Gelenkigkeit des Denkens. Ein Verlust, der ihr wie eine große Reise vorgekommen sein muß. Eine Reise der Übersetzung von Haben in Sein. Eine restlose Nachdichtung in den deutschen Hintergrund ihrer Familie.

Die Freiheit der Entscheidung ihres Vaters, meines Großvaters, im Straßenbau zu arbeiten oder dem Befehl des jungen russischen Kommandanten zu folgen, seine Befehle zu übersetzen. Die Freiheit ihrer Mutter, Chopin zu spielen oder Deutsch zu träumen, Estnisch zu sprechen und Russisch zu lehren.

In ihrem Studium lernte sie, daß künftig jede neuere Stadt auf dem alten Untergrund stehe, daß das neuere Haus nicht auf neueren Ideen, sondern auf dem alten Kanalisationssystem zu bauen sei. Die Innenarchitektur, ihr Studienfach, war ein Flügel ohne Hallraum, war ein Pianist auf Kartoffeltour über die Dörfer, zehn Fräcke im Schrank des Bauern. Keine Freiheit, wohin auch immer, zurückzukehren.

Mein Verstehen scheitert an Schrankwänden, meiner Unberührbarkeit in ihnen, der Selbstauflösung durch sie, der Unaussprechlichkeit ihrer Gabenflut durch mich, der Strafen, die ihren leeren Versprechungen folgten, der Witzlosigkeit ihrer Süße. Süß wie die Adresse Nishni Nowgorod. Aber auf dem Absender stand Stalingrad. Die Häute, die Wände, die Mauern sind Verkleidungen, die nach der Vorstellung in der Garderobe verschwinden. Dann, dann erst geht das Licht aus. Dann wird mir bewußt, daß in den verschiedenen Dramen der immerselbe Fundus an Kostümen verwendet wird. Ich habe keine Stimme, die in eines dieser Kostüme passen würde, geschweige denn zwei.

Ich synchronisiere die Nacht. So kann ich mich an Zärtlichkeit erinnern. Der grüne Puls, links, über der Skala meines ersten Röhrenradios. Der Zeiger klemmt und schleift kratzend hinter sich her, humpelt auf die schwankenden, flüchtigen Langwellen, ich weiß nicht welche *Melodien zur Nacht*, »*Ich bin der fröhlichste Räuber der Welt*«, leise, leiser als die wachsamen und selbstkontrollierten Stimmen der Eltern im Zimmer nebenan.

Die Radios werden Jahr für Jahr kleiner. Die Tiere. Ich liebe das Tier, das mich liebt. Mein Vater ist kein Tier. Er wollte geliebt werden. Geliebt wird sein guter Wille. Der Hund meiner Mutter ist das Haustier meines Vaters. Meine Mutter, die sich dem Willen meines Vaters, geliebt zu werden, beugt. Meine Mutter, die mit mir auf ihr Motorrad stieg und in Urlaub fuhr, während mein Vater es nicht ertrug, auch nur eine einzige Stunde nicht geliebt zu werden. Die Zeit, in der der Vater schläft, zum Glück des Kindes.

Dämmerungssonntage. Luftlinien. Gärten.

Ein knietiefer, runder Beton-Teich im Garten des Karl-May-Museums vor der Villa Bärenfett, aus dem ich um vier Uhr in der Frühe mit vollen Händen das glücksnasse Leichtmetall, die tschechischen Heller, polnischen Sloty, russischen Kopeken in meine Peter-Stuyvesant-Plaste-Tüte schaufelte. Der schwule Großonkel und Wehrmachtsunteroffizier a. D. aus Oldenburg, der mich schwimmen lehrte und mit seinen fast siebzig Jahren im Freibad Schauspringen vom Dreimeterbrett veranstaltete. Eine kinderlose Grundschullehrerin, Frau G., ein Muttertier a priori, wenn mir nicht beigebracht worden wäre, daß die Menschen, der Mensch allgemein, wozu auch ich nunmehr zu zählen hätte, sich nur instinktiv binde und nur aus Vernunft trenne. Die schattenhaft jugendlichen, oft uniformierten und motorisierten Freunde des Vaters. Keine Freunde, aber Arbeitskollegen der Mutter. Zwei Wochen mit akuter Blinddarmentzündung im Krankenhaus. Hinter einem Berg von Büchern, belagert von drei weiteren Kindern, die aufgrund entzündeter Mandeln Tag für Tag mit Vanilleeis vollgestopft wurden. Die milchweißen Wetterballons, denen ich auf den Feldern nahe der meteorologischen Station folgte, um ihre Fetzen zu finden. Wie die der nassen Tennisbälle, die ich im Affenholz hinter den Trainingsplätzen sammelte. Fallträume. Ein blaues, russisches Fahrrad. Ein Kinderheim am Waldrand, ein kaum mehr als dreitagelanges Glück. »Aber ich war dort doch glücklich.«

G. M., erste Freundin, die im Nachbarhaus wohnt. Auf der anderen Seite H. T., der Automechaniker aus dem Erzgebirge, der als Notenwart mit der städtischen Philharmonie in den Westen fährt. Ein paar Häuser weiter Wangelis, Dimitrios, Jorgos, mit denen ich zur Schule gehe, die Söhne griechischer Emigranten; der Vater erzählt vom Partisanenkrieg, und Sieger ist, wer mehr seiner Finger in der tiefen Vernarbung seiner Granatsplitterverwundung unterbringt. Ein Gedicht »An meinen Freund D.« im Stil einer Moritat von Bertolt Brecht. Nach den Herbstferien auf dem Kartoffelacker fragt mich das kalte, graugrüne Glasauge E's: »Wer ist Horst Wessel?« »Du weißt es nicht, also bist du unschuldig.« Dann sollte ich vorsingen, vorsummen ohne Text, »Schlaf wohl du kleiner Trompeter ...«

Ein Wolkenbruch zerstört die im Sommer bespielte Freilichtbühne des Theaters in der Sächsischen Schweiz. Ins Tal geschwemmte Zuschauerbänke und die im Hochwasser abtreibenden, von den Bauernhöfen der anderen Elbseite für den wilden Westen gemieteten Ackergäule. Klassenfahrt ins Erzgebirge. Nachtwanderung in der Nähe des Hochmoors von Georgenfeld. Die Schüler werden im Abstand von dreißig Sekunden auf einen Waldweg geschickt. Alphabetisch, so gut es geht, abwechselnd, ein Junge, ein Mädchen. Anderson, Alexander. Ich gehe, in der Anstrengung, die Schritte hinter mir nicht zu verlieren, zu schnell. Gehe an einer Weggabelung in die falsche Richtung. Die Zielperson zählt dreiundzwanzig Kinder. Mein Onkel berechnet meinen Vorsprung ins Sagenhafte auf elf und eine halbe Minute plus minus. Meine Mutter in Moskau. Meine Mutter in Rom, in Prag, in Madrid. Wie kurz mal zum Bahnhof verreist und vom Bahnhof heimgekehrt. Meine Mutter nach einem Motorradunfall, Frontalzusammenstoß, im Krankenhaus. Weiter fort geht es nicht. Die Untermieterin, eine Mitarbeiterin des Vaters, im Schlafzimmer des Vaters.

Die Ferien bei der Mutter des einsamen Vaters in der Dübener Heide. Ein hinter dem Friedhof im Acker ausgehobenes Schwimmbecken. Den Kindern, die mit mir spielen, spiele ich die Rolle des Stummen.

Ich war stumm, bei nächster Gelegenheit fremd, das heißt, frei. Bestaunt, mit bestauntem Akzent oder bestaunter Gelassenheit. Die Geschichten, die ich von mir preisgab, waren Geschichten, die mein Staunen skizzierten, das ich nur widerwillig und bescheiden mitteilte, das ich als das stumme Kind vom stummen Kinde beschrieb, also aufschrieb, auf Zetteln in die Runde reichte, wo eines der staunenden Kinder sie vorlas, damit jeder teilhaben, auch ich ihnen noch einmal zuhören konnte, um sie mit stumm bejahenden Gebärden zu prüfen. An die Geschichten der Zeit von *Tausend und einer Nacht* konnte ich mich schon nicht mehr erinnern, als ich sie meinen eigenen Kindern vorlas, da ich unfähig war, ihnen Gutenachtgeschichten zu erzählen.

Die dunkle letzte Nacht. Nichts war wahr an ihr, außer ihrer ins Unendliche greifenden Zahl. Unter diese setzte ich meinen Namen, Alexaschka de Reese.

Der weithergeholte Familienname meiner Großmutter, die mich aus einer trägen Kurve der Ilm zieht, wenn ich, nach Steinen am Grunde angelnd, in meinem gestrickten Matrosenpullover das Gleichgewicht verliere. Der Name meiner Mutter, die mich an den Haaren aus einem Schwimmbassin im Harz zerrt, wenn ich vom Beckenrand falle. Der Name meines Großvaters, der mich von den Beinen dreht, mich überkopf streckt und mich ausschüttet, bis die Fischsuppe die würgende Gräte aus dem Hals in die Ostsee spült.

Der Wirklichkeit, wie ich sie liebte, wollte ich eine Geschichte hinzufügen, die zumindest der Reichweite meiner Liebe entsprach. Denn das wahre Kind, was würde es dieser Wirklichkeit antun. Die Wahrheit, ein die aufreibenden Rollen studierendes Wesen, das auch im Winter zwischen den Pappeln des Fußballplatzes, auf dem übersprühten Kies im Eislauf zu glänzen versuchte, nach Hause schlich, die Sprache der Bücher gegen die Sprache der Verhältnisse auf die Waage warf, sich gestikulierend durch eine mindestens sechshundertfünfundvierzigseitenlange Heldengeschichte hetzte und nicht mehr gesehen ward; das dem Ideal entsprach, selbst den kleingedruckten Spielregeln auf dem Beipackzettel eines Spieles, dem immer gerade so viele Figuren fehlten, daß man es nicht mehr spielen konnte.

Im Hochsprung übersprang ich meine eigene Größe. Auf der Mittelstrecke lief ich barfuß den anderen voraus. Im Ruderklub war ich der Steuermann und erklärter Liebling der vier riesigen Frauen im Vierer ohne Steuermann,

Im Schach An Brett Acht.

Der Wechsel vom Bildnis des einen zum Bildnis eines anderen Präsidenten an der Wand, von der Flaschenmilch zum *Tetrapack*[15], vom Ende des einen zum Anfang des nächsten Buches, das ich, indem ich es auf den Knien abstützte, während des Unterrichts las, von meinem Platz in der letzten zu meinem Platz in der ersten Reihe des Klassenzimmers, vom blicksicheren Eichenholz der Schulbänke zu den offenen Plastiktischen. Von E., die mein Freund F. und ich in der winterlich eisigen Veranda unserer Wohnung auszogen, zu C., die mich hilflos zwischen den zwei Worten fühlen und füllen hängenließ, als sie mir schrieb »Willst du mich fülen?« Von den schmerzhaften Geigenstunden zur elektrifizierten und über eines der ausrangierten Röhrenradios verstärkten Gitarre N's, auf der wir unseren ersten Schlager *Warum, warum nur, kleine Monika* übten, und vom Lied zum Gedicht *Die Partei, die Partei, die hat immer recht*, das ich vor einer Parteiversammlung des arzneimittelproduzierenden Patenbetriebes der Schule, bevor wir endlich singen durften, aufsagte.

Ein langes Liebesgedicht für G. mit dem Titel »Gräfin Cosel, oder: Warum das Salz teuer wurde.«

Mein Vater weinend, auf dem Arm den überfahrenen Hund, eingeschlagen in ein *Neues Deutschland* [16]. Mittwochabend, in der Gaststätte *Zum Römer* keine in Essig und Kräuter eingelegten Eier und Gurken mehr wie auf der Theke *Zum Russen*. Der ist geschlossen, wie die Musiktruhe, in der die

Decca-Single mit dem tannengrünen Etikett *I wonna hold your hand / Long tall Sally* aufliegt, das jährlich neu zu erarbeitende Pfefferkuchenhaus, die barockmusikuntermalte Versöhnungswoche am Ende des Jahres, der erste Herzinfarkt des Vaters, »Das Leben danach ist ein anderes.« Ich kann mich nicht erinnern. Ich erinnere mich nicht, bemerkt zu haben, welche Rolle meine Mutter im Leben meines Vaters spielte. Und umgekehrt.

Bin ich das Produkt von Bedeutungen, die von mir unbemerkt über sich hinausgewachsen sind? Denen ich eine Erinnerung an das Ende bedeute? Das Ende am Anfang, das Ende am Ende. Wie in einem fleischfressenden Conzetto der Verlust der Bedeutung dafür, daß nichts verloren geht.

Der immerselbe Trick. Das erste Feuer und die Beschreibung des ersten Feuers seien eins. Und das Verlustbewußtsein ist nichts als das Bewußtsein davon, daß sich die Verhältnisse verändert haben.

Ohne Begriff von dem, was fehlt, gut aufgehoben im frommen Kinderwunsch, zu erfahren, wieviel das Fehlende wiegt, die mir greifbare, trotz aller Probleme, Alles-im-Griff-Literatur verschlingend, schlug ich nach, warf mein ganzes Gewicht auf das Fehlende, verschwand mit dem Motorrad meiner Mutter und mit G. in der Nacht hinter Radebeul. Der Verlust entsprach genau der Strecke, für die das Benzin im Tank reichte.

Die Metapher meiner ersten Gedichte war der Stein. Der Stein, den ich zum Sprechen brachte. Der Familienname meines estnischen Freundes Kivi. Stein. Der gelbe Sandstein, der Stein Gottes, der, den er sich als Strand in den Weg legt.

Das Fundament eines Atheismus, an den ich glauben konnte. Der rote Sandstein, der kranke Blick eines ausgewaschenen, einäugigen Intarsienspiels. Der Import dieser anderweitigen Gottheit stand für die Kultur, nicht den Glauben. Doch ich glaubte mir nicht. Ich hielt den Glauben

Für Einen Spiegel.

Wie häßlich der Spiegel ist, von dessen orangeöligem Horizont die schlierigen Zeichen der wasserlöslichen Picassotapete [7] zur dampfenden Decke steigen, übersieht das Kind mit den zu dünnen Haaren, die einfach nicht in der Form bleiben wollen, und das Kind mit den zu störrischen Haaren, die sich einfach nicht anlegen lassen wollen, und das Kind, das im Spiegel den Vater sieht. Immer den Vater, den armen Vater, der die Kontrolle über sich verloren hat. Der die Kontrolle verliert und die Kontrollverluste kontrolliert. Ordnung macht. Vorkindliche Ordnung. Hysterische Ordnungen, wie verwischte Tinte auf Einweckgläseretiketten, schwarze, mit Bleiweiß beschriftete Seiten in den Fotoalben, Luftholen in der frischen Luft nach innen aufgerissener Fenster. Kohlenholen aus dem Keller. Aber es nützt nichts. Das Haus ist vom Vorwurf eines Lichts umstellt wie von Häusern, die umstellt sind vom Vorwurf des Lichts.

Fluchtartige Ausflüge zu Familientreffen. Die Familien aus dem Westen, denen aufgetischt wird, was als Schnäppchen aus der Mangelwirtschaft angehäuft wurde, wenn das gierige Kind es nicht entdeckt und weggefressen hat.

Die andere Seite der Welt. Der Sohn, der den Vater, der ihn schlagen will »Du bringst mich ins Irrenhaus«, schlägt. Der Sohn schlägt den Vater tot. Der Vater, der vor dem Spiegel steht und nichts sieht; nicht seinen Vater, den im Irrenheim in Westberlin gestorbenen. Der Sohn, wie er vor dem häßlichen Spiegel steht und nichts sieht als seinen »Du wirst mich nie wieder anrühren«, von ihm erschlagenen Vater. »Du wirst, wenn du so weitermachst, im Gefängnis enden.«

Wie nah kommt man dem Anfang, ohne daß er zerbricht. Es war ja nicht nur der Spiegel, in dem ich mich mir stellte, ihn nachspielte, sondern auch das Glück, aus dem ich winzige Begriffe hochpumpte und aufblähte zur Übergröße der Rolltreppen im KaDeWe, der Kinobesuche am Schlesischen Tor und der Ausflüge zum Strandbad am Wannsee vor dem Bau der Berliner Mauer.

Aber ich hatte ihn ja nur totgeschlagen, wie ich die Zeit totgeschlagen hatte und immer totschlagen würde. Oder ich floh mit N., während einer dreitägigen Fahrradtortur über die Kesselsdorfer Landstraße, Karl-Marx-Stadt, Gera und Jena, dann noch das Mühltal hinauf und endlich die Belvederer Allee hinunter, zum Haus am Frauenplan.

Frühe 68er Freiheit im Doppelbett der diesen Sommer mit ihrem jüngsten Enkel auf der fernen Insel Usedom von Weimar abwesenden Großeltern. Die täglich bei Zigarren-Willman vis à vis zu je fünf Stück pro Tüte und Tag gekauften ovalen, filterlosen Zigaretten Marke Orient mit Mundstück. Bier, Pisse, Schweiß auf der Hochebene im *Rasthaus Umpferstedt*, der nächsten Tanzdiele. Nachts, als wir Fremdlinge auf unseren durchstochenen Reifen nach Weimar hinabrollten, das zeitverzerrende Gefühl, dabeizusein; russische Panzer, die über den Wielandplatz fuhren, als wir ins schwankende Haus stürzten, auf den Balkon. Wie wir winkten, von oben, und wie nahe wir waren – näher als fünf Minuten zuvor auf der Straße – den östlichen, asiatischen, sowjet-russischen Gesichtern, die zurücklächelten, hoch zur hellerleuchtet klirrenden Tribüne unseres dritten Stockwerks. Die aufgeregte Heimkehr der Großeltern von der Ostsee. Die aufmarschierenden Onkel und Tanten, die aufgelöst zum Ende des *Prager Frühlings* anreisenden Eltern.

Mein Großvater, achtzigjährig, grau und entsetzt in den Fernseher starrend. »Das sind doch noch halbe Kinder«, »Das sind keine Russen«, »Die wissen gar nicht, wo sie sind.« Die Angst meiner Großmutter, meine Angst und Erstarrung. Die Tante aus Hamburg in einem Blau, das zum Himmel schreit. Meine Mutter, noch nicht vierzig, in einem Kleid aus weißer *Plauener Spitze*. Im roten Satin der Theaterferien meine Weimarer Tante. Das Ende des Prager Frühlings, eine fröhliche Trikolore fürs Album, flankiert von den Männern. Am 24. August, ein *Kalter Hund*, mein Lieblingskuchen, mit fünfzehn Kerzen bestückt. Vier Tage später, zu Goethes Geburtstag, ein Kammerkonzert im Garten gegenüber.

Die Geschichte vom Ende meiner Kindheit ist auch wieder nur Theater. Der Lehrer animierte die Klasse zur Aufführung eines Lernstücks, wie er sagte. Ich erinnere mich an *Die unbesiegliche Inschrift*, ein Jahr nach *Kalif Storch*. Da ich aus einer Theaterfamilie käme, solle ich inszenieren. Während der Generalprobe gerieten der Lehrer und ich aneinander. Er schloß mich von der Aufführung aus. Ich boykottierte den Unterricht und wurde an eine andere Schule versetzt, in der ich die Schlußprüfungen absolvierte.

Ein Mitschüler, dessen Vater in den Tagen der Zerstörung Dresdens, im Februar 1945, vierundfünfzig Bücher aus einer brennenden Bibliothek gerettet hatte, lieh mir wöchentlich zwei. So kam ich im letzten halben meiner in Radebeul verbrachten Jahre das erste und einzige Mal dazu – und da ich dachte, die Gelegenheit käme nie wieder, nahm ich sie durchgehend wahr –, Karl May zu lesen. Das Thema meiner letzten Klausur lautete: Interpretieren Sie das Gedicht »Die unbesiegliche Inschrift« von Bertolt Brecht.

Am Tag darauf zogen meine Mutter und ich um. In der Nacht davor hatte sie mir »Vergiß es, alles

Schnee Von Gestern« Gesagt.

2.4

Ich erfand mir ein Spiel beim Wenden der Seiten eines Buches. Ich spielte die Handlung eines auf der ungeraden Seite beginnenden Satzes im Kopf weiter und setzte sie – ohne umzublättern, über das Seitenende hinaus fort. Hinaus in die Stadt, die wie für mich geschrieben vor mir lag. Mit jeder Abweichung schrieb ich der schon gelesenen Geschichte Wort für Wort, Schritt für Schritt eine Schleife ein. In der Vielzahl dieser Schleifen fand ich einen Kosmos, der mir frei und dennoch sicher schien, denn mein Ehrgeiz war selbstverständlich ein unauffälliger, wortunaufwendiger Anschluß an den, die Erzählung auf der nächsten, geraden Seite, in Wirklichkeit weiterführenden Text des Buches.

Ein Spiel, das ich folgerichtig für mich entdeckt hatte, nachdem ich in einem mehr als bescheiden ausgeschilderten Hochparterre-Antiquariat gegenüber des Neustädter Bahnhofs in Dresden das erste Mal mit alten Büchern in Berührung gekommen war. Später fielen mir dieserart Untertreibungen in der allgemein ausgestellten Bescheidenheit wie zwingend ins Auge. Zum Beispiel bei privaten Anwälten. Anwalt, ein Wort aus den von Schiller kommentierten französischen Kriminalfällen herübergeweht, das die Phantasie anheizte.

Noch aber vermißte ich die deutlichen Gegensätze, die beim Wort genommenen Anlässe zu Flucht oder Attacke. Die blut- und morgenroten Ritte in die abstrusen Steppendörfer der an die mystische, chinesische Grenze verwehten russischen Revolution. Ich erkannte die sowjetischen Helden an ihren aus den himmlischen Eisschollen der Behringsee gestrickten Pullovern, folgte den abenteuerlichen Argumentationen, mit denen ihr scharfkantiges Reich der Erlösung wie *Das Messer des Pandits* durch die Butter ihrer Leibeigenschaft ging, auf ihrer grobgeschnitzten Jagd nach den wissenschaftlich auszuwertenden Geheimnissen des Südens.

Als ich auf die Erstausgabe des in den zwanziger Jahren bei Malik verlegten Romans *Babbitt* von Sinclair Lewis stieß, kaufte ich mir das Buch wegen der politischen Collage von John Heardfield auf dem Schutzumschlag, wagte aber kein zweites Mal zu lesen, als was sich die Familie im Spiegelkabinett der Geisterbahn von Bürgertum und Börsencrash entpuppen würde.

Nie wieder habe ich mich, wie in der schwarzen, stikkigen Hitze unter den Federbetten der Kindheit, auf Onkel Tom oder die Treibjagden, die Teerungen und Federungen des Ku-Klux-Klan eingelassen. Zwei Bücher – von denen ich noch heute weiß, wo am Firmament sie zu finden und welchen Sternbildern sie zugeordnet waren (Heinrich Heines

Romantische Schule und Stefan Heyms *Kreuzfahrer von heute*), habe ich nur deshalb gekauft, um mich mit ihnen über den Horizont einer Kindheit zu hebeln, und nur, um sie als unbegrenzbar zu begreifen; denn das virilste an ihr war ihre nach innen offene Grenze.

Die Wahrheit, der ich zu glauben gewillt war, personifizierte sich in der Zusammensetzung und Austauschbarkeit einfachster Elemente wie unendlich, sicher, übersichtlich. Ihr gemeinsamer Nenner und Katalysator war *dunkel*. Im Licht der Erinnerung eine undifferenzierbare Zahl. Die Wahrheit einer Neuerscheinung, eine wieder und wieder käufliche, ideologisch fort- und forterzählte Erfindung, nicht mehr wert als ihr Stückpreis multipliziert mit der Auflagenhöhe.

Für fünfundzwanzig Mark, das Fünffache des ersten Buches, kaufte ich mein zweites, einen holzwurmperforierten *Hofmannswaldau* [18]. Eine Anthologie in versteinertem Schweinsleder. Auf den ungeraden Seiten, vor der Paginierung, stand die erste Silbe oder das erste einsilbige Wort der nächsten Seite gedruckt. Eine Silbe wie aus einem Silbenrätsel, das mich in seiner vereinsamten Erscheinung vor den Kopf stieß. Ich perfektionierte mein Spiel nun mit Texten, die nicht allein einer ungebrochenen Handlungsschiene folgten und sich vor allem innerer Monologe bedienten. Ich hielt mich nicht an die eigenen Regeln. Ich begann, mich denen zuzuschreiben, die vor meiner Zeit lagen, den Analphabeten des Barock.

Ich bewunderte, wie die Dresdener Maler fähig waren, »überspannte Distanzen«, »Löcher«, die sie im Bild erkannten, »Abgründe«, die von der Gestalt der Erzählung, und sei es in räumliche Illusionen, ablenkten, mit dem Auge förmlich anzusprechen und mit der Sprache zu überbrücken vermochten. Nie drehte es sich um die Separation der Figur, sondern immer um ihre Bindung an die »Lücke.« Selbst dann nicht, wenn das anfängliche Motiv unter einer tatsächlichen Übermalung verschwand.

Das, was anfänglich ein Spiel war, wich langsam einer unerhörten Konzilianz des Gelesenen dem zu Lebenden gegenüber. Und umgekehrt war mir, während ich las, der fast abenteuerliche Urgrund dafür abhanden gekommen, warum ich überhaupt las, die unheilige Familie, die das Lesen in eine stumme Bannmeile gelegt und es zum heiligen Zeit-Raum erklärt hatte.

Jedem lesbaren Wort stellte sich ein, wenn schon nicht zynisches, so doch höhnisch verstimmtes Synonym zur Seite, jedem *Tür auf, Tür zu* ein Tür auf, Tür zu entgegen. Jedem Vers stand plötzlich ein Versbruch, ein Einbruch prosaischer Ansprüche zur Verfügung.

Ungerechte Symmetrie, zerklüftete Ornamentik. Allein der Versuch des Einschreibens, des Überschreibens, des Umschreibens war sinnlos. Was auf der ungeraden Seite stand, war abgeschnitten, ausgeschnitten wie ausgeblendet. Ausgelöscht wie eine fotografierte Person aus einem Dokument der sogenannten Zeitgeschichte. Eine überspannte, löchrige, abgründige Zeit.

Schon nach kürzester Belichtungszeit die technokratische Anstrengung der Entfernung eines ins Licht gestellten Wesens aus diesem. Der perfekte Retuscheur wird, wenn er von mehreren Figuren der Abbildung eine entfernt, die Lücke schließen, indem er die übrigen so zusammenrückt, daß sich eine wenn auch für die Geschichte in jedem Fall neuartige

Beziehung herstellt. Die Vertuschung der Zentralperspektive durch eine zentralistische Perspektive. Der Hintergrund tritt in den Hintergrund. Die Verhältnisse sind andere. Der Grund:

Das Sekundäre Licht.

Der Versuch, das Format zu ändern, ohne die Verhältnisse zu ändern. Der Versuch, mit dem Bruch zu brechen. Der Versuch, ernst zu spielen. Vom Versuch, etwas so zu erzählen, daß es sich im Schutz der Erzählung aufhebt, sind leere Aktenordner, auf denen mein Name steht, geblieben. Das von mir (aus dem Format) Ausgeschlossene findet sich noch in den Akten der von mir an meine Aktendeckel Verratenen. Ich finde mich in den leeren Akten ebenso wie in der x-beliebigen Akte, selbst dann, wenn das, was ich dazu beitrug, in einem nebensächlichen Satz der Sympathie zu gipfeln meinte.

Rauschen. Das Rauschen von Wind und das Rauschen von Regen, der rauschende Verkehr, das rauschende Kleid, Geräusche-Rausch. Das offene Mikrophon in den Leerräumen von Wohn-, Schlaf- und Kinderzimmer. Schnitt. Küche. Das Geräusch beim Zerschneiden von Fleisch, rohem Fleisch, beim Zerschneiden von Brot, von Stoff, Papier. Schnitt. Das Rascheln der Seiten beim Umblättern eines Buches, dann eines nächsten Buches, eines Bilderbuches. Ich assistiere Nicolaus, dem komponierenden Freund, der für Kindheit und Jugend steht, bei einer avantgardistischen Heim-Arbeit für *Tesla*[19] und Sekundenzeiger.

Ich scheitere an Instrumenten wie Straßenbahn und Bus. Ich spiele Geige, scheiterte aber schon daran, daß ich jedem der vier greifenden Finger eine der vier Saiten zuordne. Ich singe wie besessen, bin aber unfähig, die Silbe eines Wortes mit einer Note zu identifizieren. Jede Note ist ein Wort. Die kurze Note ein kurzes, die lange Note ein langes Wort. Unbegreiflich, daß sich *In-ter-na-tio-na-(a)-le* in sieben und nicht in einer einzigen, ganzen Note darstellt, die, wenn sie überhaupt teilbar sein sollte, doch allemal aus wenigstens sechs Teilen bestehen müßte.

Bevor Nicolaus zum Studium nach Weimar geht, fahren wir zum Zelten an die Havel, westlich von Berlin. In meiner Vorstellung war westlich von Berlin im Westen. Wie sind wir von diesem Zeltplatz in der Fremde wieder zurückgekommen? Auf meine Logik ließen sich die Gesetze der Texte, aus denen ich sie ableitete, nicht anwenden.

Die Orte, an denen ich mich wohlfühlte, lagen am Ende der Geschichte, in der ich mich wiederfinden konnte, die mit mir zusammenhing. Der Weg zu diesen Orten war blind von meinen Vorstellungen von diesen Orten, so daß der Weg von ihnen fort blind von meinen Vorstellungen von mir war. Im wirklichen Spiel hatte sich die Bühne nach innen zu öffnen. Der Zuschauer blieb im Dunkel. Die Koketterie der Worte, ihr aktiver Flirt mit dem Klang, machte mich mißtrauisch. Ich sah keinen Sinn in einem Spiel, das Worte ohne *W* als *Orte* abbildete. Das Wort war mir nichts anderes als seine lückenlose Beziehung zu einem Ding. Wenn sich auch nur ein einziges, wie zum Beispiel das Wort Widerstand, von jenem Gegenstand löste, der es abbildete, verlor ich den Anschluß.

Meine Mutter und ich, in einem vorübergehend freien Atelier einer Gründervilla im Dresdener Südosten bei Familie Sommer. Mutter und Kind. Der Vater, Kunstmaler und Kundschafter, Ostspion in westdeutschem Untersuchungsgefängnis.

Der wilde Garten hinter dem Haus. Die Bahnschienen hinter dem Garten. Der Vorgarten, hinter dem schmiedeeisernen Zaun. Die dunkel lackierte Täfelung des Entrees. Die frei zu einer Galerie aufragende Treppe aus Porphyr. Riesige, vor die Türen gestellte Wandschränke, die im Obergeschoß Wohneinheiten schufen.

Der historische Raum der Familie. Abstellraum. Unter dem Dach ein Blumen-Schinken, schamhaarmanieristisches Rudiment, das ich – in einem ersten Versuch, vom Kunsthandel zu leben – zerschnitt und wieder und wieder zerschnitt im Rausch der Verzweiflung, da sich mit jedem weiteren Schnitt neue sächsische Wiesen auftaten. Das unzerstörbare Bild einer Einheit, die über ihren Rahmen hinausreicht, aus einer Tradition gezaubert, größer als das ursprünglich vom Maler gewählte Format von 2 x 3 Metern.

Wie man in den Montagabendfilmen Herr sagte, wie Mister oder Signore, sagte man in diesem Haus Genosse, oder eben aus mir uneinsehbaren, bestimmten Gründen nicht. Der leere Rahmen, der leere Raum, der leere Reichtum. Die Gelassenheit eines wohin nur ausgewanderten Reichs. Ich haßte Spiele wie *Reise nach Jerusalem*, bei denen man ausscheiden konnte. Es machte mir nichts aus, zu verlieren. Ausscheiden aber konnte ich nur als Entscheidung anerkennen.

Ich wußte nicht, was es bedeutet, sechzehn Jahre alt zu sein. Mein Gefühl für die Zeit beschränkte sich auf die Angst, die Ankunft des Zuges zu verschlafen. Das Warten auf die Züge wiederum übersetzte ich in ein zeitvernichtendes Zählen, in den Schlaf zählen, nur ohne den ermüdenden Widerstand des Gegenstandes. In meinem Inneren nichts. Das Eigene, das Eigentum noch in zwei, drei Kisten auf keinem eigenen Dachboden. Der Anfang vom Ende.

Das Ich, eine erste Erinnerung; die von mir unter der hohen Kuppel des Hauses am Frauenplan in Weimar mit einem Luftgewehr geschossene Stadttaube; und daß ich von meiner Großmutter verlangt hatte, zu Mittag, wenn ich im schwarzen Keller mit dem Zählen der schwarzen Eierbriketts fertig sei, zu speisen: gebratene Täubchen, die ich mir mit dem Opernglas, nach unten auf den Platz vor der Eisdiele starrend, zu einer glücksgurrenden Zahl paradiesischer Tage zusammenzählte. An den Tanz- und Klavierstunden, an der leider wieder verhinderten Bridgegesellschaft, am dunklen Zusammenhang von Licht und Wald, an den mottenpulvergesättigten Pelzmänteln, zu denen je eine Pelzmütze und, wenn ich darauf drang, die Andeutung je einer Geschichte vom Winter gehörte, und an den wortloseren Weiten dahinter, hing ich wie an einer Marionette und verrenkte mir die Finger in den Belebungsfäden, verschwisterte mich mit der Puppe nach meinem Bilde und kroch aus der eigenen Stimme

Wie Ohne Körper.

Die Darsteller dieser fern der Herkunft zerschundenen Familie klappern mit dem Silberblick, lateinische Initialen in slawischer Gravur, wie vierundzwanzig Löffelchen, gestiftet, getauscht, vergraben während des Trecks. Der bestickte Vorhang des Wohnzimmertheaters hebt sich, schwer wie David Oistrach, brillant, bekehrt, zum Sowjetismus konvertierte Lehrer. Kein Problem, die Instrumente, Stimmen, die nicht gespielt werden. Die Identität geht flöten, der Leib läuft zum mobilen Publikum über. Selbstbetrachtung, Lustgewinn und Gnadenbrot – dies ist die totale Freiheit – in einem absurden

Kurzschluß der Liebe. Jugend macht frei. Im revolutionären Wandertheater stehen nicht sie, sondern die, die sie unbedingt sein wollen, auf der Bühne und werden doch nur als jene, die sie waren, gesehen. Im Dienst der Russen.

Ich war das Publikum, ohne eigene Bücher in keinem eigenen Schrank, in den ich mich nicht verkriechen konnte in keinem eigenen Zimmer. In einer Stadt, deren Stadtmitte ein Freßwürfel genanntes Selbstbedienungsrestaurant zierte. Das Licht aus den Häusern auf meinem Weg zum Gästebett, warmes Licht. Dann ein durch das Frühsommergrün in den Vorgärten brechendes, wärmeres Licht. Dann das Licht der noch wärmeren Vorstellung, das offene Grab eines Dichters. Ein Licht, in dessen beiläufigem Schatten ich – abends nach der Arbeit – unter ihren vergilbten Stehlampen Lesende vermutete. Ich stieg über die Zäune dieser Vorgärten, stieg in die Obstbäume vor ihren Veranden, hockte in den Astgabeln vor ihren flackernden Lesezimmern.

Ich sah die Familien im Abendprogramm. Ich sah meinen Onkel in den Armen seiner jungen, kindersüchtigen, lesbischen Studentin hinter den Fenstern einer Schlafstadt am Weimarer Bahnhof. Ich sah meinen Vater, der seiner nächsten Mutter endlich einen Sohn schenkt, der Peter heißt. Ich sah in palmgrün gefütterten Briefen von Welt die Schwester meiner Mutter mit ihrem Geliebten über die Ozeane segeln, die zwei Kinder der Konvertitin in Luft aufgelöst, das Nervenkostüm der Schwester meines Bruders zerreißen, den Bruder meines Cousins sterben. Immer waren es zwei und zwischen ihnen die eines von beiden beschreibende Ferne.

Ich rauchte filterlose *Casino* und *Turf* in der hohlen Hand, um bei meinen Entdeckungen nicht entdeckt zu werden. Ich schrieb ein Gedicht über Bilder. Die mir rätselhaften Bilder. Bilder, von denen ich meinte, der Grund ihres Leuchtens sei der goldene Rahmen. Und ich verschenkte das kleine, rahmenlose Blumenbild, ein Geburtstagsgeschenk des Radebeuler Malers, als von mir gemalt. Ich hätte mich gern selbst verschenkt, als ein altes, goldenes Fenster, das man nach innen öffnet, um auszuatmen. Aus einer der kleineren, marmorierten Mappen des abwesenden Gastgebers stahl ich einen Stapel Aktzeichnungen und verschenkte sie in der dem *Freßwürfel* angeschlossenen *Moccastube* als meine eigenen. Wäre das Geld für den Kaffee nicht auch gestohlen, ich hätte sicher versucht, sie zu verkaufen.

Ich zog aus, in den nicht abschließbaren Schlauch eines Zimmers am anderen Stadtrand. Wenn ich mir Wasser von der halben Treppe holte, um mich zu waschen, überraschte mich die Vermieterin, die Ehefrau eines Kammerjägers, den ich nie zu Gesicht bekam, mit einem immer frischen Apfelkuchen, der nach Petroleum und nach den Insektenvertilgungsmitteln roch, die aus dem als Lagerraum genutzten Dachboden direkt in mein mit einseitig tapezierten Bretterwänden gefüttertes Separee sickerten.

An den Wochenenden fuhr ich zum Bahnhof, wo ich mit dem obligatorisch schrulligen Antiquar inzwischen den Handel abgeschlossen hatte, für eine Stunde der Entstaubung seiner Bücher eine Stunde lesen zu dürfen. Meist aber schickte er mich mit zwei Koffern per Straßenbahn zum Körnerplatz nach Loschwitz, einem fernen Stadtteil, der sich von den Elbhängen hinab an den Resten eines verfallenen Winzerdorfes vorbeigeschoben hatte. In der Einliegerwohnung zum Garten eines um die Jahrhundertwende zwischen Berghang und Elbufer eingekeilten Miethauses hatte er eine Art »schlafendes Lager« eingerichtet, ein in sich »ruhendes Geschäft« und wie er mir bedeutungsschwer mitteilte, »Bleileicht durch die rotbraune Polyvinylchloridzeit«, Bücherstapel auf von Bücherstapeln gestützten Campingtischen. Kapitale Schätze, die auf dem Index stehen, »abgestaubt« bei Haushaltsauflösungen für den Wege-Pfennig ihres Rückzugs von einer überlebensmüden Leserfront. Bücherleuchttürme, die von mir und nach seinen pedantischen Anweisungen in der Schein-Unordnung dieser nicht vermietbaren, elb-nebel-klammen Waschküche aufgestaut wurden.

»Erster Koffer, Deckel innen, zweites Etikett, römisch I, alphabetisch, senkrecht vom Fußboden nach oben, eins bis siebenundzwanzig. Zweiter Koffer, Deckel, innen, siebentes Etikett, römisch II, unsortiert gestapelt auf Spengler, *Untergang des Abendlandes*, oder: Etikett römisch II, beginnend auf *Wolkenbilder Sachsens*, 3 Bände Tieck, Carl Gustav Carus' *Briefwechsel*, Widukind von Corvey,

Geschichte Der Sachsen«

Ich war gierig nach Büchern. Ich meinte, in ihnen eine Welt zu finden, die sich auseinanderhalten ließe, wenn man sie nur richtig stapelte. Meine logistische Basis, in den Stapeln einer autorisierten Reihenfolge vertrauen zu können, der das Lesen nur zu folgen habe, brachte die Architektur zum Einsturz. Dennoch fürchtete ich die Ordnung, die ich nicht überblickt hatte, mehr als den meinerseits bewirkten Zustand des, wie auch immer, chaotischen Interims, dessen Masse von einer düsteren Fraktur dominiert wurde, die mir etwas wie *Drittes Reich* einredete. Mein dünnhäutiger Antiquar, seine wie automatisierte Gier, wenn er noch hinter den Bezügen und Vorsatzpapieren Geheimnissen nachspürte, die auf den Leser, nicht auf den Käufer zu zielen schienen, imaginierte mir sowieso eher einen Autor als einen Händler. In ihm sah ich die Schlüsselposition des selbstverständlichen Privilegs zur Rückübersetzung von Wachstum in Welt. Das Chaos befreite mein Gewissen. Der Zusammenbruch seines von ihm gemiedenen, aber immerhin beim Namen genannten Kapitals, das ich neu ordnete, indem ich es drei Schriftfamilien und einer endlich freien Lese-Ecke zuordnete, schuf Raum, Innenraum. Grotesk für Fachliteratur, Fraktur für alte Literatur, Antiqua für neue, noch zu lesende Literatur.

Für diesen Raum stahl ich, wo ich nur konnte, Bücher. Ich öffnete, wie das ausgeschlossene Schlüsselkind, die Wohnung der Familie meines Vaters, indem ich mit einem Schraubenzieher untere und obere Verriegelung aus Schwelle und Rahmen löste und die Flügel nach innen aufdrückte.

Um nach Radebeul zu fahren, bestieg ich einen der Züge stromab, Richtung Berlin. Ich wußte, daß die Züge durchs Elbtal fahren. Ich erinnere mich, mich auf dem Bahnsteig stehend erinnert zu haben, daß der Zug, in den ich einsteigen würde, auch der Zug wäre, der am Kind, das ihn vorbeifahren sah, vorbeiführe. Und auch dieser Zug Richtung Berlin hielt nicht in Radebeul.

Berlin Ostbahnhof. Keine zehn Jahre zurück, war ich mit der Linie 1 von der Warschauer Brücke bis Bahnhof Zoo und von dort weiter nach Zehlendorf zu meiner Urgroßmutter gefahren. Jetzt, ein kalkweißes Neonlicht im Osten, die alte Moderne, und im Westen ein Weiß, als wäre die dort untergegangene Sonne mit einem Schuß Sylt in den Stadtgaslaternen hängengeblieben. Alles deutlich getrennt vom nächtlich stumpfen Niemandsland zwischen zwei lichtperlenden Mauern. Die Kälte und die Nähe, die Wärme und die Ferne. Warum zwei Mauern? Ein irritierendes Mäander um die alte Mitte Berlins, unter meinem staunenden Blick vom Fernsehturm, einem Geburtstagsgeschenk der Regierung an das Volk.

Wir spielen live, in den Pausen einer Diskothek. Eine Kleingartenanlage. Der effektive Zusammenschluß zweier Schrebergartengrillparties in einem der schmalen Dreiecke zwischen den Bahngleisen, irgendwo hinter Rummelsburg an der Grenze zu Neukölln.

Ich liege halbnackt auf einer zum Bett aufgeklappten Couch zwischen Ulrike und Eva. Mein Geschlecht steht und fällt in schmerzhaften, an die Kürze der Musiktitel, nicht die ekstatische Stimmung des privaten Alleinunterhalters [20] angepaßten Abständen. Ich weiß, wie was heißt. Ich weiß nicht, was es bedeutet. Es ist dunkel und keine der beiden hat Zeit, sich um das zu kümmern, was mir nichts bedeutet. Meine Hände, schweißnaß in ihren immer wieder nach mir greifenden Händen. Die Überzahl der mir zwischen ihren Schenkeln hilfreichen Hände. Ihre an den Enden von mir weggespannten, wie auf mich abfärbenden Einflüsterungen. Ich will ihren Atem einatmen oder mir den halbtrockenen Weißwein abwaschen mit ihrem Schweißfilm, über den die regelmäßig den Nachthimmel schneidenden, leererleuchteten Fensterketten der S-Bahnen lecken.

Am nächsten Tag. Im Zug nach Dresden zurück. Der kleine, unter den Bahndamm geklemmte, frühnebelige, leere und sonntagsträge Garten von gestern. Wuhlheide, Schöneweide, Adlershof, Flughafen Schönefeld. Die Sehnsucht eines Sechzehnjährigen nach dem anderen Geschlecht. Zwei Mädchen, zwischen denen ich aus dem Rahmen falle. Der von mir leere Platz, der mich lähmt und sich aufbläht, je größer die Entfernung wird, die unüberwindliche, schmerzhafte, unheilbare, lächerliche Größe für den Fahrpreis von siebzehn Mark und vierzig Pfennigen. Wünsdorf. Hinter den ausgelaugten Sichtblenden zwischen stockendem Fernverkehr und Kaserne, die vom Soda in der Suppe disziplinierten Kampfschreie russischer Artilleristen.

Die Gärten, ein von den Kleinstädten an die Front des Gleiskörpers abgeschobenes und parzelliertes Ruderal, das im Tau blühende Wachstuch der Hollywoodschaukeln, die sich mir in den Oberschenkeln festsetzen. Doberlug-Kirchhain. Elsterwerda, Großenhain.

Das schmale, nach innen abgeklappte Oberfenster im Gang vor den Abteilen. Ich roch mich selbst und sah mich selbst in der Scheibe und hinter der Scheibe in jedem der folgenden Gärten und winkte das erste Mal nicht zurück, da ich mir dort fehlte, um mich mir von dort winken zu sehen; auch noch dem nächsten von mir leeren Garten.

Im September begann ich eine Ausbildung als Schriftsetzer im *Grafischen Großbetrieb Völkerfreundschaft* und bei der *Sächsischen Zeitung.*

Im möblierten Zimmer kein Waschbecken. Auf der Treppe ein Ausguß, von dem ich Wasser holte. Meine Vermieterin immer auf dem Sprung, ihre mütterlich kaschierten Ansprüche zu äußern. Zwei-, dreimal habe ich versucht, mich auf Bahnhöfen zu waschen. Ich ekelte mich vor der flüssigen grauen Seife, den blaugraustreifigen, klammen Handtüchern, den schwulen Sprüchen und Angeboten, wenn ich versuchte, mich in einer der Zellen mit Papier abzutrocknen. Ich stieg am Bahnhof Neustadt in die Fernzüge Richtung Hauptbahnhof. Ich wusch mich in den kaum zehn Minuten Fahrzeit zwischen den zwei Stadtbahnhöfen.

Gelbgraue Eierflockenbrühe, braungraue Gulaschsuppe oder fettaugengraue Soljanka in der Mitropa. Umsteigen im Morgengrauen und Retour und wieder hinaus, jetzt aus dem Vorortzug, nach kaum fünf Minuten. Bahnhof Mitte, krankes Anthrazit unter dem dreckig nassen, fetzengrauen Gewölk, das wie die Oberleitungen auf die Kreuzungen der Friedrichstadt sackt und über den schlierigen Fußspuren im Straßendreck hängen bleibt, die sich auf den mattglasierten Kacheln hinter den von Nachtpförtnern vorsorglich aufgesperrten Werkstoren und -türen, verzweigen, verwischen. An jedem grauen Haus jeder Institution, an jedem ölfarbgrauen Hintereingang, oder im Innersten, auf den grauschwarzen, mit Rotgrau abgesetzten Briefköpfen, den amtlichen Schreiben, den Tabellen und Unsere-Besten-Listen, Faltenwürfen der Feiertagstransparente, die in den Sackgassen der lichtentleerten Flure dahindösten, klebten die mit der siegreichen Geschichte verbundenen Namenszüge.

Dieses Hintergrundgrauen, dieses aus dem Glück des Rückblicks schlagwortartig Hochgefetzte, von dem ich nichts wissen wollte, mit wahrscheinlich einem Ende, so klamm und vereinsamt, so allgemein und bedeutungsgeladen, so in sich kaputt wie das backsteinrot in der Bombenlücke unter dem Bahndamm hockende Gebäude dieser sozialistischen Lehrwerkstatt, deren inwendig bis in Augenhöhe gekachelter Kern eine Mischung von in Öl getränkten Eisenspänen und seit unzähligen Novembern vor sich hinstockenden Pappkartons abschwitzte.

Unser sozialistisches Kombinat, unser Institut, unsere Stadt, unsere Hauptstraße, unser Stall, unser Fahrradschuppen, unsere Brigade, unsere Familie, unsere Lehrwerkstatt und zur Not irgendein Tag trägt den Namen des verdienten Kommunisten und Opfers der Faschisten Genosse Soundso oder so ähnlich oder *Rudi Arndt*. Hinter jeder Beschriftung lauert das schnelle Todesurteil über einen der Aufrechten. Kein Prozeß, kein Persönlichkeitsrecht, keine Verteidigung. Standrecht, das mich strangulierte, guillotinierte, je mehr der Horror in den detailbesessenen Beschreibungen einer Genickschußanlage sich mit dem zu frühzeitig verwinterten Matsch, den ungewaschenen morgen- und marzipansandig aus der Waschpaste des volkseigenen Betriebes rinnenden Nachmittagsdämmerungen verschwisterte.

Dämmerungen, aus denen sich keine Zeichnung, keine feste Form, nur ein abblühender, psychotischer Niesel, eine jahreszeitlose Welle wie aus der inneren Schlafstadt schälte; das neurotische Gurgeln der richtigen Richtung, kanalisiert am Trottoir. Grau. Reines Grau. Jeder Anruf in der Lehrwerkstatt konnte nur eine Katastrophe und Befreiung bedeuten. Noch am Telefon spielte ich sie dem Lehrmeister vor, und dann, daß es um meine Großmutter ginge, gestorben …, so daß ich, und weil sie Jüdin …, sofort für zwei, drei Tage, bis sie beerdigt sei, nach Weimar reisen müsse. Welches der beiden Mädchen war schwanger?

Ich fuhr nach Berlin und traf mich mit der Mutter des Kindes, dessen Vater ich werden wollte, unter der *Weltzeituhr* am Alexanderplatz, wo sie mir mitteilte, daß aus uns beiden nichts werden würde. Sie sei nicht reif für eine Bindung, ihre Schwestern, ihre Mutter würden zu ihr stehn. So was wäre heutzutage nichts Besonderes. Ich solle mir keine Gedanken machen. In ihrer Familie nichts Außergewöhnliches. Alles ungewiß. Alles eine Frage der Zeit. Außenhandel vielleicht, oder Kunst. Was? Schriftsetzer oder Schriftsteller vielleicht. Sie redete. Ich hatte immer noch nichts, außer den Worten dafür. Nur für die Liebe hatte ich keine Worte, keine, die so stark gewesen wären wie meine stumme Geilheit, keine Worte, die mich offensichtlich in einem Zusammenhang mit ihr darzustellen vermochten. Sei doch aber extra und, daß wir noch irgendwohin gehen sollten ... natürlich ... Wo sie sich wohl fühle ... öfter in einem Club am *Kino International* und das nächste Mal in Berlin, kein Problem ... Und Michaels Telefonnummer in der Mollstraße ... lieber zufällig ... und Nikolaus ... Verwandtschaft? ... Nein, das meine ich nicht, er gehe ja nach Moskau und nur seine Eltern lebten in Berlin, in der Karl-Marx-Allee, da könnte man vielleicht ... Nein, eigentlich undenkbar ... die lustige Geschichte, die ihr Micha erzählt habe, wie ich in Hoppegarten fünf Mark auf das Pferd Alexander gesetzt und fünfzig gewonnen hätte ... also, rein zufällig ... ja, eher zufällig.

Ich war mir nicht fremd. Es war ein warmes, frühes Frühjahr und der Platz voller Menschen. Die Ferne zum mich abstoßenden, aus Ruinen hochbetonierten Dresden, in dem ich nicht einmal nicht die Absicht hatte anzukommen, machte mich leicht. Und in dieser körperlichen Aufgehobenheit ließ ich los, ließ mich los. Ich spürte die Lähmung. Daß ich nicht nach ihr griff, stieß mich ab. Ich wollte, wagte es aber nicht, mich beschreiben wie eine Gebrauchsanweisung. Ich rettete mich in ein Gedicht, das ich mit einem glaubhaften Du maskierte, und meinte, Berührung sei eine stumme, aber wortreiche Vereinbarung. Ich hatte keine Adresse, keine Telefonnummer. Ich hatte einen Ort und einen Namen, wie ich selbst nur ein Ort und ein Name ohne Adresse und Telefon war. Ich dachte, so, ohne jeglichen Zwischenraum zwischen den Worten, wäre auch das Leben, zwei Hauptworte, die sich wie Flügeltüren schließen, möglich.

Alles schreibe sich in den flatternden Zeilen des einen Gedichtes auf. Dies sei der erste Text und hinter jedem der Worte stünde alles. Das Geschriebene sei letztlich nur ein Inhaltsverzeichnis dessen, was sich weder im Gesagten noch Unsagbaren sagen ließe, und es erschließe sich so

Eins Im Andern.

2.5

An einem meiner selbstversunkenen Sonnabende im Loschwitzer Lager des Antiquars vom Neustädter Bahnhof, als ich mich durch das quälte, was ich für eine mir vorenthaltene Literatur hielt, die mich nun in die Gründe meiner mir unüberschaubaren Verhältnisse führen müßte, entdeckte ich einen Novalis aus dem *Inselverlag Leipzig*. Allein, daß die in blauschwarzes, gewachstes Leinen gebundene, schwer wiegende Dünndruckausgabe der *Werke und Briefe* im Jahr 1942 (MCMXLII) erschienen war – eine Unzahl, wie ein Tabu der Zeit –, veranlaßte mich, die unverständliche Erscheinung zu kunstentleerter und -feindlicher Finsternis aufzublasen. Die *Hymnen an die Nacht* verstand ich also als Hymnen an das Grauenhafte. *Trägt nicht alles, was uns begeistert, die Farbe der Nacht* ließ ich mir von diesem, am Erscheinungsjahr des Buches festgemachten Erzfeind einerseits sagen und andererseits *der Kindheit Träume ... kommen in grauen Kleidern ... In andern Räumen schlug die lustigen Gezelte das Licht auf*, was mir mein für Entsprechungen eingerichtetes Feindbild wieder vernebelte. Nicht nur alle Zeiten unter einem Himmel, sondern auch noch Satz und Gegen-Satz zur selben Zeit. Jeder Satz widersprach dem, was ich dachte und jedem jeweils folgenden Satz, und entsprach doch gleichzeitig all dem, was ich selbst dann noch zu empfinden glaubte, wenn ich einen seiner Verse Buchstabe für Buchstabe in meinen verstahlten Winkelhaken, das Werkzeug des Schriftsetzers, setzte. Das Unwahrscheinlichste aber, das Unglaubhafte, das, was mir den Glauben restlos vergällte, ein nicht allein zu Tränen gerührter, sondern vor der Zeugenschaft auch noch eines jeden Lesers in Tränen sich auflösender Blick des Autors: Der in Tränen aufgelöste Autor, die Auflösung des Mannes. Keinesfalls die Auflösung eines Rätsels. Verschwommene, zu Tränen rührende Geschwindigkeit, in deren Wortschatz die Wahrnehmung über die Reichsgrenzen schwappt.

Als ich meinem Antiquar die mich beunruhigenden und von mir aus dem fernen Versteck seines Souterrains separierten Entdeckungen vor Augen führte, und dies alles im seines Erachtens öffentlichen Verkaufsraum, in dem ich nie auch nur einen Kunden gesehen hatte, beendete er mein Praktikum auf Zeit als Kofferträger, das er wahrscheinlich von Anfang an als nicht allzu effektiv empfunden hatte. Als er mir zum Abschied »Deß Blick nach innen bleibt von Tränen und betrübt, der die Gestalt der Nacht vom Tag her liebt« wie einen Fahrplan in das Stammbuch meines Gedächtnisses hängte, schien es ihm nichts auszumachen, mich damit und wie nebenher auf ein Gleis gesetzt zu haben, das jenen vorbehalten scheint, die für immer und ewig einem unautorisierten Text hinterherfahren und, solang sie den Urheber nicht gefunden haben, den Weg zurück nicht finden.

Ein Sinnspruch wie aus dem Nichts nach dem Ende, ein Sinnsatz, der sich wie ein schlecht ausgeschlossener und abgebundener Bleisatz unter dem ersten Hauch der Farbwalze auf die Seite legt, so daß dem Lehrling nichts übrigbleibt, als ihn auf der Andruckpresse selbst wieder aufzurichten, und nicht, um doch noch zu einer Korrekturfahne zu kommen, sondern um die Lettern aus dem Text und nicht aus der Buchstabensuppe dieses traurigen Dominos in die Ordnung der Satzkästen zurückzulegen.

Ich hätte mich als Autor einer Unordnung zu verstehen, auch wenn es nur die eines muffigen Haufens Bücher sei. Eine allein vom Gott der hintersten Dachbodenwinkel – des übrigens nach der Zerstörung im Großen und Ganzen gottlosen Dresdens – rekonstruierbare Melange sämtlicher von der Militäradministration verbotenen Schriften samt einem irreführenden Sahnehäubchen klassischer deutscher Dichtung, von der kaum mehr als die Vor- und Nachworte auf jenem mir scheinbar entgangenen Index von 1947 standen.

Weniger entlassen als dämmerungsversessen saß ich am unzerstörten, dörflich mürben Rand der Stadt in meiner Kammer über der hellhörigen Strohwitwe zwischen dem billigen Lohn [21] meiner Arbeit, aus dem ich errechnet hatte, wieviele (denn inzwischen hatte ich aus dem Geleitwort gelesen, daß Friedrich von Hardenberg kurz vor seinem 29. Geburtstag bei Klaviermusik und in den Armen des Freundes Friedrich Schlegel sein *Ziel erreicht* hatte) der vollständig nachtfarbenen Jahre vor mir lagen, die ich zum Zeitraum bestimmte, mir dieses Dunkel in Tagwerk zu nennenden Nächten zu erhellen. Die Nacht war das Thema, mit dem Novalis mich gefunden hatte, die Nacht war der Text, den ich unbedingt schreiben wollte, sie war ein Raum, der seine Stille, seine wortlos absolute Wahrheit in eine lichte Geste vollständiger Verschwiegenheit zu übersetzen vermochte, und somit mehr als genug Gründe zu bieten schien, ihn lesen zu lernen. Daß die Nacht eigentlich *Heimweh, der Trieb, überall zu Hause zu sein*, war, spürte ich wie eine schützende Dämmerung – das immerselbe Dunkel des schmalen Streifens zwischen den zwei Lichtbildern des Films. Das Schwarz als Grund dessen, womit meine vom Fortschritt zersplitterte und zermahlene Familie mich übriggelassen hatte.

Ich haßte die Tage, an denen ich zur Arbeit mußte, müde von der Anstrengung, den die dünnen, nichttragenden Wände des Zimmers durchdringenden Aufschlag der Reiseschreibmaschinentypen auf der Walze mit einem Kopfkissen unter der Schreibmaschine dämpfen zu müssen. Ich fühlte mich wach und sicher im allgemeinen Schlaf. Ich schrieb in der Nacht. Was ich auf das restholzgraue Durchschlagpapier schrieb, war aus der dämmrigen Gestalt eines Halbschlafes hinübergerettet, der mich wiederum über den Tag rettete, die harten Konturen löste, sie bruchlos in die dämmrige Gestalt der halbwachen Nächte übersetzte: Sperrung der Versalien, Blocksatz oder Ausschluß des Flattersatzes mit Konkordanz und Cicero, Zeilenabstand, Satzspiegel. Blindmaterial.

Worte, Die Worte Wurden.

Wahrscheinlich war damals eine dieser eine eigene ostdeutsche Identität behauptenden Kampagnen im Gange, deren Anliegen es zum Beispiel war, Club mit K zu schreiben und Mocca-Stube *Mokkastube.* In einem zehn Tische breiten, hinter einer messinggerahmten Fensterfront eingeklemmten, zwischen SB-Halle und *Radeberger Bierkeller* plazierten Café oder Kaffeestube, am Rande einer Ernst-Thälmann-Straße genannten Miniaturausgabe der Berliner Stalinallee, die auf dieser Straßenseite wie eine Sichtblende vor den Ruinen des Dresdener Schlosses aufgestellt worden war, lernte ich den Maler Peter Glomp kennen. Das Stammpublikum waren in der Mehrzahl Studenten von einer der vier Universitäten der Stadt. Peter Glomp selbst stand kurz vor seinem Examen an der Kunsthochschule und suchte männliche Modelle, um eine olympische Konstellation, eine im Gesang festgehaltene Gruppe Singender, die damals Singeclub genannt und demzufolge *Singe-Klub* geschrieben wurde, auf seiner Diplomleinwand zu verewigen. Die in Dresden bekannteste dieser Gruppen war eine Art semi-professioneller Verein, der von der Technischen Universität ausgehalten wurde, eine Mixtur aus selbstverständlich kritisch für den Staat engagierten, klampfenden Jungdichtern und bühnenreifen Musikanten, die mittels dieser Form politischen Engagements versuchten, sich für einen Berufsausweis zu empfehlen. Wenn nötig, im Blauhemd der *Freien Deutschen Jugend,* das demonstrativ mit drei nach oben geöffneten Knöpfen oder als offener Blazer über dem provozierend sächsischen Aufdruck (Der Sozialismus siecht) eines T-Shirts getragen werden konnte. Daß das Ganze auch von einer offen sexuellen Geselligkeit motiviert war, die durchaus als Widerstand gegen eine offizielle Moralität verstanden werden wollte, war mir mit meinen noch nicht einmal siebzehn Jahren völlig fremd.

Regelmäßig ging ich nun nach den Schichten in der Setzerei oder der Berufsschule, in der ich mehr schlief, als daß ich den Dreiviertelstunden *Technik der geistigen Arbeit* oder *Marxismus-Leninismus* folgte, zur Brühlschen Terrasse in die Kunsthochschule, um dem etwa zehn Jahre Älteren als Speer- oder Diskuswerfer im Atelier Modell zu stehen. Meine halböffentliche Nacktheit war die Voraussetzung seiner antikisierenden Beschäftigung, die ich wie einen historischen Roman, der natürlich von jeder Gegenwart handele, verstehen sollte. Ich wehrte mich – noch auf den Bildern –, und ich wehrte mich gegen seinen Vorschlag, einen Ringer darzustellen. Andererseits hatte ich in Peter Glomp einen Menschen gefunden, der mir Dresden erschloß; die irrlichternd nächtlichen Innenräume. Ich weiß nicht, von wo er hergekommen war, auf jeden Fall nicht, wie ich, vom Rand der Stadt, auf die er nun meine Sprache lenkte, die er vor mir aufspannte wie eine flirrende Projektionsfläche unserer Gespräche.

Ich meinte, er zeichne, was ich sage: mein Sprechen, dem er mehr zusah als zuhörte; erstarrt in der klassischen Manier des Künstlers, der die Zeichnung mit dem zwischen leerem Modell und leerem Papier hin- und herspringenden Auge wie aus dem Raum gräbt. Ich wollte, was ich in meinen Metaphern ausmalte, von ihm konturiert haben. Ich versuchte in Bildern zu sprechen. Ich sprach, wenn sein Blick sich öffnete, und verstummte sofort, wenn er zeichnete; vermutete, Zeichnen sei Sprechen. »Nein. Sprich ruhig weiter.« Vom Raum manchmal nicht mehr als ein angedeuteter Horizont, der ambivalente Speer. Am Ende: Ich, leergeräumt, ziellos, nicht der, der den Diskus wirft, der, der mit ihm zurückbleibt: Ich ohne Inneres. »Nein, das wäre doch bloß Psychologie.« Im Diskus vielleicht, mag sein, im Stilleben. Dir aber bleibt eine Zeichnung – an der Wand – von der Liebe. »Kein Bild von der Geliebten?« »Die kenne ich ja nicht.«

Peter Glomp war Meisterschüler oder wenigstens ein aus der Halbferne der Stadt Halle an der Saale von Willi Sitte Geförderter, der sich Anfang der siebziger Jahre längst vom negativen Image als verfemter *Paul Klee des Ostens* zur sozialbarocken Inkarnation Rubens' aufgerafft hatte. Von den Grabenkämpfen zwischen den Malschulen Dresdens, Leipzigs und Berlins war mir 1970 so wenig bekannt wie von den studentischen Parteinahmen für und wider ihre Lehrer. Peter Glomp hatte ein für mein Empfinden riesiges Atelier in einem der Prunkerker der Kunsthochschule mit Blick auf die Brühlsche Terrasse, direkt über der Elbe. Es roch nach Terpentin, nach Lösungsmitteln, nach Ölschwarz, der dominierenden Stimmung seines lebensgroß angelegten, im Hintergrund des Ateliers an die Wand gelehnten letzten Bildes.

Das verrauchte, durch die Kassettenfenster gedämpfte Licht, der schwarze, aber hohe Ton der Zeichenkohle übers Papier, als dessen Modell ich mich sah. Die Weltferne einer aus den geschwungenen Fluren durch die hölzerne Membran der schweren Flügeltüren rauschenden Betriebsamkeit; was sollte sie mir wollen, wenn ich ihr keine letzten Worte entgegensetzte. TÜR AUF, TÜR ZU. Licht an, Licht aus. Keine blinde Jagd nach Modellen, wie im *Sekundogenitur*, am studentischen Stammcafétisch. Modelle sind stumm.

Inzwischen hatte meine Mutter in der Nähe ihres Filmstudios, im ersten, windschiefen Haus des einstigen Straßendorfes Pesterwitz, eine kleine Wohnung gefunden, in die ich mit ihr einzog. Sie war vierzig Jahre alt und ihre tagtägliche Arbeit bestand darin, den Weg eines kindgemäßen Wesens in die Sequenzen einer Bewegung zu zerlegen, diese zu fotografieren und in Form eines Puppentrickfilmes wieder auferstehen zu lassen.

Ihrer und der Geschichte ihres Ehemannes in spe, der Geschichte der beiden in einem und den Geschichten, die sie sich für Kinder ausdachten, der Geschichte der Kinder, für die sie sich ihre Geschichten ausgedacht hatten, und der Geschichte, die dazu führt, daß ein Kind die ihm vorgeführte Geschichte als eine andere erzählt, war ich sprachlos ausgeliefert. Die Pointen hatten mit dem Glück meiner Mutter zu tun, nicht mit mir; ich war wie ohne Anfang und Ende und tat mir leid, in dieser fabelhaften Mitte ihres Lebens, die kaum mehr als die Infantilität ihrer Traumpartner illustrierte.

Mein Ziel waren die Nächte, in denen ich schreiben konnte. Die Erzählungen, die ich schrieb. Ich schrieb die Modelle, denen ich sprechende Namen gab, tot. Fabelhaft dunkle Verhältnisse, in nachtbegeisterte Stilleben eingeschriebene, mörderische Szenen, abstruse Dialoge aus dem hymnischen Wortschatz. In töterem Blau. In blauen Fluten, in blauen Fernen, grau, gold, braun, grün, gold. Ich zwang die Sprache mit der Schreibmaschine in den Rahmen der Schrift, schnitt ihr die Worte ab an den Enden der Zeilen, begann die Zeilen mitten im Wort, begrub den Satz in der Mitte der Zeile, als öffne der Gottesacker die Grenzen einer Stadt, nicht der nächsten, sondern der, die ihn beliefert, ihn nährt. Und ich weiß nur noch, daß es nie um Veröffentlichung ging, sondern immer um eine Adresse in Berlin, von der ich nicht einmal wußte, wie man sie schreibt.

Ich schrieb tierisch, wie die Tiere in den Filmen meiner Mutter mit Menschenstimmen sprachen. Mehr aber hatte ich mit meiner Mutter nicht zu tun. Ich kann mich auch nicht erinnern, daß sie, als ich meinen Kanarienvogel beerdigte, mit mir am Grab gestanden hätte.

Ich saß nachts im Atelier, schaute über den Fluß und spürte mich von einem langsam, von innen her zustechenden Schmerz, der sich keines faßbaren und also abzuwendenden Werkzeuges bedient, getroffen, von keinem augenblicklichen Speer, keinem ringenden Partner, keinem Vater im Gegensatz zur Mutter, keiner Mutter im Gegensatz zur Großmutter, keiner grenzenlosen Zeit im Gegensatz zum begrenzten Staat. Ich fühlte, daß keines der Worte über den Tod von denen, die leben, jemals verstanden werden würde. Ich verstand mich ja selbst als der, der ich zu sein meinte, nicht. Und der Preis meines Selbstverständnisses war das Verstehen. Grausamer Tausch und Grimmsche Inszenierung auf der Basis von Kant: beweisen, daß ich bin, kann ich Dir nur, indem ich Dir beweise, daß du nicht bist.

Ich verstand mich nicht. Ich erinnerte mich nicht, daß einer verbalen Verletzung je etwas anderes gefolgt wäre als eine verbale Verarztung. Ich hatte nicht die blasseste Ahnung davon, daß das Ende die Worte der Wirkung beraubt. Daß ebendies ihr wesentlicher Wert sein könnte, daß es außerhalb der Literatur für sie keinen Sinn gäbe, zu sein. Daß aber Steigerung ins Unsagbare Wort würde.

Selbst, wenn ich mir vorzustellen fähig gewesen wäre, wie ein Schlafender sich im Schlaf selbst malt oder ein Schreibender vom Schreiben schreibt – ganz zu schweigen vom Tod, der mir wie ein kindlicher Schwur, die angehaltene Luft nicht auszuatmen, vor Augen stand –, ich sah in mir kein Wesen, das der Verletzung ausweicht in die Beobachtung seiner Verletzung. In jedes noch so reine Reich der Liebe würde ich mit fliegenden Fahnen voranreiten, als der, der sich mit Sicherheit nicht überlebt, als der Schreibende, der nicht mehr vom Wort *Wort* steigt.

Wenn ich in einer der Pausen des Modellstehens so tat, als würde ich auf dem Sofa im Atelier einschlafen, legte mir Peter Glomp, der Maler, eine alte russische Pferdedecke über und zeichnete mich mit dem stilleren Blei, das nicht wie die Kohle über das Papier quietscht. Ich weiß nicht, was er von meinem Schlaf wußte, aber er zeichnete mich in den Schlaf, in einen förmlich aus mir ausbrechenden Schlaf, eine Expression sich vom folgenden Tag überrollt fühlenden Schlafes. Ein Schlaf, der auf der Zeichnung nicht enden würde.

Dann ließ er mich in seinem Atelier übernachten und ging selbst in sein Zimmer zur Untermiete, irgendwo im Nachtsüden der Stadt, hinter dem Bahnhof. Er hatte einen eigenen Schlüssel zum Hintereingang der Kunstschule.

Wenn er mich vormittags weckte, die Gläser vom Vortag spülte, Wasser aufkochte und über eine halb mit grobgemahlenem *Rondo* gefüllte Tasse goß (der Name eines Hauchs von Kaffee wie eines Hauchs von Heimat), fiel es mir leicht, zu meinen, es sei gestern. Gestern aus den Farben der Nacht, leichter als alle gestrigen Farben und leichter noch als

Das Wort Leicht.

Der Weg vom Atelier in die Setzerei, die planmäßig ruinierte Ruine der Frauenkirche, dann durch die Augustusstraße mit dem Fürstenzug, der Genealogie einst in Sachsen herrschender Geschlechter (ein Umweg, nur um den kupferverglasten und kunstpatinierten Betonskeletten der in ihren feudalen Ambitionen gescheiterten herrschenden Klasse auszuweichen), über Hofkirche, Italienisches Dörfchen, Semperoper und Dresdener Zwinger. Immer vorbei am Staatstheater des Vaters. Immer noch besser als über den Postplatz genannten, von Schienen, die nirgendwohin als zur Arbeit führen, zerfurchten Kahlschlag im Zentrum der Stadt.

Ich setzte im Bleisatz mein erstes Gedicht, eine Schrift, die *Impuls* hieß, eine ausgefranste Plakatschrift, der heutigen PostScript-Reporter-Two ähnlich: kamakura. // blau ist die insel der farbenwelt. / wenn es nacht wird, geht sie unter. / der fluss zum meer färbt sich gelb / nach und nach. der tod ist ein wörtliches wunder. // das leben hat keine mitte aus blau, / du und ich sind (in zahlen / 300) jahre frieden und grau / in grau zu malen.

Der Maler hatte mir etwas von einer Epoche insularer, zeitgeistfremder Abgeschiedenheit im frühmittelalterlichen Japan erzählt, mir die Kalligraphien und Holzschnitte gezeigt. Doch letztlich ging es ihm wahrscheinlich um nicht viel mehr, als daß er ausdrücken wollte, ich solle weitermachen, meine Ausbildung nicht abbrechen. Zum theoretischen Unterricht erschien ich prinzipiell nicht. Drei Tage lang hatte ich in der Lehrwerkstatt an meinem Schriftbild gearbeitet. Weil ich die Linien nicht als separate Druckform angelegt hatte, konnte ich den Text nicht fortlaufend setzen, sondern bastelte ihn Buchstabe für Buchstabe aus dieser speihäßlichen Plakatschrift und Linie für Linie so zusammen, daß er annähernd dem von mir angekündigten Abbild eines Kreuzworträtsels glich, und stopfte mit der Ahle noch auf der Andruckpresse halbe und viertel Punkte Füllmaterial in die klaffenden Lücken. Die Aufgabe war ein Text mit Schmucklinien und Rahmen, und als die überwiegend weiblichen Lehrlinge längst wieder zur Tagesordnung übergegangen waren, hatte sich der Lehrmeister darauf festgelegt, mir zu zeigen, was ich alles noch nicht konnte. Als der Text endlich abgebunden und zwei mehr oder weniger saubere Andrucke zustande gebracht waren, zerfiel er beim Abheben von der Presse in seine mindestens tausend Einzelteile, die ich zwei weitere Tage und über den Feierabend hinaus zurück in die Satzkästen, Linienablagen und Regale für das Blindmaterial sortierte.

Manchmal gingen wir abends in einen Club der Technischen Universität, einen Gewölbekeller, ein paar hundert Meter von der Kunsthochschule entfernt, in dem ich mich als persönlicher Gast Peters auch ohne Studentenausweis aufhalten durfte. Ich verliebte mich in eine Pädagogikstudentin, der ich irgendwann auch den ersten Druck meines ersten Gedichts schenkte. Wir saßen auf den steinernen, sitzkissenbestückten Stufen vor einem brennenden Kaminfeuer bei *My Sweet Lady Jane*, und ich meinte, irgendwie im Hort meiner Sehnsüchte angekommen zu sein, dem Mehrwert der Nacht, die eine Stunde nach Mitternacht begann und mit der ersten Straßenbahn endete.

In dieser ermüdenden Zeit, in diesen ersten Straßenbahnen, zwischen Menschen, die nicht aufwachen konnten und in verhärteten Leinen- oder Halblederschlingen von den Haltestangen herab aus den oder in die Warteschleifen der Endstationen pendelten, in diesem Schreiben immer auf dem Rückweg von einem Ende der Stadt zum anderen, habe ich niemals aufgeschrieben, was ich sah, sondern immer, was mir nicht mehr faßbar war. Etwas, das nicht zu Ende gegangen war, konnte ich nicht beschreiben.

Das Faßbare war das Anfaßbare, Spürbare, das, was nicht schmerzte, nicht teilte. Das Teilbare, das, was mitzuteilen und zu begreifen war. Das Begreifbare war das Wirksame, das Wirkende. Das Wirkungsvolle, rückwirkend war es real. Realisierbar wie das Dingfeste und Beweisbare. Das Unbewiesene ein behaupteter Wert, ein irrealer Mehrwert, wie der unfaßbare Gegenwert des Geldes für die Kunst, die bezahlbare, Konglomerat aus Zeiten, die sich ändern, und Geld. Geld wie eine Selbstbehauptung plus ein wenig Farbe. Mehrwert plus Farbe. Der materielle Rest, der nicht aufgeht in der Rechnung, gehört allen, ist Staats- oder Volkseigentum. »Wer mir das Geld stiehlt, stiehlt mir die Zeit«, nicht umgekehrt. Die verletzende Immaterialität des Geldes. Aufessen, das Kaufbare. An der Haltestelle, wo der Wald beginnt, stehle ich ihnen ihr Grundwasser – Betula pendula – um den Wein für das Abendmahl zu kaufen, zu dem sie mich eingeladen haben.

»Kamakura, das ist mir viel zu abstrakt.« Peter Glomp saß mit Bettine am Feuer und erzählte was von Zen, von Meditation, von der einen Rose, von Schopenhauer und *Panta rhei*. Ich lag in meinem Halbdämmer auf unseren Mänteln unter der Garderobe und sah, wie er ihr an der Ornamentik ihres Kleides Abstraktion erklärte. Ich schlief ein. Ich schlief, wo immer ich Gast war, ein. Wenn ich aufwachte, stahl ich mich fort. Als ich aufwachte, war der Club leer und die schwere Stahlgittertür zum inneren Hof von außen verschlossen. Ich wußte, daß ich den Rest der Nacht und den ganzen, nächsten Tag, bis der Vorabendbetrieb wieder beginnen würde, bleiben mußte.

Ich fürchtete, entdeckt zu werden, eingeschlafen, schlafend in der Morgendämmerung, hinter den wandgroßen Fenstern, von den Museumsbesuchern, den zufälligen Passanten oder den Polizeibeamten auf dem Weg zur Arbeit ins nahe Präsidium. Glasscheiben, die in die Gewölbe eingelassen waren, die mir die Nacht zerschnitten, von der nicht erreichbaren Brücke herab, die in vielleicht fünf Meter Höhe über den noch zweihundert Jahre zuvor als Bärenzwinger genutzten Hof auf die Brühlsche Terrasse führte.

In einem angrenzenden, als Vorratslager genutzten Tonnengewölbe versuchte ich mich zu verbergen. Das hintere Ende war vermauert und in der Mauer ein Durchbruch. Hinter dem Durchbruch lag ein nächstes Gewölbe, und von diesem aus ging es in ein wieder nächstes. Ich war auf eine unterirdische Verbindung, eine Katakombe gestoßen, von der ich annahm, sie würde mich bis unter die etwa fünfhundert Meter entfernte Kunsthochschule führen. Von der Theke hatte ich mir einen Kerzenleuchter mitgenommen und sah mich, je weiter ich vordrang, bedrängt von den Rudimenten eines verwitterten Dresdener Sandsteinbarocks. Sand, wie aus dem Vergessen zusammengepappt, aufgestapelt. Aufflackernder, aufgrinsender, fratzenhafter, von den Russen bei ihrem Einmarsch in Dresden entmannter und entleibter, vom Zeitgeist vergrindeter Sand. Meine Phantasie gaukelte mir einen Zugang zum Hofschatz des Grünen Gewölbes[22], unter dem ich mich längst befinden mußte, vor, aber auch den überraschenden, von der Morgendämmerung überhöhten Auftritt im Atelier des Freundes.

Dort würde ich ihn liegen sehen müssen mit meiner den Künsten hingegebenen Freundin. Ihr Sommerkleid, die letternsatte Buchstabensuppe, ein chaotisch mit dem Wort Ich (ungarisch: en) spielender Saisonhit, eine mühsam vom Stipendium abgesparte Budapester Errungenschaft, ausgebreitet über die Staffelei, auf der ich noch als Rötelzeichnung des letzten Tages dahinschlief. Ich stürzte vorwärts. Die Kerzen gingen aus. Ich stürzte. Ich blutete, tastete mich zurück, versuchte die Gesichter der Putti und Dämonen zu greifen, griff nach ihnen, wie sie nach mir gegriffen hatten, griff in die porösen Fragmente der vom dumpfen Klima abgeschliffenen, gesichtslosen Epoche, griff ins Leere, stürzte wieder und wieder, blieb liegen, kroch auf der erdigen Kühle des verstellten Gewölbes bis hinter den ersten Mauerdurchbruch in ein fensterloses Halbdunkel. Von der Tageszeit nichts wissend, als daß sie beschämend vor mir läge.

Am späten Vormittag trat ich – ich ahnte, daß ich aussah, wie ich roch – ins Atelier und war sicher, daß, wenn auch nur das Mindeste meiner Vermutungen zutraf, mein Auftritt wie ein falscher Einsatz wirken mußte. Im Spießrutenlauf durch das Tageslicht und die gierigen Blicke der ersten Touristen hatte ich mir eine meine Niederlage vor der Nacht ausgleichende Geschichte ausgedacht: eine Verhaftung durch die Polizei, während ich nicht gewagt hätte, an seinem ungesetzlich nachts erleuchteten Atelierfenster zu klopfen. Die Nacht über in einer Zelle des Polizeipräsidiums in der Schießgasse um die Ecke. Und noch am Morgen ein peinigendes Verhör des nicht volljährigen, standhaft schweigenden Freundes des Freundes.

Peter Glomp war schwul. Aber als er es endlich aussprach, wußte ich nicht, was es bedeutete. Ich wußte nichts von seinem vor der Streichung oder Novellierung des § 175 illegalen homo- oder bisexuellen Leben, und nicht, welcher Gefahr er sich mit dieser Offenbarung mir oder jedem gegenüber, der von nichts wußte, aussetzte.

Ich war vom klirrenden Auf- und Abstapeln leerer und voller Bierkästen aufgeschreckt worden und hatte mich im zerfetzten, olivgrünen Studentenparka des Freundes, den ich über das Heiligtum einer an den Nähten aufgeplatzten, rehbraunen, von meiner Großmutter geerbten Wildlederjacke gezogen hatte und von dem ich meinte, er würde mich als Student tarnen, vorbeigeschlichen an den Getränkelieferanten, durch den Hof, das offene Stahlgittertor,

Auf Allen Vieren.

2.6

Als Freund und als Mitwisser eines ungestalt unverständlichen Geheimnisses, aus dem kein Stück einer mir selbst verständlichen Sprache zu schlagen war, ließ ich mich von Peter Glomp seither nur noch angezogen zeichnen. Natürlich wollte ich Stücke schreiben. Bruchstücke, Waldrandstücke, aus der Welt gesägte Fetzen, in der die Welt des Publikums abgestumpft und entwurzelt vor Schmerz erstarrt. Das ideale Modell aber für Publikum und Chor, der väterliche, den Frauen als Frauen abgeneigte Freund, litt mit mir, an meiner offenbaren Verletzung und an meiner gefühlsmäßig ereignisreichen Dramatisierung. Zusätzlich war ich jetzt ein an seinem Mitgefühl Mitleidender.

Ein Schatten Ungesetzlichkeit, ein wolkiges Etwas, ein abtönend dämpfender Gleichklang von Schuld und Schuldgefühl trennte und verband uns. Die Erfindung meiner Verhaftung und Mißhandlung legte sich über unsere vorsichtige Beziehung, in der es nicht um Glauben und nicht um Nichtglauben ging. In seiner Empörung, frei von jeder Schuld, wie ich sie mir eingebildet hatte, und ohne mein Wissen, war er zur Polizei gegangen, ins Präsidium um die Ecke, um Anzeige gegen Unbekannt, wegen Körperverletzung und Sachbeschädigung, zu stellen.

Er bewahrte mich auch noch vor dem, was ich ihm verschwieg, begegnete allem, was ich ihm unförmig auftischte, zeichnend. Letztlich ginge es doch nur um Faltenwürfe, den meiner abgewetzten und speckigen Lederjacke, den seines zerschlissenen und zerrissenen Parkas. Der Hintergrund sei immer derselbe. Eben ein Horizont. »Dein Horizont. Und natürlich das Licht, das ja irgendwie immer von deiner Seite kommt.« Und er bewahrte mich auch noch vor dem, was er mir nicht ausmalte. In dieser neuen, von ihm zwischen uns eingerichteten Gestalt solle ich mich wiederfinden. Und auch wenn er es in Allegorien darstellte, die mit der Masse und den Individuen hantierten, versuchte er dem, was er mir mitteilen wollte, Kontur zu geben, indem er mir regelmäßig Zeichenunterricht gab.

Alle Wege kreuzten sich in der kleinkulturellen Flanke des Kulturpalastes: in einem aus den Freiräumen des Nachkriegs gestampften Mehrzweckgebäude zwischen dem Dresdener Altmarkt und der Ruine der Frauenkirche, im internationalen Jugendklub, der marmorverschalten Materialorgie aus den Träumen stalinistischer Landkulturhäuser.

Da ich, wie Peter inzwischen festgestellt hatte, weder zeichnen konnte noch gewillt war, in den internationalen

Studentenwohnheimen der Juri-Gagarin-Straße hinter dem Hauptbahnhof Beziehungen zu pflegen, und mich als Laienschauspieler den Stücken, die ich nicht selbst verfaßt hatte, verweigerte, wurde ich, trotz demokratisch gefaßten Urteils, daß meine ungeschulte Gesangsstimme neben noch jeden Ton treffe und sprichwörtlich bestialisch klinge, Mitglied eines sogenannten Singeklubs.

Nachdem meine ersten Gedichte, im Raum schwebend wie meine überschwenglichen Selbstdeutungen, an mir so abartig erscheinenden Begriffen wie experimentell, symbolistisch, mystisch und hermetisch abgeprallt waren, begann ich mich in Liedtexten politisch-metaphorischer Inhalte zu versuchen, die, weil sie keinen der zahlreichen jungen Komponisten zur Vertonung reizten, als Moderationen, als lyrische Überbrückungen den choreographierten Umbau des menschlichen Bühnenbildes kaschierten.

Diese Programme wurden vorbereitet für zwei jährliche Highlights, ein zentrales Treffen sich national qualifizierender Gruppen in abwechselnd einer der fünfzehn Bezirkshauptstädte der DDR und ein im Februar prinzipiell in Berlin stattfindendes internationales *Festival des politischen Liedes*. Der Zentral- oder Über-Verein dieses allwinterlichen Spektakels residierte im *Haus der Jungen Talente* in der Klosterstraße und betrieb in einem Seitenflügel des *Kinos International* an der Karl-Marx-Allee, ähnlich wie sein entsprechend kleineres Pendant im Dresdener Kulturpalast, einen nach ihm selbst benannten Oktoberklub-Klub in den ewigen Saisonfarben Rot und Schwarz.

Im Februar 1971 fuhr ich mit Peter Glomp für diese eine Woche, die das Festival dauerte, nach Berlin, wo er sich, um unsere Übernachtung zu sichern, am ersten Abend in der *Moccamilcheisbar* verabredet hatte – ein durch den gleichnamigen Schlager seines zum Star aufgestiegenen Komponisten aus dem Umfeld des Oktoberklubs zur *location* avanciertes Lokal. Tatsächlich hatte die Selbstsicherheit, die ich diesem am Tag kahlen, abstoßend großen Saal mit kaltem Interieur zuschrieb, mit der Nacht zu tun. Durch die raumhohen Verglasungen, die die Menge verkürzt und von der Nacht gedämpft auf die Straße spiegelten, so daß die Passanten, wie in einer deckungsgleichen Dimension, durch sie hindurchgingen, drang die Dunkelheit in den künstlichen, neonverrauchten Tag. Das Dunkle beseelte das Helle, von dem ich mich abwenden konnte, ohne es aus den Augen zu verlieren. Keine Brechtsche Maßarbeit, für die das Dunkle kalt bleiben muß, wenn sie das Wort *warm* nicht auch ausspricht. Aber noch hielten die sakrilegisierten Fett, Dreck und Urin bindenden Porzellan-Nippes der Kunstkitsch-Sammlung, die in passenden Wandregalen den eisigen, finsteren Abort des väterlichen Haushalts auf halber Treppe bevölkerten, die Schwellen meines phantastischen Horizonts besetzt und entsetzten mein Empfinden, wie ein im Anfang eines romantischen Verses

O Geschriebenes Oh.

Die Nacht hinter den Fenstern der Bar war eine jener vielversprechenden Adressen, die mir die Partnerin meiner ersten und ohnmächtigen Erfahrung mit Sexualität oder Liebe vor inzwischen weit über einem Jahr unter der Weltzeit als Ort eines möglichen Treffens, einer nicht planbaren, eher zufälligen Wiederbegegnung genannt hatte. Die Nacht war eine im winterlichen Nieselregen anwachsende Menschentraube vor einem winzigen, mit welligem Aluminium verschlagenen

Seiteneingang des Kinos, die darauf hoffte, in den Klub-Klub eingelassen zu werden. Die Nacht saugte mich – jetzt Peter im Gepäck – zu einem wenn auch aussichtslosen Fensterplatz, auf dem ich hoffte, von ihr, die ich in der Warteschlange vermutete, erkannt zu werden.

Schon zu Beginn unserer Bekanntschaft hatte ich Peter von meinem Rummelsburger Desaster erzählt. Er hatte mir ohne allzuviel Mitgefühl zugehört, aber mir dennoch versprochen, etwas für mich zu tun, wenn sich die Gelegenheit, von der mir dunkel blieb, wie sie aussehen sollte, ergäbe. Was, war mir unklar. Die Selbstverständlichkeit jedoch, mit der er den wortüberschüssigen Rest meiner in diesem Fall tatsächlichen Hilflosigkeit in ein zu lösendes Problem auflöste, hatte mich beruhigt.

Am späten Abend fuhren wir mit der S-Bahn nach Norden in einen der Um- und Unorte Berlins, der nach dem Zweiten Weltkrieg aus allen Nähten geplatzt und aus seiner Schreberschen Parzellierung in den märkischen Kiefernwald vorgedrungen war. Unser Gastwirt für die eine Woche hatte aus Anlaß der Ankunft seiner »Aufbettungen aus dem *Tal der Ahnungslosen*«[23] im Ambiente eines waghalsig mit farbigen Glasbausteinen wuchernden Postpops – eine natürliche Folge des chronischen Aufbauwillens und Materialmangels – eine Party organisiert, eine Schwulenparty.

Die eingeschworenen Jungs wirkten wie bestellt, um sich auf uns zu stürzen. Sie hingen in den Rundungen der übereck gestellten, so gut es ging marillenfarben bezogenen Gründerzeitsofas vor verwegen tapezierten und vibrierenden Holzwänden des ausgebauten Bungalows in den Bässen der laufenden Musik. Aus einem Überschuß der Farbglasziegel des häuslichen Entrees hatte der Herr des Hauses einen neonilluminierten Bartisch in die Mitte der Wohnstube gemauert, drapiert von einer flimmernden Batterie Gintonic-, Wodka-, Weinbrand- und Cola-Flaschen.

Irgendwie hielt ich das alles für ein abgekartetes Spiel. Ich dachte mich betrogen und bedroht. Hinter mir kein Fenster in eine Nacht, die mich jemals wieder so lemurisch wie die in der Moccamilcheisbar umfinge, und vor mir keines in eine Nacht, deren durch die kahlen Obstbäume gefädeltes, grellfarbig zuckendes Leuchten mich lähmte. Mir war nicht bewußt, daß die Natur der Nacht (wie die Natur der Fauna) die Anschauung nicht in Mitleid, sondern in Selbstmitleid kleidet. Ich sah mich festgesetzt und fühlte mich beobachtet und sah mich, umstellt und ausgestopft von Licht, mich beobachten und Peter, der mir dabei zusah.

Er, der Schuldige, versuchte mir deutlich zu machen, und das, indem er sich – um die Gesellschaft nicht zu brüskieren – über mich beugte, sich an mir, den in die Tiefe der Kissen Genötigten, anlehnte – was meine Angst, endgültig nicht nur seiner Sicht auf die Dinge ausgeliefert zu sein, nur steigerte –, um mir zuzuflüstern, daß die Situation keineswegs auf eine hintergründige Vereinbarung, sondern einen Zufall, ein auch nicht im Geringsten von ihm veranlaßtes Arrangement, auf die zufällige Verteilung der Gäste auf die Gastfamilien zurückzuführen sei. Dann organisierte er unseren Rückzug von der Veranstaltung mit einer hygienischen Begründung, so daß wir die nächtlich zuckende Datscha unbemerkt wieder verlassen konnten.

Weit nach Mitternacht und einigen telefonischen Erkundigungen fand er im *Hotel Stadt Berlin* eine ihm bekannte

Redakteurin vom Rundfunk, die an der Bar Interviews führte. Nach dem, was sich dort abspielte, mußte das Hotel vollständig mit den internationalen Teilnehmern des politischen Festivals belegt worden sein. Vorhalle, Restaurant und Nachtbar waren überfüllt von trinkenden und musizierenden Gästen, und das Hotelpersonal hatte entweder längst die Kontrolle verloren oder war zu diffizilen, sich mit Toleranz und profitorientierter Kulanz tarnenden Methoden der Kontrolle durch Mitsingen und Mittrinken übergegangen. Unser Problem war kein Problem mehr.

Der in Dresdener Tradition handwerklich gut ausgebildete Maler porträtierte, ohne sich als Künstler aufzuspielen oder zu zieren, die vom spröden Luxus, von der Gastlichkeit und den vorgeführten Fähigkeiten begeisterten Gäste und verschenkte wenigstens immer eine der Skizzen an die Gezeichneten.

Ich bekam ein noch unbelegtes Bett in einem Apartment, das für eine noch nicht vollzählig angereiste polnische Rockband reserviert war, und ging, nachdem sicher war, daß Peter die Nacht mit Aufträgen zu Einzel- und inzwischen auch Mehrfachporträts verbringen würde, schlafen.

Am Morgen erwachte ich neben einer Englisch sprechenden, polnischen Sängerin. Ich verstand sie nicht, und die Idee, Russisch zu sprechen, schien ihr absurd. Als sie merkte, daß ich nichts verstand, hörte sie nicht etwa auf zu sprechen, sondern wechselte ins schnellere Polnisch. Sie machte es mir unmöglich, unser Nebeneinander einem Halbschlaf, meinem oder ihrem Restalkohol zuzuschreiben. Sie redete mich nackt und wach, setzte sich auf mich, beugte sich über mich, griff vom Nachttisch einen Zettel, zeigte mir die Porträtzeichnung meines Freundes, auf der sein Name stand, zeigte auf die Signatur, ich sagte »Peter, Peter Glomp«, sie sagte »Maryla«, ich »Sascha«, sie O (mit drei h) und redete weiter, einfach weiter. Sie atmete ein zwischen scheinbar jeder der immer kürzer werdenden Silben, bis ich ihr die Hand auf den Mund legte, weil ich Angst hatte, sie könne platzen. Sie nahm meine Hand von ihrem Mund, wischte mich mit ihr ab von sich, zog sich an und ging.

Ich suchte sie im Hotelrestaurant und in der Bar, wo einige der Gäste noch neben ihren Instrumenten schliefen, aber es dämmerte mir, daß es auch für diese Geschichte keinen anderen Anfang als mein Aufwachen und kein anderes Ende als ein von diesem Ende abgeschriebenes Gedicht ohne Adresse geben würde.

Im Frühstückssaal fand ich Peter mit einem zwar nicht kurzgeschorenen, aber dennoch militärisch wirkenden, im Gegensatz zu den anderen Gästen wachen Russen an einem separaten Tisch, der sich mir als Kolja vorstellte. Peter und er sprachen russisch miteinander, und ich wunderte mich, daß Peter, dem ich von der Herkunft meiner Familie aus dem Baltikum und davon, daß ich zum Russischen, weil es in meiner mütterlichen Familie zur Not noch gesprochen würde, eine gewisse Affinität habe, mir nichts von seinen Sprachkenntnissen gesagt hatte.

Ich meinte, ihm gegenüber die Ereignisse der vergangenen zwölf Stunden, von denen ich noch völlig überdreht war, auf die Pointe bringen zu müssen, daß man mit seiner Ausbildung, wenn man nur wolle, mit Zeichnungen also, auf jeden Fall mehr anfangen und natürlich verdienen könne als mit einem Gedicht. Der Nachteil des Gedichts sei außerdem, meinte ich in meinem Zustand von Erfahrungsüberfluß, daß es immer erst hinterher, wenn alles zu spät sei, entstünde, und auf der Bühne stehe es absolut verloren da, wenn nicht gerade *Die Eine* im ansonsten sinnlosen Publikum säße.

Peter widersprach nicht. Es war ihm offensichtlich unangenehm, vor einem dritten an den nächtlichen Exzeß, den ich mir nicht auf mich beschränkt vorstellen konnte, erinnert zu werden. Kolja begann von einem russischen Dichter, der Sportstadien fülle, zu erzählen. Jewgeni Jewtuschenko. Ich hatte noch nie von ihm gehört, obwohl seine Gedichte auch in der DDR erschienen wären. Lermontow kannte ich, Puschkin, Majakowski natürlich, und eine Metapher von Simonow, in der die Daunen des Kissens im Haus einer Liebe tauen, war mir hängengeblieben. Kolja sprach, wie sich zeigte, weil für ein derartiges Thema auch Peters Russisch nicht ausreichte, Deutsch. Er habe, für Russen nicht ungewöhnlich, mehr als eine Neigung zur Poesie, zur deutschen, und weil er in der DDR stationiert wäre, natürlich auch eine stolze Sammlung russischer Literatur in deutscher Sprache, und er lade uns ein in seine Wohnung nach Karlshorst zu einem Gastmahl und zur Literatur, selbstverständlich.

Ich war es gewohnt, mich frei – wie hinter den Bühnen der Theater meiner Kindheit – bewegen zu können. In der *Kongreßhalle* am *Haus des Lehrers* wurde ich von den massigen Türhütern in den Blauhemden der FDJ, die hier, in einer ungewohnten, jeanshaften Ausgeblichenheit und Löchrigkeit tatsächlich wie Arbeitskleidung wirkten und nicht wie geschont für den montäglich schulischen Fahnenappell, abgewiesen. Es war, als stünden mir Hunde, vertraute Hunde im

Weg, aufgeblasen zur Reinrassigkeit ihrer Aufgabe. Ich verstand aus der Noch-Vertrautheit mit und Schon-Fremdheit gegenüber der eigenen Kindheit ihre Sprache, aber es war mir peinlich, sie sprechen zu hören. Es war unmöglich, ohne eine für diese Geschichte vorbereitete Geschichte weiterzukommen. Ich hatte aber keine Geschichte, keine, die mir die Tür zu diesem Konzert, in dem Maryla singen würde, öffnete. Ich wartete am Bühnenausgang.

Im Klub am Kino hielten mich die Türsteher für ihren Sohn, und ich befürchtete außerdem der Mutter meines vielleicht geborenen, vielleicht auch nichtgeborenen Kindes zu begegnen, sie ihr oder ihr sie vorstellen zu müssen. Am frühen Morgen blieb mir immerhin die Unsicherheit darüber, ob Maryla nicht wollte oder lediglich zu alkoholisiert war, um mich aus meinem Schlaf aufzuwecken, oder mich einfach in meinem Rausch hatte liegen lassen.

Wenigstens Peter fand ich im Hotel, und wir gingen zum Friedrichshain, wo er mir ein unauffälliges Denkmal, einen Spanienkämpfer des Bildhauers Cremer, zeigte. Er sagte, daß er die Schwebe bewundere, in der die schwere Bronze angehalten sei; die Entscheidung, diesen mit über dem Kopf geschwungenen Schwert aus einem von zwei steinernen Sockeln angedeuteten Schützengraben Vorwärtsstürmenden in dem Augenblick zu fassen, wo keineswegs entschieden wäre, ob er nicht ein in den Graben Zurückstürzender sein würde, mache es ihm leicht, darauf zu vertrauen, daß die Kunst mehr mit der Vergangenheit als mit der Gegenwart verbunden und das *Wie* Angelegenheit der Rezeption sei, die den räumlichen Zusammenhang von Zeit und Kunst garantiere. Nach Karlshorst könne er leider nicht mitfahren. »Hier hab ich dir den Weg skizziert. Auf der Rückseite ein mißlungener Versuch und, nur wenn du in solche Schwierigkeiten kommst, daß du mindestens zwei Stunden überziehst, eine Telefonnummer. Schmeiß den Wisch weg. Ich will nicht, daß dich jemand sieht, wie ich dich sehe.« Er habe einen Termin in der Akademie der Künste, wo er ab und zu mal sein Meisterschülergesicht vorzeigen müsse.

Russisch essen war für mich mit der Gesellschaft in Weimar verbunden. Ein großer Tisch, wenn nötig zwei Tische unter einer Tischdecke, an denen man mir das Wort Niveau erklären würde, mit immer einem Gedeck mehr für den Gast, der noch kommen könnte. Eine offene Tafel in einem nach Süden und Osten hin offenen Haus. Karlshorst war mir von der Kindheit her ein vertrauter Klang. Keine Erinnerung, aber ein sprechendes Bild, etwas Anstimmendes, eine Ahnung davon, daß ich die Schrift beschreiben könnte.

Daß in diesem abseitigen Bezirk die Russen residierten, war offensichtlich. Ganze Viertel von Siedlungshäusern aus den zwanziger und dreißiger Jahren waren mit grob verputztem Gemäuer vom Stadtverkehr abgeschnitten. Vor zum Teil geöffneten Toren und Schlagbäumen Regenunterstände für die Wachposten. In den Straßen roch es nach Dieselöl, und in das Kopfsteinpflaster hatten sich die Spuren der Kettenfahrzeuge eingegraben. Auch einzelne der Jahrhundertwende-Villen schienen von russischem Militär genutzt zu werden. Eine Ordnung erkannte ich nicht. Schon eine Straße weiter stand ich wieder vor von russischen und deutschen Familien gemeinsam bewohnten Mietshäusern, oder eine ganze Front war offensichtlich Deutsch, während die Straße davor wie die unsichtbare Trennlinie zwischen zwei Menschenwelten wirkte. Ich fuhr mit der Straßenbahn durch das Stadtviertel, lief ein paar hundert Schritte nach der pedantischen Vorlage Peters, suchte die Adresse, ein sprechender Name wie Rheingoldstraße, und suchte den Unterschied. Der Blick sackte in gardinenlose, schwarze Fensterlöcher und verwilderte Vorgärten. Ich meinte zu sehen, wo Deutsche lebten – hinter Gardinen und hochgewachsenen Vorgärten. Dann sah ich die Kinder in ihren mattbraunen, weißabgesetzten, russischen Schuluniformen, ihren blühenden Ernst, die wenigen parkenden Autos, meist ostdeutscher Produktion, dann die Hausnummer. Das Haus, deutscher ging es nicht, farblos verputzt, im Treppenflur ein farbloser Ölsockel, russische Namen.

Tatsächlich stand auf dem Tisch (ein runder, deutscher Klotz unter weißer Spitze, der das kleine, mit Bildern und Büchern an den Wänden völlig überfüllte Zimmer von der Mitte her sprengte) ein Gedeck mehr. Kolja, in Uniform, stellte seinen Freund vor. »Schade, daß пётр nicht kommen kann. Er hätte uns zeichnen können. Wie du siehst, wir lieben nicht nur die Literatur, auch die Kunst;

Die Kunst Überhaupt.«

Wodka und Wein zum Essen und wieder Wodka und wieder Essen und Wodka. Wie in den Büchern, nur trugen sie selbst auf und Kolja – natürlich auswendig – Gedichte vor. Kolja sei ein Enthusiast, er nur Lehrer, eigentlich, schon lange Zeit her, Deutsch und Literatur und im übrigen mit meiner Großmutter gut bekannt, schon lange von Weimar her, vom Ministerium, eine sehr strenge und immer gerechte Lehrerin. Ich wußte nicht, daß meine Großmutter auch in Deutschland Lehrerin gewesen war.

Was sie mir über russische Kunst erzählten, über russische Literatur vom Anfang des Jahrhunderts, über die Kulturrevolution, über die Deutschen in Rußland und die Russen in Deutschland, wie Puschkin in Weimar – nichts davon war mir bekannt. Meine Vorstellung von Rußland war die aus stinkenden Spelunken und Massenunterkünften modellierte Menge Mensch aus Tolstois *Peter I.* und Gorkis *Meine Kindheit* und *Meine Universitäten.* Zum ersten Mal hörte ich von Lissitzky, Kandinsky und Malewitsch, von Lettristen und Futuristen, Dichtern wie Chlebnikow, Block und Achmatowa, Jessenin, Pasternak, Mandelstam, hörte von schlechten Übersetzungen Babels und verstümmelten Bulgakows.

Ich kann nicht mehr sagen, über welche Dörfer und Dichter, über wie viele Geistheiten, Getränke, entdeckte und gewünschte Gemeinsamkeiten es ging, bis wir beim KGB landeten. Irgendwann sprachen wir über den vor mir liegenden Militärdienst, und Kolja schlug vor, damit ich nach Berlin kommen könne, ich solle mich für das *Wachregiment Feliks Dzierzynski* bewerben. Sie erzählten mir, daß es eine Eliteeinheit wäre, mit einer speziellen Ausbildung, zum Teil auch in der Sowjetunion, mit besonderen Aufgaben und natürlich auch Möglichkeiten.

Ein noch dunkles Gemeinschaftsbild, für das ich mir eine noch dunklere Sprache würde suchen müssen, die sich nicht abhöbe von dem, was ich nie verließe. In diesem Knoten stummer Herkunft verschlangen sich meine Großeltern mit ihrer ihnen entfremdeten Heimat und mein Vater mit seiner mir fremden Fremdheit und meine Mutter mit ihrem mir fremden Mann und mein Freund mit seiner mir fremden Sexualität und meine Angst vor mir fremd bleibenden Frauen und meine mir fremd klingende Sprache vor der Weite der Welt zu einem mir fremden Dichter, der nur ich sein konnte, da ich mir fremd war.

Ich wußte nicht, *was*, aber ich wußte, *wie* ein Nicht-Ich war. Ein Mensch, der eine Sprache spricht, von der nichts bleibt als die Erfahrung. Die Erfahrung des Anderen, übersetzt in ein eigenes Sprechen, das Sprechen *an sich*, von dem nichts bleibt als das Nicht-Ich des Anderen. Eine Art der Vernichtung. Das Gefühl der Fremdheit hat natürlich andere Worte als diese, und zur Not

Sagt Es Ja.

				d	i	e		m	o	n	o	l	o	g	e
g	e	h	e	n		f	r	e	m	d		ü	b	e	r
e	i	n	e	n		b	a	h	n	h	o	f		z	w
i	s	c	h	e	n		w	o	h	e	r		u	n	d
w	o	h	i	n	.		a	l	s		i	c	h		a
u	s		d	e	m		k	n	a	s	t		k	a	m
(	l	u	c	k	a	u	,		z	w	e	i		e	t
a	g	e	n		ü	b	e	r		d	e	r		l	i
e	b	k	n	e	c	h	t	-	g	e	d	ä	c	h	t
n	i	s	z	e	l	l	e	)	,		s	t	a	n	d
i	c	h		i	n		d	o	b	e	r	l	u	g	-
k	i	r	c	h	h	a	i	n		i	n		d	e	r
m	i	t	r	o	p	a		a	n		d	e	r		t

h	e	k	e		u	n	d		w	a	r	t	e	t	e
a	u	f		d	e	n		s	c	h	n	e	l	l	z
u	g		v	o	n		b	e	r	l	i	n		n	a
c	h		d	r	e	s	d	e	n	,		t	r	a	n
k		e	i	n	e	n		k	a	f	f	e	e		u
n	d		w	u	ß	t	e		n	i	c	h	t		w
i	e		e	s		w	e	i	t	e	r	g	e	h	t
,		k	a	u	f	t	e		d	i	e		i	l	l
u	s	t	r	i	e	r	t	e		»	f	r	e	i	e
w	e	l	t	«		u	n	d		s	c	h	r	i	e
b		d	a	s		g	e	d	i	c	h	t		»	w
i	e		e	i	n		m	o	n	t	a	g		i	m
d	i	e	n	s	t	a	g		s	t	i	r	b	t	«

3.1

Ja. Mit Vehemenz. Keiner sagt »Kein Problem.« Kein Ort in Sicht als der der Kindheit. Eine Kindheit wie ein Auge. Ein Auge, das die möglichen Gegner distanziert, aufeinanderhetzt. Ein Ort der Existenzkulissen, der Notlügen, der Genußlücken, der geschlossenen Augen von Schlaf zu Schlaf. In die Nacht geschrieben, in der Tageszeitung, an deren Herstellung ich arbeitete, kolportiert.

Nichts hält sie zusammen. Sie gehen auseinander, als wäre ich nichts. Wer bin ich denn, daß ich nicht einmal der bin, der sie auseinandertreibt, bis mir ihre Feindschaft den Blick auf sie zerreißt. Sollte ich also ein Zuschauer der Feindschaft sein.

Der ich mir einbilde zu sein, der ich nicht bin, schreibt den, der sich findet in dem, was geschrieben steht. Wie denn sonst. Die Literatur, in der ich nicht vorhanden bin, weil ich mich nicht verstehe, muß ich selbst schreiben. Die Frage »Für wen schreibst Du?«, von dem beantwortet, der nicht im Text steht, demnach in keinem Text je stand. Wo kein Text war, wird kein Text sein.

Daß Novalis mich geschrieben hat, ist mir sicher. Und dennoch finde ich mich nicht in seinen Versen. Vielleicht noch in den Wortklumpen. Nicht in *Die Lehrlinge*, aber *zu Saïs*. Und noch im endlosen Ritt durch immer wieder das Mondlicht der Zeilen Nikolai Ostrowskis suche ich den, der ich wäre, wenn dieser Mond, dieser bejahende, mich nicht jagte, nicht bewahrte.

Bei der Musterung für den Militärdienst gab ich an, beim *Wachregiment Feliks Dzierzynski* dienen zu wollen. Ich wurde abgelehnt. Zu klein.

Ein Zentimeter Zu Klein.

Von der Kavallerie, wie ich sie aus den Büchern liebte, ausgeschlossen. Die Infanterie, zurückgeführt von mir auf die Ordnung des Kindergartens: ausgeschlossen. Enttäuschung, daß sich Kolja nicht zurückmeldete von der *unsichtbaren Front*. Die Dinge entwickelten sich so, daß ich mit dem, was ich dachte, allein dasaß. Im Café.

Im zweiten Jahr wurde ich, als der einzige Mann unter den Setzerlehrlingen, im Tageszeitungsbetrieb untergebracht. Die weiblichen Lehrlinge belegten Schreibmaschinenkurse, arbeiteten in der Textherstellung oder wurden in die Fotosatzmontage eingeführt. Die Druckindustrie war im Umbruch und der Zeitungsumbruch wurde noch in Bleisatzformen für die Matrizenherstellung zum Rollenoffset ausgeführt. Ich arbeitete in der *Block-Presse*, ein Sammelbegriff für die Tageszeitungen der

SED-nahen Parteien wie Liberal- und Christdemokraten, die der Einfachheit halber gleich in ein und demselben *Haus der Presse* hergestellt wurden.

Die Horrorvorstellung des verantwortlichen Schlußkorrektors war, daß der Satzfehlerteufel mit einem Buchstabendreher wie *KZ* der *SED* statt *ZK* (Zentralkomitee) der *SED* zuschlüge und – worauf er sich gleich den Strick nehmen könne – auch noch in Druck ginge. Dann würde die Polizei das Haus umstellen, in jeder Mantel- und Aktentasche nach einem Andruck der Fehlleistung fahnden und der arbeitenden Klasse, für die es tiefer sowieso nicht geht, kollektiv die Jahresendprämie [24] gestrichen werden. Also wurde ich, ich, der Gefahrenherd, ich, der unter Streß in einen sichernden Halbschlaf Sinkende, fast schon regelmäßig für die Nachtschichten, die um 21 Uhr begannen, eingeteilt. In der Nacht mußten die Monotype-Überschriften und das Blindmaterial zurück in die Setzkästen und Ablagenregale sortiert werden, während die Fließzeilen des Linotype-Textes der Gießerei zugeführt wurden.

Meine permanente Anlehnung an den Schlaf während der Tagschicht, in den ich mich wie in einem immer bereiten Negativ zu verbergen begann, machte es dem kurz vor der Rente stehenden Anzeigensetzer, dem ich als praktisch von ihm auszubildender Lehrling zur Hand gehen sollte, unmöglich, mich mehr als Überschriften setzen zu lassen. Er begnügte sich mit meiner Verehrung und Verwunderung darüber, daß er als Akzidenzsetzer schon bei der Herstellung der zu Anfang des Jahrhunderts in Leipzig gedruckten *Iskra* [25] Lenins gearbeitet hatte. Was ich von ihm lernte, lernte ich bei seinen Korrekturen am Satz meiner Gedichte und dem außerplanmäßigen Satz von Kleinanzeigen, den mir ein Redakteur der Nationaldemokratischen Parteizeitung in den Spätschichten zuschob und extra honorierte.

In den letzten Stunden vor Auslieferung der *Sächsischen Zeitung* herrschte eine, wenn auch angespannte, Ruhe. Die Schlußredakteure und -korrektoren der einzelnen Ressorts starrten schwitzend auf die Telefon-Direktleitung zur Bezirksparteileitung ihrer Sozialistischen Einheitspartei und hofften, daß nicht irgendeine politische Katastrophe, wie die spontanen Visiten von Politbüromitgliedern an der Basis der Suhler Jagdwaffenschmiede genannt wurden, eingeschoben werden müsse, also eine Sondermeldung den Neuumbruch der Seiten eins bis vier verursache, dem eine der spitzfindig assoziierenden, ausgeklügelten Wendungen, auf denen die Autoren der Sport-, Kultur- und Regionalredaktionen ihr Widerstands- und Widerspruchsbewußtsein gründeten, der oberen Etage zum Opfer fallen würde.

Dann endlich, zwischen vier und sechs Uhr am Morgen setzte und druckte ich auf zweispaltenbreite Andruckstreifen oder auf Packpapiere, die ich vorsorglich auf das Format meiner Fachbücher zurechtgeschnitten hatte, in die ich sie zum Trocknen und Vorbeitragen am Pförtner einlegte, die kleinen Auflagen meiner Gedichte.

Jede Katastrophe war eine ferne und selbstverständlich ein außenpolitisches Ereignis, auf das die nach Katastrophen gierenden staatlichen Organe sich stürzten und die Sicherheit des Staates sich stützte. Sozialistisch war das treue Präfix für Licht und Nacht, das verhurte für den kapitalistischen Rest der Welt. Nach der Kuba-Krise begannen der Vietnamkrieg und die Studentenunruhen, und das Ende des Krieges zwischen Nord- und Südvietnam fiel (zum Glück für die Außenpolitik der DDR) in etwa mit dem Beginn der Herrschaft Pinochets in Chile zusammen.

Flammende Metaphern: die hektisch vom Flachdach der amerikanischen Botschaft im südvietnamesischen Saigon flüchtenden Militärs und der Tod Salvador Allendes im Präsidentenpalast von Santiago de Chile: Hochleistungen emotional verwackelter Handkameraführung, der im Inneren nichts gegenüberstand. Der Innenpolitik der DDR blieb kaum mehr übrig als zusammenzubrechen: unter der Bürde nicht zu unterscheidender vietnamesischer Gastarbeiter, chilenischer Intellektueller samt ihrer Familien, mosambiquanischer oder angolanischer Auszubildender und polnischer Aufkäufer. Die mit dem Schlagwort der Bruderhilfe behauptete Großfamilie der Unterdrückten begann zum Bergfest der Berliner Mauer anzureisen. Das einzige, was der Staat zu bieten hatte, war Arbeit, von deren Erlös sich keiner kaufen konnte, was den langen Weg zu seiner in der Freiheit darbenden, natürlichen Familie überstanden hätte.

Mein Großvater hatte schon Jahre vorher, was sich mir schärfstens in mein Unverständnis eingegraben hatte, eine an unserer Tür klingelnde und für die hungernden Kinder Vietnams wahrscheinlich Bleistifte sammelnde Abordnung der *Volkssolidarität* mit der Frage »für den nord- oder für den südvietnamesischen Hunger« abgeschreckt.

Seitdem waren die Funktionäre im Widerstand, und Volksfeste, institutionalisierte Trödelmärkte, die den Mangel mental kompensieren sollten, wurden, unter der Maske von Solidaritätsbasaren, aus den Marktflecken gestampft.

Auf diesen wegen ihres guten Zwecks vom Staat sanktionierten Volksfesten verkaufte ich nun die Handabzüge meiner verdichteten Nächte, und weil mir durchaus bewußt war, daß meine an nur einen oder keinen gerichteten Texte und meine Desinteresse ausstellende Anwesenheit in einem schwer erklärbaren Verhältnis zum äußeren Anlaß standen, setzte und druckte ich, zusätzlich zu meinen Texten, Gedichte von Novalis, Jewgeni Jewtuschenko, Wolf Biermann und Johannes Bobrowski.

Des eigenen, dunkel ergebenen Wortwerkes war ich mir nur dann sicher, wenn ich es schwarz auf weiß, meistens aber ultramarin auf Packpapier in den Händen hielt. Den von mir satztechnisch hervorgehobenen Metaphern der Dichter, von denen ich meinte, *Sie rührten an den Schlaf der Welt*, dem ich mich mehr als verwandt fühlte, gab ich mich hin wie ein Vertreter.

Die Texte von Biermann waren in Dresden bekannt, auch weil er da ein paar Freunde hatte. Zwei Gedichte waren in einer Liebes-Lyrik-Anthologie, herausgegeben von Gisela Steineckert, erschienen. Eine verschämt kleingedruckte, redaktionelle Anmerkung über dem Impressum (damals noch bescheiden auf der vorletzten Seite eines Buches) in einer von der Akademie der Künste und Stefan Hermlin abgesegneten Sammlung – der Autor habe der Veröffentlichung seiner Gedichte in ihr leider nicht zugestimmt – verstand ich als ein Zeichen demokratischer Umgangsformen, als Aufbruch aus stalinistischen Verhältnissen.

Gleichgültig, ob ein Text vor tausend, hundert oder im selben Jahr geschrieben und veröffentlicht worden war, ich las ihn im Moment. Von dem Augenblick an, in dem sich meine Stimme auf ihn stürzte, meinte ich ihn frei. Endlich frei von seinen Ursprungsverhältnissen, die ich mir, wie im Fall von Novalis, kein zweites Mal über die Sprache zu ziehen dachte. Nicht sie hielt ich für frei; nicht frei von den Sarkasmen und verslangten Understatements, mit denen ein Autor den Schmerz gemein machte, nicht frei von seinem persönlichen Grund, wie er mir so oft aus der Schriftform entgegengrinste – aber frei von seinem Schöpfer, der das Gedicht, dem nun ich meine Stimme überzog, mit dem Tod der seinen zu bezahlen hatte. Ich personifizierte seine Gestalt, als müsse ich mit mir selbst sprechen. Der durchsichtige Zweck, der Katzenjammer unter dem Balkon der Minne schlug mir zwar auf die Stimmbänder, aber so ganz ohne Heiserkeit hielt ich das Mittelalter für ein vernünftiges Konstrukt unglaubwürdiger Hofkunst. Ich ahnte, daß die Trennung von Stimme und Persönlichkeit selbst einem Zweck diente, dem Zweck, dem das Theater, in dem die Sprache Figur blieb, nicht nachgeben wollte, der Gefangennahme durch Gesetzlosigkeit, die nur der eigenen Stimme folgt; und ich ließ mich gern von mir gefangen nehmen.

Das von Stefan Hermlin herausgegebene schmale Paperback (unter einem Titel wie *Frühling für Lyrik,* oder so ähnlich), hob sich schon dadurch, daß es mit Fotografien ausgestattet war, auf denen die Dichter wie beim christlichen Abendmahl frontal aufgereiht und das junge Publikum auf den gegengeschnittenen Aufnahmen mehrheitlich junge Frauen waren, vom Üblichen ab. Eine öffentliche Verpflichtung der Person auf das Gedicht. Auf einer der Abbildungen entdeckte ich am linken Rand der langen, mit Tischmikrofonen verstellten Tafel Wolf Biermann mit Gitarre. Ein Lapsus der Retuscheure oder Kulturpolitik? Peter Glomp hatte mir inzwischen vom 11. Plenum 1965, nur fünf Jahre zurück, erzählt, auf dem die Kulturpolitik »revidiert« und die Kunst mit der arbeitenden Klasse und ihrem »Wahlspruch« *Meine Hand für mein Produkt* »verschweißt« worden sei.

Eine Zeichenhaftigkeit, wie sie mir aus den Fragmenten der Fichte-Studien Friedrich von Hardenbergs auftauchte. Plötzlich, und ohne die Aussicht, Fichte zu lesen, von dem ich nicht wußte, daß es ihn überhaupt gab, war mir klar, daß der innerste Abgrund nicht ohne äußeren Glanz zu beschreiben wäre.

Alles wird anders konnte, da die Zeichen äußere waren, nur heißen, daß das Ich auf meiner Seite des grundlegenden Gleichheitszeichens auf ein Nicht-Ich hinauslief, wie es mir das Beispiel dieser ersten *zeitgenössischen* Sammlung von Gedichten lieferte.

Frisch verliebt, verkaufte ich meine schwarz gedruckte Ware am Stand des Klubs International vor dem Kulturpalast auf der Ernst-Thälmann-Straße in Dresden während eines Solidaritätsbasars zu zehn Mark das Stück. Die Mutter des von mir verehrten Mädchens, das kurz vor dem Abitur stand und Außenpolitik oder internationales Recht studieren wollte, war meine erste Kundin. Sie kaufte eines meiner Liebesgedichte an ihre Tochter und Wolf Biermanns *Der Aufsteigende* nach der Plastik des Bildhauers Fritz Cremer. Am Ende des Tages hatte ich über einhundert Mark eingenommen und dreißig amerikanische Dollar als Pauschale von einem ausländischen Großkunden für je einen Abzug von jedem der zehn verschiedenen Drucke. Da er die Devisen nicht offen auf den Tisch legen wollte, betrachtete ich das Ganze als separaten Tausch, unabhängig vom solidarischen Anlaß, und gab das Geld in einem der in den Erdgeschossen der Inter-Hotels frisch eingerichteten Intershops[26] aus.

Am idealischen *Inter...* sollte die Welt, an dem vor die speziellen Hotels gesetzten die Ökonomie des Staates genesen. Der symbolische Akt, Devisen für die Armee Hô Chi Minhs zu spenden, war nichts gegen die Dauer des Selbstsicherheitsgefühls, in das mich fünf Stangen Camel, diese eintausend für dreißig Dollar gekauften Zigaretten versetzten:

Einhundert Tage Sicherheit.

Einhundert Tage, nach denen ich keinen Lehrabschluß erhielt, weil ich dem theoretischen Unterricht ferngeblieben war, und mir nun mitgeteilt wurde, daß ich als Hilfskraft in die Buchbinderei des Grafischen Großbetriebes im Stadtteil Friedrichstadt versetzt werden solle. Einhundert Tage, nach denen meine Mutter die Absicht äußerte, sie wolle ihren neuen Mann heiraten. Und Einhundert Tage, nachdem ich nachts von der Polizei wegen Widerstandes gegen die Staatsgewalt verhaftet worden war, bekam ich eine Anklage wegen Herstellung und Verbreitung nichtgenehmigter Druckerzeugnisse. Eine Nacht ließ ich mir, in einer Ausnüchterungszelle der Polizei hinter dem großen Haus des Staatstheaters Dresden, zwanzig Meter vom Arbeitsplatz meines Vaters entfernt, keine noch so geringe Gelegenheit nehmen, auf jeden Uniformierten, der sich mir nähern wollte, einzuschlagen und geschlagen zu werden.

Als ich aus der Untersuchungshaft entlassen wurde, ließ ich mich krankschreiben, schrieb einen Brief an Kolja und eine Erzählung im Stil von Dschingis Aitmatow [27]. Meine Sehnsucht nach einem happy end war groß genug, es mir selbst zu schreiben.

Im Februar traf ich mich, wieder während des Festivals des Politischen Liedes in Berlin, mit Kolja und seinem väterlichen Freund in Karlshorst. Sie versprachen zu helfen. Im April starb meine Großmutter.

Ich kann mich nicht erinnern, daß das Sterben bis dahin in meinem Leben eine größere Rolle gespielt hätte. Wenn es in etwas wie eine Gestalt gefaßt war, dann in eine pathetische, wie die meines Vaters nach seinem ersten Herzinfarkt. Die Unwürde des plötzlichen Todes wurde in der Literatur, die ich bisher gelesen hatte, nicht thematisiert.

Auch in meiner Familie wurden die Kinder vom Sterben ferngehalten, bis im *Neuanfang* der Tod das Etikett einer unfaßbaren Erinnerung an ein diffuses, überraschendes Ereignis trug und eine Wühltruhe kindgerechter Anekdoten schmückte. Die schmerzliche Bindung der Verhältnisse an Oben und Unten (ein Sturz vom Pferd), oder wie in Novalis' *Hymnen an die Nacht*, in denen das vom Tode her metrisierte Sprechen Versen der Sehnsucht nach dem Schmerz gegenübersteht, war nicht vorgesehen. Nichts wies auf eine wirkliche Sophie, ein wirkliches Ende hin. Durch nichts bekam ich eine wirkliche Wirklichkeit, nicht einmal die ihres Gegenteils entledigte, zu spüren.

Der wirkliche Tod meiner Großmutter war ein Abendtelegramm am Arbeitsplatz. Zum Glück nicht in der Lehrwerkstatt. Also wurde sie aus dem Leben wie ich durch die Nachricht aus der Schichtarbeit gerissen, in ein leeres Bild. Die Nachricht vom Tod: eine willkommene Abwechslung.

Als ich in Weimar eintraf, kam ich ein letztes Mal in einem Zuhause an. Niemand hatte mir vorher mitgeteilt, daß der Haushalt am Frauenplan nach dem Tod meiner Großmutter aufgelöst werden würde und das bindende Innere entsorgt. Parzelliert – die Wohnung, von der ich mir, allein durch die Aussicht auf die Namen verbindlicher Zeiten, die mir direkt vor Augen lagen, alles versprach: den Ausblick auf Frauenplan, Ackerwand, Belvederer Allee, Wielandplatz, Amalienstraße. Namen, die in ihrer Gänze für Richtungen stehen, in die das Kind nur von einem einzigen Punkt aus zu gehen vermag. Und *wie* dieser Punkt verschwindet, so verschwindet auch die Kindheit.

Nicht der Blick auf die Namen am Ende, sondern darauf, was dem Kind, wenn es sie von diesem sicheren Punkt aus anspricht wie eine andere Mitte, antwortet, setzt hinter der nächsten Ecke schon, hinter dem nächsten mannshohen Gemäuer die Zeit fort. Dort hinten, hinter einer lange schon in die Unmöglichkeiten der Seele gesenkten Biegung, ganz hinten, am Ende der Straße, da, wo der Straßenname in die Querstraße mündet wie das Kind.

Die direkt am Putz der Häuser verschraubten Straßenschilder hielt ich für die Namen der Häuser, fasziniert aber war ich vom Schnittpunkt jener – im Winkel von neunzig Grad an einem einzigen, windigen Pfahl – wie ein einziger Satz, manchmal sogar Vers zu lesenden zwei weißen Straßennamen auf blauem Grund.

Nach links, aus dem äußersten Schlafzimmererker der Tante: Christoph Martin Eckermann: die höchstens fünfzig dunklen Meter, die ich mit einer Blechkanne voll Milch aus dem Brauhausgässchen stürzte, um die angehaltene Luft auszuatmen: in die kaum hundert zu springenden Schritte über den Frauenplan. Vom linken Bücherbogen des großen Salons hinab: die weite Welt hinter dem rückwärtigen Gemäuer um Goethes Stadtgarten: der junge Alexander Puschkin, aber mit dem dünnen, kindblond wehenden Haar Fritz von Steins bedeckt: Noch kann man nichts sehen. Aber gleich klingt es wie die Kufen eines Rodels auf Kopfsteinpflaster zurück von der kleinen steilen Wiese, die auf das Eis der Ilm führt. Der Reisende von Süden: vorbei schon am Liszt-Haus, auf der Höhe von Foto-Held, schon bei Zigarren-Willmann. Und dann, vom Balkon der Großeltern hin: in längeren Sätzen, der allerkürzeste Weg in die blendenden Facetten der irdischen Tiefe: zum rechten Augenblick die Kristalle und Bruchstücke der Sammlung des weitgereisten Herrn Schwaabe entdeckt: dort rechts, hinter dem Goethe-Gymnasium, manchmal lagen ein paar der Bruchstücke wie liegengelassen auf den Fensterbrettern gegenüber vom Gottesacker, auf dem meine Großmutter jetzt liegen würde.

An diesem Morgen, als wir zum Friedhof aufbrechen wollten, vermißte mein bis dahin verstummter Großvater unsere Tante Gerda, die in der Familie lebende Schwester des ersten, im Chaos nach der russischen Revolution verschollenen Bräutigams seiner Frau.

Ihr Haushalt war (wie die Mehrzahl der Haushalte in der DDR) ohne Telefon, so daß ich mit einem Taxi in das vierzig Kilometer entfernte Sondershausen geschickt wurde, um sie zu benachrichtigen und gleichzeitig zur Beerdigung abzuholen. Meine weit über achtzigjährige Großtante war krank. Ihr wacher Geist hatte die Kontrolle über eine Physis verloren, die sich alle Kilometer am Straßenrand direkt neben das

Auto entleerte, das mit laufendem Motor den gepeinigten und peinigenden Verkehr staute. Ich war ihrer Hilflosigkeit ausgeliefert, und weil sie mich vor ihrer Hilflosigkeit nicht schützen konnte, war sie doppelt hilflos.

Zwanzig Jahre später, in der Nacht, nachdem ich dem Dichter Michael Rom, der während seines Broterwerbs als Nachtportier eines kleinen Hotels in Berlin-Charlottenburg von, wie in der Zeitung stand, Tankstellenräubern erschossen worden war, die Grabrede gehalten hatte, fiel ich, diesmal in einem hilflosen Alptraum, wieder über sie her:

Wie ein ungestalt versteinerter Klumpen zerriß ich die faltig flüssige Oberfläche eines, wie ich sofort schmerzhaft feststellte, im Moment ausgetrockneten flachen Weihers einer unbekannten Dorfmitte, »Vorsicht, Cherda.« Cherda hatte mein Großvater, wie nur meine Großmutter sie, die Gerda hieß, gerufen hatte, nun mir hinterhergerufen. Aber ich war unsicher, wen er meinte, ob er sie vor mir oder mich vor ihr warnen wollte. Micha, der vielleicht Fünfjährige, der ich sein sollte, stand neben ihm am Rastplatz an der Autobahn am Berliner Ring und wollte aus der Thermoskanne mit blauer Kunststoffkappe trinken, von der ich deshalb sicher wußte, daß es die war, in die ich nachts gepinkelt hatte, weil ich nicht durch das Schlafzimmer tappen wollte, in dem meine Großeltern aufgebahrt lagen. Er tat, als wäre nichts, als wüßte er nicht, daß ich gleich wieder mit meiner Tante zurück sein würde; aus ihr zurück. Vielleicht könnte ich die Kanne noch auswaschen, wenn es mir, mit dem Gewicht Gerdas beladen, gelänge, unauffällig den Platz Michaels neben meinem Großvater einzunehmen, was, wenn ich auf der Erde stünde, auf jeden Fall leichter sein müßte als aus der Vogelperspektive.

Hilflos über den himmelschreiend knirschenden Kies zu einem von uns unauffindbaren Grabplatz irrend, hörte ich in der alles durchdringenden Ferne den knirschenden Kies unter den Ledersohlen der von der Bestattung zurückkehrenden Gesellschaft unserer Familie. Ich wollte meine Tante bitten, kurz einmal anzuhalten, damit ich hören könne, von wo genau das Knirschen käme. Aber sie wollte mich schützen vor sich, vor der nächsten Welle ihres versagenden Leibes. Ein trostlos atheistisches Ende: eine Familie, die in die Auflösung zurückkehrte.

Weil die Einnahmen für die Drucke der Gedichte der übergreifenden Idee gedient hatten, lautete die Anklage gegen mich nicht »Herstellung und Verbreitung ungenehmigter Druckerzeugnisse«, sondern erneut Widerstand gegen die Staatsgewalt. Ich wurde zu einem halben Jahr auf Bewährung verurteilt und mit der Auflage, mir innerhalb zweier Wochen einen neuen Arbeitsplatz zu suchen, aus dem Parteizeitungskonzern entlassen.

Ein halbes Jahr später, im Herbst, starb mein Großvater im Krankenhaus. Er konnte ohne seine Frau nicht weiterleben. Die Wohnung am Frauenplan war aufgelöst und für ihn ein mörderisches Appartement in einem Betonsilo hinter dem Bahnhof von Weimar gemietet worden, in das er einen letzten selbstmörderischen Blick werfen durfte.

Meine Mutter hatte für zweieinhalbtausend Mark ein gerade noch nicht abrißreifes Vorstadthaus an der westlichen Stadtgrenze Dresdens gekauft, in das ich mit zwei riesigen, ziegelrot bezogenen Sesseln und einigen anderen Reliquien aus dem großelterlichen Haushalt einzog.

Peter Glomp wurde, wie viele, die in den sechziger-, siebziger Jahren Kunst studierten, nach der staatlichen Diplomierung für drei erste Jahre mit festem Werkvertrag in einem Kombinat, wie die Möchtegern-Konzerne des Ostens hießen, angestellt. Er landete in Görlitz, an der polnischen Grenze, wo er im unweiten Braunkohlekraftwerk Hagenwerder der Angestellte auf Zeit und Ansprechpartner der Arbeiterklasse, ihrer bei der planmäßigen Befriedigung der proletarischen Grundbedürfnisse nach Kunst und Kultur entstehenden Fragen, zu sein hatte.

Nicolaus Richter de Froe wechselte von der Hochschule in Weimar zum Studium ans Moskauer Konservatorium, Wolfgang Heisig, mit dem wir uns zu dritt in der Avantgarde ausgetobt hatten, wechselte von der U- zur E-Musik, Dieter Beckert, für den ich Texte geschrieben hatte, von der Forstwirtschaft zur Konzertgitarre. Klaus, der Sängerknabe, den ich um seine zweite Stimme, die es schaffte, jedes Rot-Front-Lied zu choralisieren, beneidete, desertierte zur Kernphysik. Von der ersten Liebe blieb ein erstes Liebeslied, von einem konstruktivistischen Kunstkonzept das destruktive Spektakel seiner einmaligen Aufführung in unserem für ein paar gemeinsame Tage noch gemeinsamen Gedächtnis. Für meine schwarz-auf-weiß gedruckten Gedichte gewann ich einen Job als Hilfsarbeiter in der Fräserei des Fotoapparatewerkes *Pentacon.* Im Akkord und in drei Schichten bereitete ich die rohen Karosserien der verschiedenen Kameramodelle für den Einbau der Feinmechanik vor.

Früheste Namen wie in einer Sammlung alter Standuhren vereint. Das Chaos ihrer Synchronität aufgehoben in der Erinnerung an eine Liebe auf den ersten Blick. Wer auch immer den Ladenraum betritt, um vielleicht nur die Batterie seiner Digitaluhr wechseln zu lassen, wird sich im Laufe der kurzen Zeit, die er vor der Theke wartet, bis der Uhrmacher von hinten aus der Werkstatt kommt, von einer selten mehr als ein einziges Mal in den Herzschlag einschlagenden Gleichzeitigkeit gefangengenommen fühlen. Ein Puls, der die Segmente der Perspektiven in einem Panorama erlöst, das die auf der Hand liegende Frage nach der Provenienz der einzelnen Uhr wie den Grund, an diesem Platz und keinem anderen, neben dieser Uhr und keiner anderen zu hängen, aus dem α der Erinnerung ausschließt.

Nicht die demonstrativen Viertelstundenglocken der Kirchturmuhren, ihre noch jede künftige Stadt zur Heimatstadt erklärenden, moralischen Schläge, sondern das seither lebenslange Warten auf, nur einmal wieder, einen Ausdruck von Gleichzeitigkeit von einem als Ende erfahrenen Zentrum her, dieses Nach-innen-Umschlagen eines Zeitraumes, dieses auf nichts jemals Gewesenes verzichtende Warten, das Warten auf wenigstens eine wie analoge Synkope, der eine unendlich scheinende Pause der Gleichheit folgt, schließt jenes Erzählen einzelner naher Namen aus dem Ablauf der Erzählung aus.

Es war natürlich kein Gleichklang. Es war eine Unerhörtheit scheinbar ausschließlich des Selbstbewußtseins auf Kosten dessen, wonach man, um sich an einem Gegenwert zu messen, am wirklichen, rettenden Ufer greift. Während im gesellschaftlichen Raum des bürgerlichen deutschen Theaters, mit seiner Trennung von Bühne und Publikum, mein Versuch, die Uhrwerke für den Moment zu synchronisieren, nur zurückruft, daß ein einzelner seine Geschichte nur einem einzigen so zu erzählen vermag, daß die Synkope dem Ganzen nicht wie ein ethisches ω folgt.

Wann auch immer ich mit wem auch immer versuchte, dieser Synkope gemeinsam habhaft zu werden, es gelang nicht, der Zeit zwischen unserem Erscheinen in ihrem Innenraum und dem Auftritt des wie immer älteren Uhrmachers auch nur ein einziges, vom sichtbaren Stand der Zeiger unabhängiges Zeichen unserer Gleichzeitigkeit abzuringen.

Nach einer der Schichten, die um sechs Uhr früh endeten, überholte mich, auf dem Weg zur Straßenbahnhaltestelle, die ich im Halbschlaf ansteuerte, Kolja. »Dienstag, Dienstwagentag, русак!« lachte er, legte seinen Arm um mich, winkte zur Straße und zog mich in seine als Taxi getarnte, wie zufällig leer unserer Richtung folgende Ankündigung. Wir fuhren auf die nördliche Elbseite, von der ich, außer von der Strassenbahn bergan, Richtung Mordgrundbrücke, bisher kaum etwas wahrgenommen hatte, und in ein Villenviertel hinter die alte Neustadt, auf – wohl wie in Karlshorst – russisches Hoheitsgebiet. Dort stellte er mich während des Frühstücks seinem, was mich überraschte, mir etwa gleichaltrigen Vorgesetzten vor, einem blonden, grau-blau-äugigen, im Gegensatz zu mir spitznasigen Spiegelbild. »усталый?«

Er sei nur kurz auf der Durchreise von Moskau, wohin er Kolja und mich einlade. Dann redete er mit Kolja über den frühestmöglichen Termin meiner Kündigung, die mit meiner Bewerbung an der Filmhochschule zusammenhinge, und verabschiedete sich. »Nur das, was war, wird Kunst und das, was wird, ist Leben.« Eine Kausalität, die ich an mich riß wie die verhallten Sprüche meiner Großmutter. Hinter mir sah ich nichts als Bruch, Abbruch, Bruchstücke, und vor mir das in diesem halben Jahr aus den Fragmenten eines Willens, etwas von dem zu erzählen, was wird, Erbrochene. Ein Text

Ohne Punkt Und Komma

Ich begann meine Unfähigkeit, zu erzählen, in eine Form zu gießen – mit einer Sprache, die ich zu lieben meinte, über einen Schmerz zu sprechen, von dem es mir unmöglich war, ihn als den meinen zu bezeichnen. Eine schriftstarre Form, die mich, der ich bis dahin nichts anderes sein wollte als ein Dichter, ein Künstler, nicht abstieß wie das weiße Blatt. Das Unaussprechliche war keine Form der Sprache. Vom Un- und Unterbewußten, das die Surrealisten in ihren automatistischen Versuchen wenigstens ordneten, wußte ich nichts. Sprache war eine Form der Notwehr, der Leere, die in einem Versprechen gipfelt, das sie überflüssig macht. Etwas, das man versteht, versteht man nicht, weil es Sprache ist, sondern versprochen. Vorbei. Botticelli in Dresden, Cézanne in Prag, Goya in Budapest, eingelöste Versprechen, dem, wovon sie erzählten und was über sie erzählt wurde, fremd. Ich kannte Prag und Budapest, und meine Angst vor dem Fremden war immer nur die Scheu vor der fremd bleibenden Sprache.

Meine Bewährungsstrafe war abgelaufen. Ich ließ mich sofort krankschreiben; flog nach Moskau. Ich dachte nicht an Rückkehr und meine riesige Erwartung war ein kurioses Hologramm, in dem sich die Gräberzeilen auf dem *Friedhof des unbekannten Soldaten* am Schloß Belvedere mit dem Gold der Zwiebeltürme über der Fürstengruft des Zentralfriedhofs am Ende der Amalienstraße vermengten.

Der nicht mehr väterliche Schutz des zwei, drei Jahre älteren Kolja, der in die Besucher-Wellen seiner in keiner Weise konspirativen Moskauer Familie eintauchte, von der ich dachte, sie müsse den kompletten Aufgang dieses Blocks am Kalinin-Prospekt bewohnen. Das Selbstverständliche seiner Heimkehr, das er auf mich übertrug, ohne daß die scheinbaren Dauergäste der Küche, die schon dampfende Schüsseln, also mit Sicherheit aus der unmittelbaren Nachbarschaft, auf den Tisch stellten, je auf mich fixiert gewesen wären. Ich fühlte mich frei von Deutschland in meinem Namen, der ohne Erklärung mitteilte, auf wessen Seite ich stand.

Im Labyrinth der Holzhäuser nach hinten hinaus, auf das wir aus der Wohnung hinunterschauten, fand ich das Moskau des überdekorierten Alexaschka aus *Peter I.* wieder, die aus *Krieg und Frieden* dampfende, präagonische Stimmung und natürlich die diebisch Leonowschen Perspektivwechsel [28]. Kolja fuhr mit mir aufs Land, nach Süden hinter Odinzowa, wo wir uns auf einer Datscha mit seinen Genossen vom KGB trafen. Etwas umständlich, hatte er mich auf das, wozu ich längst bereit war, vorbereitet, mir emotionsloser als ein deutsches Schulbuch die Wund- und Ehrenmale seines Großen Vaterländischen Krieges vorgeführt.

Emphase zeigte er nur, wenn es um sein Verhältnis zur Kunst ging. Abends im Theater an der Taganka, wenn er von der französischen Eleganz der abwesenden Ehefrau Wladimir Wyssozkijs schwärmte oder mir in der proletkult-lüsternen Kantine, die er Künstlerrestaurant nannte, die Verse anwesender Autoren übersetzte. In der Datscha am See ließ er mich plötzlich los, war Soldat, und selbst das Deutsch, in dem er vor mir mit seinen Vorgesetzten sprach, klang, als sollte ich es nicht verstehen. Am zweiten Abend des typisch Moskauer Wochenendes auf dem Lande schlugen sie mir vor, am WGIK, dem Moskauer Filminstitut, zu studieren. Das Studium würde fünf Jahre dauern, und diese fünf Jahre wären die offizielle Basis dafür, mich gründlich auf eine inoffizielle Arbeit für den KGB vorzubereiten.

Nach zwei Wochen flog ich, allein, wie ich gekommen war, nach Berlin zurück. Jetzt waren mir Deutschland, die DDR, Dresden fremd. Aber doch war ich glücklich mit dieser Fremdheit. Moskau war fern wie Weimar, eine Geschichte, der ich mich bedingungslos verwandt fühlte. Im Briefkasten meiner Wohnung im Dresdener Silberpfund fand ich eine Vorladung

Zur Klärung Eines Sachverhalts.

3.2

Ich nannte ihn Mephisto. Nicht, weil er mir das Leben als besonders schmackhaft darstellte, um mich mir hernach als von mir zerrissen vorzuführen. Mephisto war nur ein Knoten im Taschentuch. Er hieß Faust. »Mein Name ist Faust.« Wahrscheinlich war ich schon auf Droge; wenn man die Vernichtung der Kindzeit mit Kindheit so nennen kann.

Ich habe gehört, er sei tot. Eine Krankheit, aus zweiter Hand, von einem guten Freund der Vergangenheit – meiner Vergangenheit –, den ich bat, mich in seine Akten sehen zu lassen. Aber er hatte sie nicht angefordert im *Amt des Beauftragten für die Unterlagen der Staatssicherheit* Dresdens, das zu dieser Zeit, Mitte der neunziger Jahre, Sigmar Faust innehatte. Sigmar Faust. Sein Name würde nicht auftauchen, in Akten, die mit mir zusammenhingen. Als Mephisto Namen aufrief, die mir ins Auge zu springen versprachen, reagierte ich nicht auf Sigmar Faust. Ein dunstiges Gefühl, durstgleich, der Gedanke an ein Getränk. Aber jetzt, zwanzig Jahre später, war ich Privatier ohne wissenschaftliche Legitimation, die Akten zu meiner Person einzusehen. Die Wissenschaft vom Ich ist Vergleichswissenschaft.

Die Idee, es könne um die Klärung *keines* Sachverhaltes gehen, war so verschroben wie die Assoziation zwischen Sigmar Faust und Herrn Faust über eine mephistophelische Gedankenbrücke. Faust, von dem ich 1973 zur Klärung eines Sachverhalts in die Schießgasse, die Zentrale der Dresdener Polizei, einbestellt worden war.

Was wollte die mir von mir noch 1993 eingeflüsterte Rolle an jener sachverhaltslosen Vater-Sohn-Beziehung ablesen. Sigmar Faust, der 1968, wie mir Peter Glomp erzählte, seine Gedichte gegen den Einmarsch des Warschauer Pakts in die Tschechoslowakei mit Wäscheklammern an eine Wäscheleine im Barockgarten des Dresdener Zwingers gehängt hatte. Er stand allein gegen meine Führungsoffiziere, die, wenn sie, wie fast immer im Doppelpack, auftraten, selbst wie Vater und Sohn, um einig Vaterland und Muttersprache bettelten. Nicht sie waren die Stellvertreter einer Idee, von der sie mich nicht einmal überzeugen mußten. Ich war der Lückenbüßer ihrer bürgerlichen Gesetze, zwischen deren Paragraphen es keine jener Lücken gab, denen ich so gern eine Gesetzmäßigkeit abgerungen hätte.

Von Mephisto als Zeuge in Sachen Lyrik befragt, fühlte ich mich zum Zynismus aufgerufen. Aus der Gretchenszene las ich wenig über Faust und die Naturgesetze der Familie. Den Mehrwert der Informationen, den mir Herr Faust wie nebenher vorführte, kannte ich aus einer Sprache, die mich selbst zum Voyeur eines von logischen Ketten befriedeten, cholerischen Wesens gemacht hatte. Alles meinte ich von Faust und Faust zu wissen.

Der Beziehung zwischen Mephisto und Faust sah ich ohnmächtig zu. Aus dem sicheren Dämmer des Zuschauerraumes, in dem die eigentliche *Farce mit auf der Bühne eingeschlossenem Vater, der es nie und niemals zu weder dem einen noch dem anderen bringen würde* stattfand. Auf dieser sanft inszenierten Diagonale hätte ich, der die Dinge bei einem endgültigen Namen fassen wollte, das Stück *mors repetina* nennen müssen.

Wieder wurde ich frontal und im Profil abgelichtet, wieder wurden mir die Fingerabdrücke abgenommen. Eitel zeigte ich den Beamten, was ich gelernt hatte. Wie man die Druckerschwärze von der Walze gleichmäßig und sparsam auf dem Stein verteilt. Ich wartete. In einem anderen Raum mußte ich Schriftproben schreiben. Einen »Aufruf zum Boykott der *X. Weltfestspiele der Jugend und Studenten* in Berlin, Hauptstadt der DDR« abschreiben. In Versalien, mal rechts-, mal linkshändig, in gemischten oder nur in Kleinbuchstaben. Ich wartete, bis ich in einem letzten Zimmer Herrn Faust wiedertraf, der mir endlich den Sachverhalt mitteilte.

»Ich will es mal so sagen, Zeuge in eigener Sache wäre die genaueste Bezeichnung für Ihre Anwesenheit. Aber dazu müssen wir, Sie und ich, verschiedenes klären. Sie, was Sie wollen, ich, ob ich Ihnen zu glauben gewillt bin.« Er hatte mehrere schmale Bündel Akten, in denen er blätterte. Ab und zu läutete das Telefon, in das er mit ja oder nein antwortete, oder ein Beamter öffnete die Tür in meinem Rücken, wartete, bis Faust den Kopf hob in seine Richtung, über mich hinweg, der ich über ihn hinweg wie abwesend durch ein halbgeöffnetes Oberfenster in einen Himmel voller Hofgeräusche, das Schlagen schwerer Metalltüren, das Anschlagen von Hunden, Schlüsselklappern und hallende Kommandos starrte. Ich wartete, während er mein bisheriges Leben aufzulisten schien, indem er vor- und zurückblätternd, Stichproben daraus vorlas. Ich wartete auf ein Zeichen von ihm, das mir wenigstens andeutungsweise zu verstehen gäbe, er sei in meine sowjetischen Kontakte eingeweiht, also mit dem Überbau vertraut. Wie gelähmt wartete ich auf ein weiteres Öffnen der Tür in meinem Rücken, auf einen Engel in Uniform, im warmen Grün der russischen Uniformen, der sich herablasse auf die Tischkante, die Beine ausbaumeln ließe, mir seine absenderwärts geschwungene Tarnkappe aufzusetzen.

Kolja, der mich aus der freundlichen Zeichenlosigkeit Fausts erlösen würde; eine Natur, die über jeder vertragslosen Allianz stünde, oder das Signal der immateriellen Parallelwelt dafür, daß ich nichts sagen könne, da ich eine Woche vorher zugesagt habe, nie und niemandem und nicht in der höchsten Not etwas zu sagen.

Ich erzählte Faust, daß ich Erzählungen schriebe, daß ich angefangen habe, mit einer Rockband über die Dörfer zu touren, daß ein paar meiner Lieder im Programm des *Clubs International* gesungen würden, daß ich Filmwissenschaften studieren wolle, daß der Verdacht, ich wolle zu einem Boykott aufrufen, absurd sei, genauso absurd sei es, daß der Verkauf von Gedichten staatsfeindlichen Machenschaften Vorschub leiste. Absurd, meine Krankschreibungen hätten etwas damit zu tun, daß ich mich vor dem Militärdienst zu drücken gedenke. Es müsse ja auch irgendwie in seinen Akten stehen, daß infolge meiner Verhaftung nicht ich den Hütern des Gesetzes die Nieren angeschlagen hätte, sondern sie mir.

»Es kommt darauf an, wie man es interpretiert. Daß es hier keine Mißverständnisse gibt«, er sei weder Staatsanwalt noch Richter und dieses Gespräch diene allein dazu, festzustellen, ob man mir vertrauen könne.

»Das Versteht Sich Von Selbst.«

Er meinte, was ich meinte: Glauben und Vertrauen. Selbstverständlich war es das, was ich wollte. Der, der mir vertrauen würde, dem würde natürlich auch ich vertrauen. Ein Grundsatz wie aus dem Boden des Schreibtisches zwischen uns gestampft, auf dem der Abriß meines Lebens, *bis hierher und nicht weiter*, hin und wieder raschelte. Kein Rest, sondern ein erstes Häufchen Herbstlaub auf dem unberührten und natürlich schon in einem ausgeblichenen Novemberblau hergestellten Aktenordner, den er demonstrativ aber wie beiläufig zuklappte und zur Seite, an den äußersten Rand seiner aufgeräumten Stapelarbeit, schob.

Es war sein Job, absolut ohne missionarisches Engagement, nichts zu sagen, mich nicht zu bezeichnen, mich nicht zu belügen, etwas müde zu wirken, am frühen Nachmittag, klein in der Arbeit, kleiner als mein Vater; wie abwesend anwesend, nicht umgekehrt. Dem ich vertraute, der konnte mir vertrauen. An den ich glaubte, der konnte mir glauben. Und Faust war kein Mensch, der mir die Vorstellung vermittelte, mein von der Außenwelt sich unterscheidendes, praktisches Ich sei ein hoffnungsloser Fall. Er gab mir nichts, und er versprach mir nichts. Er personifizierte nichts. Nicht einmal die historische Personnage: die hingeschlachteten Opfer, die in Zeitlupe mit ihren Pferden auf die Steppe Sinkenden, die wie Lenin infolge von Attentaten plötzlich aus ihrem *An Alle* Gerissenen, die vor Genickschußanlagen zurück-halluzinierten Vorkämpfer, die immerfort strebsam steilen, zielgerichteten Rauchfahnen über der Landschaft und die solcherart gesichtslos im phantastisch aufgeladenen Wolkenhimmel nicht mehr entzifferbare Judenheit.

Keine Unschuld, keine Schuldgefühle. Kein Schmerz, keine Angst vor Schmerz, keine Angst vor dem Schmerz, den ich nicht mehr empfinde. Keine legislative Gewalt wie die zwischen Vater-Faust und seinem Nicht-Sohn Faust, an den entgegengesetzten Rändern der Welt. Eine geschäftige Leere und der Schmerz, den ich nicht empfand, machten mir Angst vor den Schmerzen, den unbeschreiblichen.

Ich sagte (Kolja würde es schon irgendwie, aus einer Hierarchie der Herkunft, aus einer Hierarchie der Macht, für die er stand, aus einer Hierarchie seiner offensichtlichen Passion heraus wieder hinbiegen) »Ja.«

Dann saß ich, wo ich gesessen hatte, allein, im Café. Der erste Auftrag der Staatssicherheit. Ein Auftrag, den ich als disziplinierende Übergangslösung interpretierte, hieß: an bestimmten Wochentagen zu einer bestimmten Zeit in einem bestimmten Café, jenem Café, in dem ich sowieso saß, zu sitzen. Da zu sitzen, da zu sein; zu warten, wie ich sowieso wartete – auf einen sowjetischen Engel, ähnlich demjenigen, der im Mai 1945 die Fahne auf dem Brandenburger Tor gehißt haben soll.

Wenn das ein Auftrag ist, dann weiß ich nicht, was kein Auftrag ist. *Der Anfang des Ich ist bloß idealisch. – Wenn es angefangen hätte, so hätte es anfangen müssen. Der Anfang ist schon ein späterer Begriff.*

Der Anfang ist eine Erinnerung daran, daß, seit mein Großvater gestorben war, ich nicht mehr im Bett der Großeltern gelegen habe (die Wohnung war ja aufgelöst worden), um mich, wie noch nach dem Tod der Großmutter, erinnern zu können: an das selig wunschblinde Sein im Mittelpunkt meiner geschäftig von den Rändern der Wohnung herklappernden, der Kleinstadt wie dem Licht, das vorsichtig um die Wohnung herumwanderte, hingegebenen Familie.

Die Stadt, die von hier aus noch an das Dorf erinnert. Maskiertes, unter städtischem Putz versperrtes, wie Stroh in den Wänden raschelndes Dämmerlicht. Und kalter Schweiß in Richtung der zum rückwärtigen Wald hin offenen Gärten. Wie die Väter der Familien, die, wenn wir durch sie hindurchfahren, an ihre irgendwie von den Vätern verlassenen Mütter erinnern.

Ich spürte mich nicht. Allein, wenn ich, nur nicht in der eigenen Wohnung, einschlief und jemand nach dem Ende der Party eine Decke über meinen Schlaf legte und das Fenster zur Straße öffnete, war ich mir meiner sicher. Die Kinder der Freunde, über die ich nichts sagen konnte, was mich nicht auch selbst charakterisieren würde, trieben kichernd flüsternde, morgendliche Spiele mit meinem Halbschlaf. Der Schlüssel lag auf dem Fensterbrett, unter dem Blumentopf oder dem zweiten Fußabstreicher hinter der Tür im Entree.

Am vierten Advent 1973 fuhr ich zu Peter nach Görlitz. Er führte mich durch die Reste der Renaissance. Die Gerüste in den Gassen, kein Vorzeichen künftiger Restaurierung, nur der letzte Halt des alten Gemäuers, so lange wie das Holz es noch aushält. In die feudalen Flüsterbögen der Toreinfahrten, auf denen sich die schlesisch-hauptstädtischen Etagen abstützten, raunte ich Worte wie *Himmel* und *Blau* und *Farbe* und *Faust* und *Du* und *Ich*. Wir gingen zum Essen, über die kurze Brücke, auf die andere Seite der Neiße, in die polnische Halbstadt Zgorzelec, er erzählte von den Bildern, die er malen würde, schenkte mir ein Porträt von mir und brachte mich zum Bahnhof.

Mit der ersten Post des Jahres 1974 teilte er mir mit, daß er sich das Leben genommen habe. In dem langen Brief erzählte er von seinem Unglück. Er schrieb von der Arbeit, der Einsamkeit und den Intrigen in der Kleinstadt an der polnischen Grenze, von seiner Sexualität und dem Zerreißen der Sprache in Farbe und Form, womit ich nichts anfangen konnte, von verlogener Antikisierung und Prolet-Kult. Der Versuch eines bürgerlichen und gleichzeitig ehrlichen Lebens sei mißlungen wie das Experiment, einen deutlichen Schleier über die Verhältnisse zu legen, zerrissen in den, der durch den Staat, die Staatssicherheit, und den, der durch die Szene, die Arschficker, mit denen er hier verkehrte, erpreßbar geworden wäre. Auf provinzielle Gerüchte solle ich nichts geben. Ich würde ihm fehlen, und sicher mehr als er mir.

Ich wollte tot sein. Ich wachte auf im Krankenhaus. Das überkochende Kaffeewasser hatte die Flammen gelöscht und der Gasgeruch, der unter dem morschen Holz der direkten, schwellenlosen Tür in die Nachbarwohnung gedrungen war, nicht mich, aber das schlaflose Rentnerehepaar nebenan aus dem Schlaf aufgeschreckt. Der Arzt, der mir mitteilte, daß er nach einem Selbstmordversuch verpflichtet sei, eine psychologische Nachbehandlung zu veranlassen, entließ mich auf eigene Verantwortung. Meine Mutter, die mich vom Krankenhaus abholte, erklärte mir, daß Alkohol nichts als genau die Stimmung des ersten Schlucks steigere und erst beim Wechsel von einem Getränk zum anderen das Unterbewußte die Oberhand gewinne.

Ein eiskaltes, veristisches Gemäuer und ein auf der aufgeklappten, kubistischen Essenz einer Rückenansicht endlich geronnenes Blau. Ein gegen eine Kachelwand pissender Mann. Mann und Mauer verschwimmen.

In dieser kristallisierten Palette meiner Stimmungen lernte ich Helge Leiberg kennen, den Maler dieser zwei Bilder. Oder war es nur eins? Ölfarbe auf Preßpappe gespachtelt. Er wohnte mit seiner Freundin hinter einem kleinen, in eine Kurve der Grundstraße hinausragenden Erdgeschoß-Atelier und druckte auf einer umgebauten Schusterpresse Radierungen und Linolschnitte. Er war in Loschwitz aufgewachsen, lebte in Loschwitz und beendete im nahen Blasewitzer Betriebsteil des Grafischen Großbetriebes, in dem ich Schriftsetzer gelernt hatte, seine Ausbildung als Positivretuscheur. Er ging Zeichnen in einen Abendkurs und hatte seine Aufnahmeprüfung für die Kunsthochschule bestanden.

Ich stellte, wie immer, wenn ich Zusammenhänge vermutete, Verhältnisse her und zog, keine hundert Meter von Helge Leibergs Atelier entfernt, in ein winziges, vom roh aus dem Abhang ragenden Sandstein im Hintergrund feuchtes Zimmer, in ein morsches, über das nahe Ende seiner verwitweten Besitzerin gestülptes Fachwerk, unter die Gleise der Standseilbahn zwischen Loschwitzer Körnerplatz und dem

Louisenhof auf dem Weißen Hirsch. Ich wechselte das Café, bekam von Herrn Faust keinen anderen Auftrag als den, der mir nichts abverlangte, bewarb mich für das nächste Herbstsemester an der Hochschule in Potsdam-Babelsberg, verließ die Freundin, die mich längst verlassen hatte, und stellte meinen kirschhölzernen Schreibsekretär, ein Erbstück meiner Großmutter väterlicherseits, und zwei Stühle in das eiskalte Zimmer auf die Grundstraße, wo sie die nächsten vier Jahre vor sich hin schimmelten.

Nach einer Lesung sprach ich mit Heinz Kahlau, einem Berliner Dichter, von dem mir bekannt war, daß er im Umfeld von Poetenbewegung und Singeklubs, mit Liedermachern und Filmszenarien und als ehemaliger Brecht-Assistent mit der mir vertrauten Sphäre des Theaters zu tun hatte. Er schrieb mir, daß er meine Erzählungen und Gedichte an eine Lektorin des Aufbau-Verlages weitergeben werde, daß ich mich bei ihm melden solle, wenn ich in Berlin sei, daß er in mir einen Dichter sehe, dem er zu etwas mehr metaphorischer Rücksicht raten würde, und schickte mir eine Autorenliste mit Vorschlägen zur Lektüre: Bertolt Brecht, Paul Celan, Pier Paolo Pasolini, Johannes Bobrowski, Miroslav Holub, Francesco Petrarca, Friedrich Hölderlin, Anemone Latzina, Karl Mickel, und Frank-Wolf Matthies.

Als Vorbilder kann ich sie kaum bezeichnen. Aber ihre Bücher und Texte zählen zu den mir wichtigsten und immer wieder gelesenen meiner Bibliothek. Hinter ihren Gedichten fand ich nichts mehr, womit ich mich hätte identifizieren können. Kein doppelter Boden, keine psychotische Zwiegestalt. Kein: *Er goß sich einen Drink ein.* Sicher, der eigenartige Wille zu einer Ordnung, die ich selten verstand. Bezüge, die mich abstießen, aber nicht außerhalb der Texte. Insofern enttäuschten sie mich wie lebendige Menschen ohne äußeren Widerpart, dessen Rolle ich hätte spielen, immer wieder neu proben müssen, auch wenn ich sie längst in- und auswendig kannte. Gedichte waren, wie Bilder vor der Neuentfaltung perspektivischer Techniken zur Zeit der Renaissance, direkte Stimmen. Stimmen, die keinen Zeitraum bespielten, höchstens für einen standen. Frontale Stimmen. Augen, in denen man sah, was sie gesehen hatten. Abseitige Jahreszeiten, die wiederkehren würden.

Im Herbst 1974 sollte ich ein das Studium vorbereitendes, einjähriges Volontariat bei der DEFA beginnen. Während dieser Zeit lebte ich am Rand der Dresdener Neustadt, einem dem Berliner Prenzlauer Berg vergleichbaren Arbeiterviertel, immer bedroht von sanierungswütigem Abriß, hinter dem *Kleinen Haus*, einer Filiale des Staatstheaters, in einer eigenartigen Großfamilie ohne Eltern. Drei nach dem frühen Tod ihrer Mutter von ihrem Vater fernbetreute Schwestern bewirtschafteten eine Wohnung voller Bücher und abgehängter Bilder. Ein Spiel beschrieb mir die Bilder auf den dunklen Arealen der bis zum Auszug des Vaters vor der Sonne geschützten, kontrastreichen Muster der Tapeten. Bei Amelie, Bronja und Catharina sah ich zum ersten Mal Abbildungen der europäischen Moderne und begriff, daß es Licht war, auf die Dinge fallendes Licht, dem ich die Dunkelheit, die meine Nerven überreizte, verdankte. Das erste Mal war ich in einer katholischen Mette der Hofkirche, hörte den mit einem Dutzend lichten Stimmen für Dresdener Verhältnisse unterbesetzten Knabenchor, der mich nicht, wie der der Kreuzkirche, als dressierte Masse Kind anstrahlte. Das erste Mal Menschen, die in direkter Beziehung zur Kunst, nicht zur Produktion von Kunst aufgewachsen waren.

Amelie nahm mich für ein paar Tage mit nach Berlin zu Wolf Biermann. Ich hatte weder Kontakt zu Faust noch zu Kolja. Ich fuhr mit, um dem Kontakt mit Faust auszuweichen und um den mit Kolja wiederzufinden. In seiner Wohnung in der Chausseestraße sang der Sänger uns seine neuesten Lieder, signierte für die Dresdener Malerfreunde, von denen ich keinen einzigen kannte, einen Stapel seines gerade als *Quartheft* im *Wagenbach Verlag* in Westberlin erschienenen Wintermärchens und nahm sich ansonsten vor allem Zeit, meine Begleiterin zu hofieren.

Ich ging zu Heinz Kahlau, der mir für ein paar Tage sein Gästesofa anbot. Bei ihm und seiner Frau in der Greifswalder Allee lernte ich Frank-Wolf Matthies kennen, der abseits in Pankow lebte und, wie ich, versuchte, Gedichte zu veröffentlichen. Das Selbstverständnis, mit dem über ein Gedicht gesprochen werden konnte wie über die Gestalt eines irdenen Kruges, eines vollen, gefüllt mit dem, was es natürlich galt, entweder zu kühlen, warm zu halten, auszugießen oder nicht zu verschütten, war mir neu. Bisher war es um Inhalte gegangen, die mir so unbehaust klangen wie die Sänger, die sie auf die Zweideutigkeit ihrer überzeugungswütigen, geilen oder natürlichen Stimmen fädelten.

Daß aber die Form eines Textes tatsächlich der Stimme bedürfe, einer Stimme, die ihn für etwas außerhalb ihrer selbst, und sei es auch nur das Echo, bräuchte und auch einsetzen würde, wollte ich nach meiner ersten Erfahrung mit Gedichten nicht mehr glauben. *Lesungen* waren in meinen

Augen Jobs der Selbstdarstellung, *Performance* Prostitution, *Rockmusik* Aggression, *Theater* Verführung. Ich hielt – wie später Perspektiven im Bild – die Stimme für

Ein Mittel Zum Zweck.

Die Absicht ist greifbar. Die naheliegenden Gründe, die es mir, der ich selbst ein Mittel zum Zweck war, gestatteten, mich zu sehen als das, was ich von mir erzählte, sah ich nicht. Radikale Zustimmung. Extreme Abstoßung. Ein Vers, der das eine vermittelte, hatte dem Transport des anderen zu dienen. Hinter den Kulissen lief, nach der Erfahrung meiner Kindheit, eine sinnvolle und wie geschmierte Mechanik. Das Geheimnis der Kunst sei nicht die Mechanik, sondern ihre Verbindung zum Künstler, der sie beherrsche. Meisterschaft aber sei nicht die Beherrschung der Mechanik, sondern die des Anderen. Das eine ist das Offensichtliche, das andere Selbstbeherrschung.

Die im Grunde unverstandenen, unsichtbaren Fäden aus Heinrich von Kleists Text *Über das Marionettentheater*. Einer der ersten Texte, neben Schillers Essay *Über naive und sentimentalische Dichtung*, mit dem ich während der parallel zum Volontariat stattfindenden Seminare an der Hochschule konfrontiert wurde.

Von Potsdam nach Ostberlin umfuhr eine Sputnik genannte S-Bahn Westberlin in einem etwa zweistündigen, südlichen Bogen über Rehbrücke, Großbeeren und Schönefeld. Zwischen den Filmstudios und der Hochschule in Babelsberg an der Berliner Mauer und dem Ort Werder an der Havel, wo ich in eines der Gästehäuser der DEFA, eine preßspanpappene Baracke am Zernsee, einzog, lag großflächig Potsdam. Zu den fünf Volontären des Jahrgangs gehörten eine Polin und eine Inderin, was auch etwa dem Verhältnis von deutschen und ausländischen Studenten an der Filmhochschule entsprach, wo unter anderen Israelis, Palästinenser, Niederländer, Bulgaren und Finnen immatrikuliert waren. Von der Terrasse der Mensa, zwischen Karl-Marx-Straße und Griebnitzsee (eine ironische Beletage über der Berliner Mauer), sah man hinab auf die autobreite Betonpiste, auf der die Grenzposten-Paare in ihren gepanzerten Trabant-Kübel-Wagen schwitzten, und Westberliner Segelboote und Ruderteams im Auge behielten, die zwischen den Grenzbojen in der Mitte dieses keine fünfzig Meter breiten Seestücks Slalom fuhren.

Nach ein paar Monaten ließ ich, bis auf eine Schreibmaschine, das, was ich aus Dresden mitgenommen hatte, diesmal in Werder zurück und zog in eine der Wohngemeinschaften der Hochschule zu einer Regiestudentin aus Bulgarien, zu Lars Barthel, einem Kamerastudenten, und Chetna Vora, seiner indischen Freundin, die wie ich im Praktikum war. Das Volontariat beinhaltete eine fotografische Grundausbildung, regelmäßige, eigene Film-Etüden und Assistenz in den technischen Bereichen der Filmproduktion. Die fünf Volontäre unseres Jahrgangs rotierten in den Aufgaben. Ich merkte, daß meine Interessen andere waren und das Wesen des Films nicht, die in meinen Texten zur Sprache gebrachten Metaphern einer sie entspannenden Bewegung auszusetzen. Ich fand den Fehler in den Vorlagen, nicht in den filmischen Mitteln, mit denen ich mich 1 : 1 zu übersetzen versuchte. Ich begann in meinen Texten Fenster zu schließen, Treppen hinabzusteigen, Kellertüren zu öffnen. Ich bewunderte die Stringenz und handwerkliche Leichtigkeit von Hans, einem schon älteren Volontär, der täglich aus Berlin anreiste. Selbstversuche an meinen Texten waren mir wichtiger als ihre, wie ich glaubte, rein technische Visualisierung.

Wahrscheinlich war ich der ideale Assistent. Einer, der noch aus der hilfsbereit übernommenen Kleindarstellerrolle heraus, die ihm ein Verschwinden in der Gebärde des Bildes ermöglicht, es furchtvoll vermeidet, den Überblick darüber zu verlieren, was ihm keiner Erzählung wert scheint. Ich war ein idealer Gesprächspartner über jene Grenze hinweg, die die Geschichte von der Entstehung einer Geschichte trennt. Und weil ich gar nicht so schnell schreiben konnte wie die Geschichte, in deren Mitte ich mich befand, ohne mich zu empfinden, erfand ich die unglaublichsten Geschichten, so entfernt wie möglich von denen, in denen ich als Komparse mein Geld verdiente.

Ich entdeckte das Licht, Beleuchtung und Belichtung und dachte, ich hätte endlich ein Mittel in der Hand, etwas anderes, als das, was die Bilder

Erzählen, Zu Sagen.

In diesem Jahr schrieb ich meine ersten Filmszenarien nach literarischen Vorlagen, von denen zwei an der Filmhochschule realisiert wurden. Ein knappes Jahr später, als es um die Immatrikulation ging, wurde mir in der Personalabteilung mitgeteilt, daß, obwohl meine Bewährungsstrafe abgelaufen sei, ich laut Aktenlage die folgenden fünf Jahre als vorbestraft gelte und frühestens 1977 mit dem Studium beginnen könne. Da ich in mehrere laufende Projekte der Hochschule involviert sei, dürfe ich bis zu deren Abschluß bleiben. Als ich mein Zimmer am See auflösen wollte, fand ich eine kurzfristige Einladung zu einem Seminar in das nur einen Wanderweg entfernte Schriftstellerheim Petzow am Schwielowsee unter der Leitung von Heinz Kahlau und eine Vorladung des Innenministeriums Dresden vor. Ich ahnte als Absender Herrn Faust und verpaßte, indem ich zur ehemaligen Villa Marika Rökks aufbrach, mein schmerzhaft einfaches Nein.

Ich bin kein Analytiker, kein Spezialist für Wagenburgsysteme und kenne mich nicht im Mittelalter oder postfeudalen Ordnungen aus. Ein paar Zeilen Wolkenstein oder die Tagebücher von Samuel Pepys ziehen mich sofort in die Zeit, aus der heraus sie geschrieben sind und in der sie vielleicht nicht mehr als einen Zweck erfüllen sollten, der manchmal klar ausgesprochen stehen und manchmal nur noch aus der Nachricht von Pest, Stadtbrand, Geschwätz um den Hof und Obzession übrig bleibt.

Alles, was mir Faust im ideologisch und – wenn auch zweitrangig – ökonomisch aufgeladenen Zwischenraum von Leben und Kunst darstellte, störte mich, stieß mich ab. Das, was mich abstieß, dafür hatte ich keine Sprache. Keine Sprache für das Leben, keine Sprache für die Nicht-Liebe, keine Sprache für das, was ich bisher nicht einmal Schweigen nennen konnte.

In dieser Woche, zu der Heinz Kahlau auf Kosten des Berliner Schriftstellerverbandes Uta Mauersberger, Thomas Rosenlöcher, Stefan Döring, Frank-Wolf Matthies und mich eingeladen hatte, um über Gedichte zu sprechen, wurde ich von zwei Herren aus Dresden besucht. Sie stellten sich der Köchin des Hauses als Mitarbeiter der Filmhochschule vor und ließen mich diskret, da sie das Programm nicht stören wollten, vor das Tor bitten, wo sie sich als Mitarbeiter des Ministeriums für Staatssicherheit vorstellten. In der sicheren

Entfernung des Dorfes vom Herrenhaus hatten sie einen Dienstwagen mit Dresdener Nummer geparkt. Wir fuhren nach Ferch auf die andere Seite des Sees, wo ein Mittagstisch mit Blick auf das Schriftstellerheim reserviert war.

Mag sein, daß es Menschen gibt, die über den Dingen stehen, die in extremen Situationen fähig sind, zu differenzieren, die körperlich und seelisch empfindlich genug sind, Nein und Aufwiedersehen zu sagen. Ich aber, aufgeputscht von dieser Pflaumenkuchen-, Billard- und Morgensonnenseite des Sees, sagte, ohne zu überlegen, *Ja, aber.* In diesem tristen, leeren Gartenlokal kippte ich den zwei Herren, die sich inzwischen als meine Führungsoffiziere in spe vorgestellt hatten, den ganzen Kübel meiner Verhältnisse vor die Füße.

Ich wollte *Nein, aber* sagen, wollte, daß sie mir gegenüber aussprachen, warum oder wozu ich ihnen wichtig wäre, um ihnen sagen zu können, das mir Wichtige sei meine Unabhängigkeit von ihnen. Keine Bedrohung, kein Zwang, keine Agitation, keine Versprechen auf die Zukunft, und kein Komplementär dessen, was ich hinter mir hatte oder vorhaben könnte, gerade weil mir beides völlig im unklaren läge. Klar wäre mir nur, daß ihre Ideologie es zu keinem Gedicht bringe, weder von mir noch von ihnen, ohne vorher etwas Wirkliches abzuholzen, wie den Wald gegenüber.

Die Materie der Kunst, der Preis, der für die Realisierung bezahlt wird; die dreitausend Mark, die ich für ein erstes Szenarium nach einer Erzählung von Schukschin ausgezahlt beakm, eine Summe, von der ich fast ein Jahr sicher leben konnte; die fünftausend Mark für die Vorlage zum Drehbuch des Diplomfilms eines Freundes, an dem ich als freier Autor und Regieassistent beteiligt sein würde; die letztendlich noch gelungene Verfilmung des Gedichts Papiertiger von Thomas Brasch, in dem ich eine kinderwagen-tragende Rolle gespielt hatte; die Wochen über Monate, in denen Lars Barthel und ich gemeinsam in einem Wohnwagen lebten, um einen Dokumentarfilm *Über das Glück an sich* zu drehen; Traumwelt, die an ihrer Unwirklichkeit genesende, wie in Edgar Allan Poes Erzählung *Eleonora*, die wir mit Chetna Vora in einem Berliner Hinterhof verfilmten ... Das war es, was ich wollte, dafür hatte ich *Ja* und wie sie es so gern ausdrückten, »ohne wenn und aber«, gesagt.

Die Satztechnik der Sprache, die Schnittechnik des Filmes, die sprechende Gestalt, die flüssige Gestaltbedeutung, die flüchtige Figur, die Auflösung der Figur: Ich hätte stundenlang weitermachen können. Ich war unmusikalisch und ein begeisterter Begleiter noch jedes Versuchs auf der Geige, den falschen Ton zu treffen, jedes Liedes, das ich nur mitzusingen anhob oder das an meiner fingerfertigen Unterstützung auf der Gitarre auseinanderfiel. Die Texte, die ich schrieb, verletzten keine Tabus wie die Texte, die ich liebte. Ich verletzte, indem ich über mich schrieb, mich. Aber gerade das schützte mich vor mir selbst, denn die Verse waren nur das Mittel

Zum Zweck Meiner Unberührbarkeit.

Im Spätherbst 1976 wurde ich vom Schriftstellerverband zu einer Gruppenreise junger Autoren nach Moskau und Leningrad eingeladen und in meinem Moskauer Hotelzimmer von Koljas KGB-Genossen besucht. Wenn sie mich die letzten drei Jahre nicht aus dem Gedächtnis gestrichen hatten, gab es keinen Grund, mich in der DDR, die mir, außer einem wachsenden Vorstrafenregister, nichts bot, hängen zu lassen. Ich fühlte mich zu Hause angekommen, erzählte mein Leben, als würde ich eine Romantik-Reise in die Fremde meiner Herkunft beschreiben. Wir tranken und tranken, und als sie gingen, trank ich weiter und weiter, blieb sitzen zwei Tage vor einem nicht zu öffnenden Fenster mit Blick auf die vereinzelten Rauchfahnen, von unten herauf aus den armseligen, rauhreifbedeckten Holzhütten bis an den Horizont, und bis mir Frank-Wolf eine österreichisch-kommunistische Zeitung und drei von ADN [29] übernommene Zeilen daraus vorlas, in denen die Ausbürgerung Wolf Biermanns aus der Deutschen Demokratischen Republik mitgeteilt wurde.

Wir kamen zurück in eine vom Ereignis und der flächendeckenden Reaktion der Medien elektrisierte Stimmung. Die Reisegruppe lief sofort auseinander. Die Filmhochschule in Babelsberg, wo normalerweise die Vorbereitungen auf die *Internationale Dokumentar- und Kurzfilmwoche* in Leipzig laufen sollten, war leer, der Kulturbetrieb polarisiert und lahmgelegt.

Als ich in der folgenden Woche, verunsichert, ob es in dieser Situation überhaupt zu Dreharbeiten käme, an der Endfassung eines Szenariums arbeitete, wurde ich wieder einmal, und es überraschte mich diesmal nicht, persönlich von meinen Führungsoffizieren aufgesucht. Wir verabredeten uns in Dresden (wo ich die nächsten Wochen mit der Suche nach Drehplätzen und Komparsen – für Michael Knofs Diplomfilm DREIEINHALB TAGE EINES DENKMALS, nach einem Stoff von mir – zu tun haben würde) in einer konspirativen Wohnung im Stadtteil Wilder Mann. Sie meinten mich fernhalten zu müssen von einer Szene, mit der ich überhaupt nichts zu tun hatte, machten mir die fiktive Kalkulation des ansonsten im märkischen Sand oder, wie immer ich wolle, in der Elbe versenkten Volkseigentums auf, falls der Film nicht gedreht würde. Sie führten mir Schicksale vor, die sie dann, weiß Gott, nicht auf ihre Kappe nehmen würden, denn sie könnten wohl kaum einen Rundbrief an die betreffenden und unabhängig arbeitenden Bezirksverwaltungen ihres Ministeriums schicken, nur um denen zu erklären, ihr Mitarbeiter Alexander (Sascha) Anderson, alias David Menzer, handele

In Sozialistischem Auftrag.

I

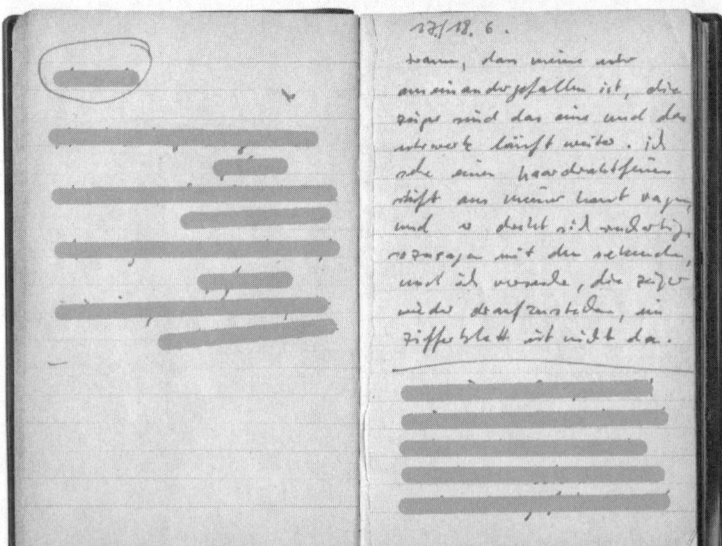
17/18. 6.
traum, dass meine uhr auseinandergefallen ist, die zeiger sind das eine und das uhrwerk läuft weiter. ich sehe einen haardrahtfeinen stift aus meiner haut ragen,
und ich versuche, die zeiger wieder draufzustecken, ein zifferblatt ist nicht da.

II / III

IV / V

VI / VII

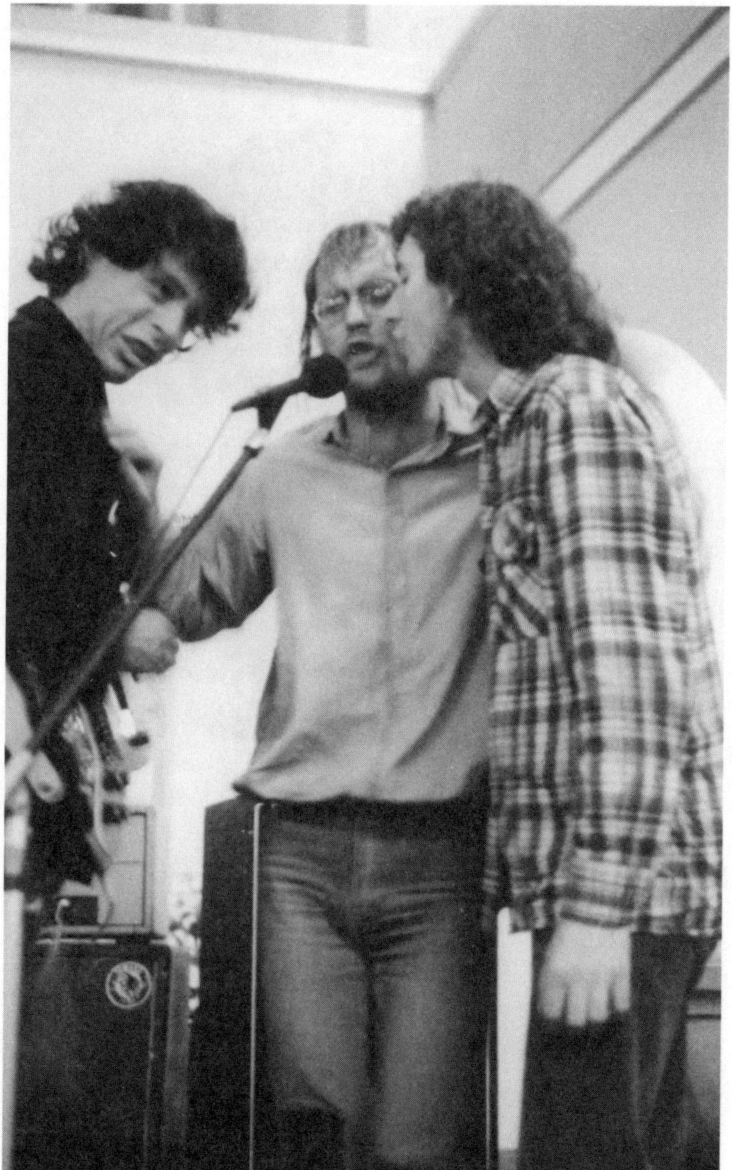

VIII

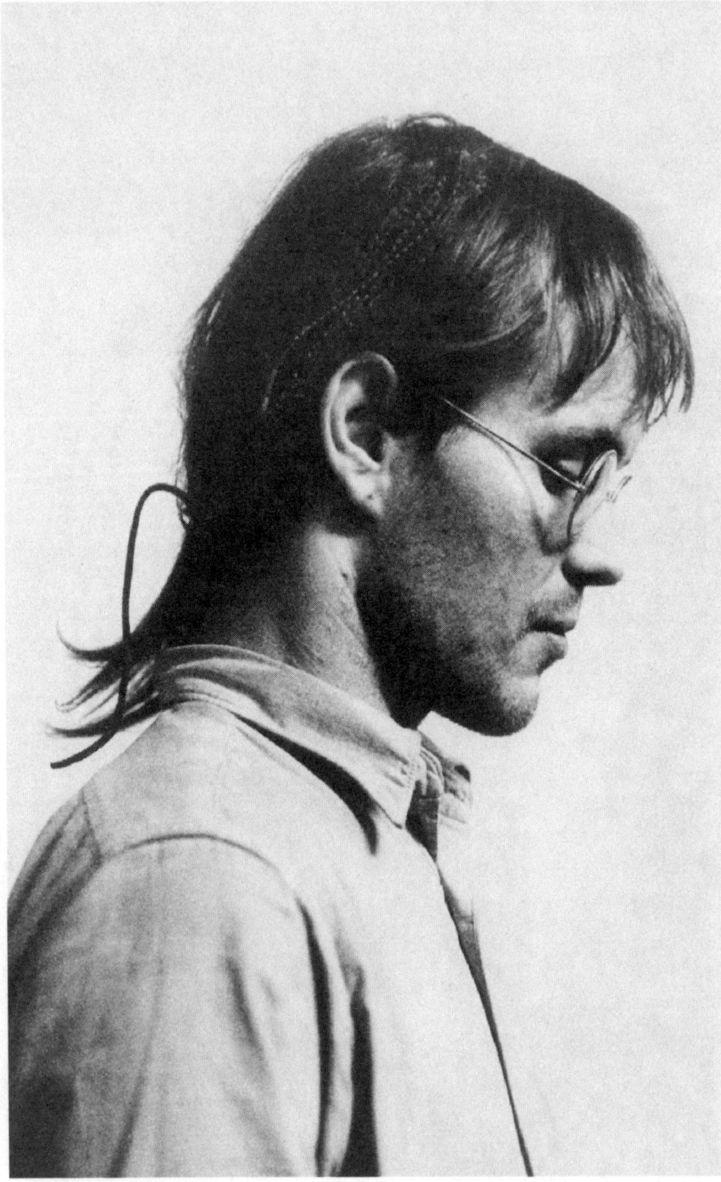

IX

X / XI

EINLADUNG: ANLÄSSLICH DER AUS-
STELLUNG SCHLEIME, KERBACH &
ZANDNER IN DER OBERGRAB-
ENPRESSE DRESDEN findet
am 27.2.82 19UHR
in der wohnung von M. FREUDEN-
BERG 8060 DR. ENGELSSTR 23
DIE LESEVORSTELLUNG
DES FERNSEHSPIELS FÜR DIE D-
EUTSCHE BÜHNE
flucht nach vorn
VON S. ANDERSON &
B. PAPENFUSS
STATT
ES LESEN DIE AUTOREN

XII / XIII

XIV / XV

XVI / XVII

HOCHSCHULE FÜR BILDENDE KÜNSTE DRESDEN

Hausmitteilung

von 1. Prorektor

an Kollegen Stiehler - Club

Ihre Zeichen	Ihre Nachricht vom	Unsere Zeichen	Hausruf	Datum
		schu-schw	26	28.5.1984

Betreff:

Werter Kollege Stiehler!

Ich teile Ihnen mit, daß Herr Sascha Anderson für die Hochschule für Bildende Künste Dresden Hausverbot hat.
Bei seinem Erscheinen ist er sofort aus den Räumlichkeiten des Clubs zu verweisen und am anderen Tag mir darüber sofort Bericht zu erstatten.

Schulz

Doz. Dr. Schulz
1. Prorektor

Ag 310/75/DDR/B 1011 III-9-58

w.a.scheffler th.florschütz

malerei fotografie

29.6. & 3o.6.85 / jeweils 18 - 2o uhr / 1o55 berlin /
kollwitzstr. 5o / 1.st.vorderhaus bei magdalena wirth

XX / XXI

XXII

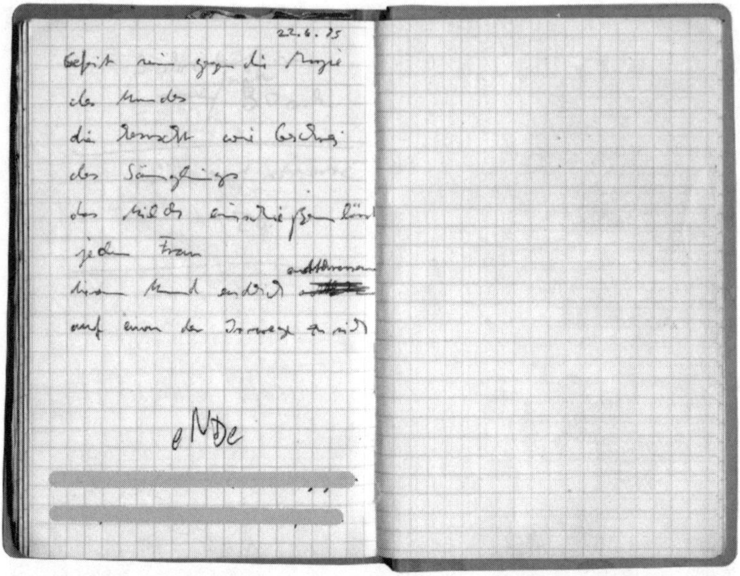

XXIII / XXIV

XXV

XXVI / XXVII

3.3

Es geht nicht um die Bearbeitung einer literarischen Vorlage mehr oder weniger. Aber natürlich ging es darum, einen eigenen Stoff durchzubringen. Fünfhundert Mark für die Idee, tausend Mark für das Treatment, fünftausend plus, vielleicht, für das Szenarium und hoffentlich ein Vertrag für die Mitarbeit am Drehbuch.

Ich kann aber nur das schreiben ... nein: ich kann nur mit dem schreiben, was wirklich war. Wenn das, was war, sich in keine erzählbare Form findet, verliere ich meinen *freien Arbeitsplatz* an der Filmhochschule. Der Film reibt von der sich verklärenden Vergangenheit, indem er sie in eine vor den Augen abrollende Bewegung versetzt, oberflächlich Motive ab. Diese werden einem Schauspieler in den Mund gelegt, und wenn der Zuschauer den Gegenspieler mit der Tatwaffe des Hauptdarstellers identifizieren kann, ist die Arbeit des Autors getan. Die Zeit des Zooms in einen Zeit-Raum beginnt. Den Geschichten, die ich von mir abreibe, fehlt das Motiv. Sie verlegen die Motive nach innen, wie zwischen die Verse, die sowieso schon gebrochene sind. So wird kein Film. Dieser Film bleibt Vergangenheit. Wenn er gut wird, dann wird die Vergangenheit gut geworden sein werden. Es fällt mir schwer, die Vergangenheit wie einen Film zu betrachten. Ein Film von Knof, von Barthel, von unseren Heroen, wie Tarkowskij, wie Faßbinder, wie Truffaut.

Die Rolle, die ich jetzt im jetzt eigenen Film gern spielen wollte, wäre die des Regisseurs. Der Regisseur: das Produkt des von ihm gedrehten Films, der nichts als Gefühle zu produzieren hat, indem die einzelnen Fäden des zu Erzählenden so logisch zusammenlaufen, daß das Erzählte verschwände wie Novalis' *Kälte ist ein indirekter Reiz – sie lockt bei gesunden Körpern mehrere Wärme hervor.*

Im Frühjahr 1977 waren die DREIEINHALB TAGE EINES DENKMALS abgedreht, und wie erwartet wurde der Film vom Geldgeber, dem Fernsehen der DDR, nicht freigegeben. Die Zensorenbrigade unter Vorsitz des Fernseh-Ideologen Karl-Eduard von Schnitzler berief sich, was mich wunderte, nicht auf die Handlung, den Ausstieg eines jungen Menschen aus der Produktionsgesellschaft und seine Verirrungen im Kunstbetrieb, sondern auf die surrealistische Stimmung, die das kritische Potential verwässere.

Eine Veranstaltung mit Studentenfilmen und Lyrik, zu der wir von einem Nachdreh im Elbsandsteingebirge in die Pädagogische Hochschule Dresden anreisten, war abgesagt worden, und wir standen am Grund eines leeren Auditorium maximum. Über uns, in der letzten Reihe, saß eine einzige

Zuschauerin, die ich von irgendwoher zu kennen meinte. Wir, die wir von keiner Absage wußten, füllten das winzige Podium, sie den leeren Hörsaal. Eva studierte – nach einer Ausbildung als Bühnenplastikerin bei Eduard Fischer an der *Komischen Oper* und einem Fachschulstudium – Bildhauerei in Dresden.

Die Filmhochschule konnte sich die teuren Schauspieler nicht leisten, und so sahen wir uns, bis auf Ausnahmen, für die Verfilmung meiner Erzählung an den Dresdener Theatern um. Außerdem halfen uns Maler und Musiker, ein Bergsteigerchor und zwei Puppenspieler, Steffen Reck und Bernd Weißig, bei den Dreharbeiten vor Ort. Sie versuchten, von der staatlichen Puppenbühne unabhängig, eine Inszenierung des *Ubu Roi* von Alfred Jarry und baten mich, das Stück für sie zu bearbeiten. Noch während der Dreharbeiten in der Sächsischen Schweiz schrieb ich die Vorlage vollständig auf die kulturpolitische Situation der DDR um.

Ich zog zurück in die Dresdener Neustadt, in zwei von Eva und ihrer Tochter Christine bewohnte Räume einer Dreiparteienwohnung, arbeitete kurzfristig als Kameraassistent bei einer freien Fernsehproduktion über das Liedgut im Ostharz, aktualisierte die Lieder für den *Ubu* und hatte, wie von mir selbst nicht bemerkt, nachdem mein Gastspiel in Babelsberg beendet war, meinen ersten Auftrag für das Ministerium für Staatssicherheit erledigt.

Freya Klier, eine Dresdenerin, deren Bruder wegen versuchter Republikflucht im Gefängnis saß, hatte sich als Absolventin in der Leipziger Schauspielschule um eine Anstellung als Schauspielerin an der Filmhochschule beworben. Ich kannte sie über Helge Leiberg, der mir erzählte, daß sie aufgrund der üblichen Sippenhaft Schwierigkeiten hätte, was nichts mit ihrer Qualifikation zu tun habe, sondern damit, daß ihr künftiger Arbeitsplatz im Grenzgebiet zu Westberlin läge und man eine Sondergenehmigung brauche, um dort zu arbeiten. Sie wohne mit ihrer Tochter in Potsdam, und er bitte mich, etwas für sie zu tun.

Ich kann mich erinnern, daß ich mich mit Freya Klier in ihrer Potsdamer Wohnung getroffen habe, aber ich weiß nicht mehr, wen, außer Herrn Faust, ich wiederum hätte bitten können, ihr einen der so genannten Passierscheine für das Grenzgebiet zu Westberlin zu genehmigen. Entweder wollte ich damals schon den Eindruck vermitteln, es gäbe keine unlösbaren Probleme, oder ich dachte es tatsächlich. Der Auftrag war vermutlich nicht, Freya zu einem Ausreiseantrag zu bewegen, wie es erst Jahre später, zumindest in der Kulturszene, üblich wurde, sondern in Dresden, wo sie herkam, zu berichten, was sie in Potsdam zu tun gedenke. Ich weiß es nicht, und ich glaube nicht, daß ich es je gewußt habe. Aber selbstverständlich sah ich erst recht kein Problem, meinen Dresdener Führungsoffizieren das, was ich als unproblematisch empfand, auf Band zu sprechen.

Im selben Sommer wurde auf einem der von den Dresdener Künstlern regelmäßig organisierten Sommerfeste unser *Herr Ubu*, wie er nun hieß, uraufgeführt. Pfarrer Burghard, der von der Dresdener Weinbergsgemeinde, einer randstädtischen und politisch aufgeschlossenen Kirche, nach Pfaffroda, einem Nest am Rand des Westerzgebirges (in die geographische Mitte zwischen Dresden, Karl-Marx-Stadt und Leipzig), strafversetzt worden war, hatte den Künstlern die wiederum von allen Seiten einsehbare Hanglage seines Gartens Christi für ein langes Wochenende zur Verfügung gestellt. Zurückgekehrt von meinem desillusionierenden Gastspiel in der Filmwelt, war ich sofort wieder in einer weltlichen Gemeinde angekommen, wie es sie in dieser demonstrativen Offenheit und Selbstorganisiertheit vor der Ausbürgerung Biermanns nicht gegeben hatte.

Feste und die privaten Energien, die in die Organisation begleitender Ausstellungen, die technische Ausrüstung von Lesungen, Theateraufführungen und Konzerten, aber vor allem in die Ausstattung von Kinderprogrammen investiert wurden, waren Eigenheit der Dresdener und ihres entschieden konkurrenzfreien Lebens, solange es nicht ästhetische Grundsätze betraf.

Die politische Polarisierung in den letzten der siebziger Jahre führte dazu, daß sich persönlichste Verhältnisse wie notgedrungen öffneten. Politisch privilegierte Standorte wie Leipziger Messe und Berliner Mauer wurden von den eingefleischten Dresdenern skeptisch betrachtet. Andererseits war die Kunsthochschule an der Elbe wegen ihres Grundlagenstudiums auch bei Berlinern beliebt, und das von Moderne wie Ideologie gespaltene Kunstverständnis der Bürger- und Käuferschicht wirkte eher aufreizend als abschreckend. Der Zusammenhalt von Generationen, die unter ökonomischen Vorzeichen gegeneinander stünden, prägte die Stimmung, in die ich zurückkehrte.

Die über die Jugend hinausgedehnte Herrschaft eines situativen Sicherheitsverlangens, das mir einen so einleuchtenden Begriff wie Zukunftsangst langsam, zu langsam, wie durch ein reziprokes Verfahren, in Angst vor der eigenen Vergangenheit verwandelte. Bis ich vor mir saß und auf die von mir leeren Familien zurückstarrte, auf die eingebildeten Überschaubarkeiten, auf die durchrasten Idyllen. Ich weiß nicht, ob es Gemeinschaftsbilder, die für Gewalt stehen, überhaupt geben kann, sie müßten – in meinen Augen – eine in der behaupteten Mitte zusammengebrochene Masse darstellen. Und vielleicht will ich ja, aus moralischen Gründen, gar kein übergreifendes Bild dafür, wie meine unaussprechlichen Träume (Kundschafter in sowjetischen Diensten, Avantgarde-Film-Regisseur, Sicherheit wenigstens vermitteln könnender Vater, nichts als lesender Mönch oder freier Künstler) nicht in mir allein zusammenbrachen. Aber eine Metapher ist nicht das Destillat traumatischer Standards.

Von dem, was ich verdient hatte, konnte ich vielleicht noch ein oder zwei Jahre leben. Daß ich nicht von Gedichten, auch nicht den Tausenden, leben könnte, die ich, wie ich es von der bildenden Kunst kannte, als Skizzen, Naturstudien, anatomische Notizen auffaßte, war mir klar. Der Stundenlohn würde gerade eben für die 13-Millimeter-Farbbänder der Schreibmaschine reichen und je fünf Durchschläge

Auf Holziggrauem Papier.

Wir lebten in der Kamenzer Straße direkt über einer Werkstatt, in der Pianos repariert wurden. Gegenüber, in der Schönfelder Straße, hatte Ralf Kerbach ein Atelier, ein paar Häuser weiter Lutz Fleischer, der wie ich von Loschwitz hergezogen war, später der von der Leipziger Schule nach Dresden gewechselte Hubertus Giebe. Am Ende der Schönfelder Straße, die Kamenzer Straße und Prießnitzstraße verbindet, hinter einer dreistöckigen Backsteinfront, hatten sich Rainer

Hempel und Ullrich Panndorf ein Gartenhaus eingerichtet. Auf der anderen Seite der Prießnitz, einem Heidebach, der nicht viel weiter in die Elbe sickerte, fünfhundert Meter von der Siebdruckwerkstatt Eckehard Götzes entfernt, arbeiteten Christine Schlegel und, noch ein paar hundert Meter weiter, in der Jägerstraße, Cornelia Schleime und Frank Maßdorf. Um die Ecke, in der Sebnitzer Straße, lebten Carla Woisnitza, Volker Henze und Monika Hanske, in der anderen Richtung, über den Martin-Luther-Platz, zur Elbe, Göschels, Scheibs, Freudenbergs und Angela Hampel. In die östliche Dresdener Neustadt, die an ihrem südlichen Ende ein Elbknie füllt und über die Georgij-Dimitroff-Brücke (die jetzt wieder Schloß-Brücke heißt) mit Theaterplatz und der Brühlschen Terrasse verbunden ist, zogen, wie in den Berliner Prenzlauer Berg oder das Leipziger Connewitz, in diesen Jahren vor allem die Künstler. Die Arbeiterfamilien zogen in die Plattenbausiedlungen der Stadtränder.

Die Galerien *Nord* und *Mitte* in der Leipziger Straße und am Fetscherplatz, *Orbis pictus* mit ihrem zeitweiligen Kurator Dieter Schmidt, in der Bautzener Straße, eine der wenigen privaten Galerien, die *Kunstsammlung Kühl* in der Forststraße, die ebenfalls private, von den Malern Eberhard Göschel und Peter Hermann, dem Dichter Bernhard Theilmann und dem Drucker Jochen Lorenz als Grafikdruckerei von den Ämtern geduldete *Obergrabenpresse*, das *Dresdener Kupferstichkabinett* und sein Direktor Werner Schmidt und letztlich auch die von den Künstlern selbst organisierten programmatischen Ausstellungen des *Leonhardimuseums* an der Grundstraße vertraten inzwischen mehr oder weniger unbürokratisch die auch ökonomischen Interessen ihrer Künstler.

In Berlin edierte die Galerie von Jürgen Schweinebraden in der Dunckerstraße A. R. Penck und stellte ihn unter seinem bürgerlichem Namen (Ralf Winkler) aus. In der Ecke hing ein früher Baselitz, aus der Zeit, als er noch Kern hieß. Im kleinen Bezirksverband Karl-Marx-Stadt stimmte sich die Künstlergruppe *Clara Mosch* an die Macht und hatte die *Galerie Oben* in der Hand. Carl Friedrich Claus oder Gerhard Altenbourg waren nicht länger nur Geheimtips. In Leipzig löste sich das bisher vom Handwerk übermalte Denken von einer Generation auf die andere aus den ideologisierenden Bildmotiven.

Die jüngeren Maler Dresdens fuhren wie die Expressionisten an den Wochenenden zu den Moritzburger Seen oder in die Tier-Shows, die der Zirkus Busch veranstaltete, zum Zeichnen. Sie saßen gemeinsam in den Stunden beim Anatom Bammes, um die Muskulaturen von Frau Frau und Frau Lehmann zu vergleichen, organisierten in leerstehenden Bauernhöfen und Tennen Ausstellungsvernissagen, oder sie trafen sich an Wochenabenden mit sympathisierenden Dozenten privat im Garten an der Prießnitz zu Vorlesungen über Friedrich Nietzsche, Gottfried Benn und Jean Paul Sartre. Sie begannen ihre Diplomarbeiten mit grafischen Zyklen oder als gebundene Künstlerbücher zur Literatur vorzubereiten, wie Cornelia Schleime zu Marie Luise Kaschnitz und Helge Leiberg zu Uwe Greßmann.

Sie lasen die *Künstlergespräche* des Leipzigers Henry Kaufmann mit Peter Hermann und Peter Graf, in denen die selten erwähnten Namen von Jürgen Böttcher (Strawalde), den ich bis dahin nur als Dokumentarfilmregisseur kannte, und Ralf Winkler (A. R. Penck), die in Dresden Namen waren, in bedeutungsvollen Nebensätzen fallengelassen wurden.

Allein die Veröffentlichung dieser Gespräche wurde als eine En-passant-Offizialisierung gelesen.

Der im Dresdener Wölfnitz, einer alten Eisenbahnersiedlung, geborene Ralf Winkler lebte am Südrand der Stadt, in Gostritz, in einem ihm von Eberhard Göschel überlassenen Atelier, einer ehemaligen Manufaktur im Garten einer Vorstadtvilla. Kennengelernt hatte ich ihn als Maler von Gemeinschaftsbildern, Jazzmusiker, der es etwas direkter liebte, als es die filigranen Soft-Sessions vorführten, und als versierten Schachspieler im Pfarrgarten von Pfaffroda. In drei Zügen veränderte er mein Selbstbild insoweit, daß er mir erstens, aus völlig anderen Gründen, als sie mir eingebildet waren, klarmachte, daß das eine die Farbe der Schrift und etwas völlig anderes die Schrift der Farbe ist, daß zweitens fünfundneunzig Prozent Handwerk einerseits und andererseits fünf Prozent Inspiration die Waage erst im Gleichgewicht halten und drittens, daß die reale Grenze zwischen den Gattungen der Mensch ist, der Übersetzer, nicht der Schöpfer. Drei Jahre später wurde ich Zeuge einer eigenartigen Demonstration von Übersetzungskunst und Schöpfungswille. Zu seinem Geburtstag hatte er nicht nur seine Dresdener Malerfreunde zu Nudelsalat mit Würstchen und Weißwein aus dem Intershop eingeladen, sondern auch Arbeiter aus einer Ziegelei gegenüber, die ihm ab und zu handwerklich aushalfen und nun, nach dem Abendessen, die anwesenden Künstler baten, sie zu porträtieren. Wie sie sich auch zierten und mit allen nur möglichen Essensresten, Tee-, Ruß- und Herbstlaubeffekten, kunstgeschichtlich untermauerten Verzerrungen und Kopfständen des Formats zu beeindrucken versuchten, am Ende griffen die Ziegelbrenner nicht nach dem, wovon sie sowieso meinten, daß es ihre Kinder besser könnten, sondern nach den Blättern von Penck, auf denen ihre Frauen sie eindeutig wiedererkennen würden.

Auch wenn sich der *Dresdener Künstler* wie Gott in Frankreich benahm, verstand ich immerhin, daß ein Atheist, der es auf den Nobelpreis abgesehen hat – und weniger wollte mir Vierundzwanzigjährigem nicht einleuchten –, erstens Gott, auch wenn er ihn *ist tot* apostrophiert, nicht verneint, und zweitens, daß Cesar Vallejos *Am Tag meiner Geburt war Gott krank* eine Metapher des Abstumpfens am Geglaubten und keineswegs eine des Glaubens an das Abstumpfende sein konnte. Ich hatte ein Bild vom Göttlichen, indem ich mir den Künstler als nach seinem Ebenbilde dachte: manisch materialisierend, eine kantige Maschine, die ununterbrochen Farbe in ausgebeulte Konturen kippt, eine Melange aus Beckmann und Malewitsch, der die Worte fehlen, weil es Gott beliebte, als ein von mir entflammter Chor kunstsinniger Tanten im Himmel über dem ersten Blick zu erscheinen.

Den traumhaft und renaissancetechnisch zugleich verdrehten Subgeschichten, den babylonischen Monochromien, die mir die Sprache verschlugen, den landschaftlich wie Suchbilder gepatterten Porträts, den Potenzen und den grafischen Ausgrabungen der aktuellen Dresdener Kunst und meinem Hunger nach ihr sah ich mich Gedichte zur Seite stellen, aus nichts als Kunst und um nichts als der Kunst willen.

Die Oberfläche der Gemeinschaftsbilder stellte gruppenpsychologische Machtverhältnisse auf zugekleisterten und übergewichtig verworfenen Leinwänden aus. Während der Jazz die Psychosen in ihren solistischen Zwischenzeiten regelmäßig kompensierte, waren Gemeinschaftsbilder – die in der Mehrzahl nicht mit Öl-, sondern schnelltrocknenden Acrylfarben gemalt wurden – wie ein von einem Supervisor zu einem gemeinsamen Schlüsselwort zerriebenes, graues Gemenge, zu dem sich die DDR-Farben, vielleicht ihrer minderen Qualität wegen, vermengten.

Ich bemerkte, daß meine Texte dieser neurotisch auf die Fläche gehäuften Handschrift zu gleichen begannen. Was ich nicht merkte, war, daß die Staatssicherheit mich endlich dort hatte, wo ich hin wollte: in einer den Umständen angemessenen Form der Familie, von der ich mich, wie gewohnt, nur noch abzustoßen brauchte.

Das Geld, das ich mit meinen Szenarien verdient hatte, ging zu Ende. Für einen der etablierten, an Filmmusik-, Rundfunk- und Plattenverträgen gut verdienenden Rockmusiker hatte ich ein paar Liedtexte geschrieben. Sie erschienen unter dem Namen seines überlasteten Hausautors, der außer seinem keinen Namen auf einem Markt zuließ, der dem Textdichter immerhin fünf Prozent der Nettoeinnahmen einer Auflage garantierte. Aber weder Honorar noch Tantiemen flossen so schnell und unkompliziert, wie ich dachte. In eine Anstellung wollte ich nicht mehr. Unvorstellbar, einen Status aufzugeben, der mir die Freiheit sicherte, mich frei zu entscheiden, früh, noch vor allen Arbeitern, die arbeiten gingen, aufstehen zu können, um das, was ich aus einem wie eingeschriebenen ethischen Postulat ebenfalls Arbeit nannte, zu tun.

Eva ging, obwohl sie schwanger war, täglich zum Studium in ihr Bildhaueratelier in die Pfotenhauer Straße nach Blasewitz, Christine in die Schule und ich, nach zwei Stunden an meinem Schreibsekretär, mit Ralf Kerbach, ein paar

Ecken weiter, für einen Strammen Max[30] in ein Mokka-Perle bezeichnetes Café für die klassische Dresdener Hausfrau.

In diesem Jahr 1978 wollten meine Führungsoffiziere mehr von mir als einen unregelmäßigen Beweis meiner Anwesenheit im Leben. Was ich als schleichenden, mich quälenden Anlauf begriff, von dem aus ich mir den Rest der Show wie die in der Schulzeit für gewöhnlich gemeisterten Hochsprünge über die eigene Körpergröße vorstellte, war ihnen nur ein sogenannter Quartalsplan.

Ihr Trainingsprogramm schien auf aktive Passivität hin angelegt, auf das Funktionieren, wenn schon keines geschlossenen Systems, so doch eines geschlossenen Kreislaufs. Training kannte ich als *Training des aufrechten Ganges*, den Titel eines beim Aufbau-Verlag erschienenen Gedichtbandes von Volker Braun. Ich verband damit das Bild aus einem Lehrbuch: Fisch wird an Land gespült, aus einem Flügelflosser wird ein Vierbeiner, dann der Affe, dann der Mensch, der das Feuer entfacht, das sich in seinen Augen spiegelt. Dann nur noch Feuer. Nein, danke. Doch es genügte ihnen nicht, daß ich ihnen meine grundsätzliche Bereitschaft, das System zu verändern, erklärt hatte. Der Grund, die Pein, mich auf etwas eingelassen zu haben, das mit etwas schwammigen, aber höchsten Ansprüchen kollidierte, sollte sich nicht zu einem Problem auswachsen.

Ich hätte mich grinsen sehen, vor Angst grinsen, wenn ich nicht darauf hätte achten müssen, daß mich keiner sieht, während ich mich den konspirativen Wohnungen näherte. Alles Gelernte, alles Trainierte, versperrte mich mir und den Gesprächen, die ich auch mit mir selbst hätte führen können: »Sind denn die, die nicht mit der Staatssicherheit sprechen, gegen den Staat?« »Ist die Kunst keine Sprache?« »Aber wenn man die sogenannte Sprache der Kunst nicht versteht?« »Ist nicht die Sprache von Walter Womacka und Gerhard Altenbourg dieselbe?« »Glaubst du nicht, daß man grundsätzlich mehr versteht von Kunst, wenn man mehr von dem weiß, was der Künstler denkt?« »Ist es nicht wichtiger,

Zu Wissen, Wie?«

Himmlischer Anspruch und irdische Einsicht, die sich aneinanderklammerten. Das Pfandgeld von zwanzig Bier- und Milchflaschen für einmal Strammer Max und ein Kännchen Kaffee in der Mokka-Perle. Der Horror der Wannenbäder im öffentlichen Louisenbad, wo, weil die Wohnungen kaum Bäder und selten Duschen hatten, die Künstlergemeinde an den Vormittagen mit den Rentnern in der Warteschlange saß, während die Jugendstilkacheln im Entree von den Wänden fielen. Auf einmal Wannenbad für knapp eine Mark zahlte man, wie auf eine Kinokarte, die fünf obligatorischen Kulturpfennige, eine bei ihrem verpflichtenden Namen genannte Steuer. Meine Hoch-Zeit mit Eva und der Tief-Punkt meiner ungepaart lebensunfähigen Selbstdarstellungen, die zu keiner größeren Wohnung führten. Wir suchten, und wenn es wenigstens drei Räume wären – zweieinhalb Zimmer vielleicht – eine Wohnung für vier Personen. Ich suchte einen Fluchtweg in den Raum. Die NDL[31] druckte drei Gedichte von mir, der *Verlag Neues Leben* Blumenverse für Kinder. Das Kindertrickfilmstudio bezahlte für eine Idee. Im Sommer wurde meine Jarry-Bearbeitung ein letztes Mal, in Thomas Rosenlöchers Garten in Kleinzschachwitz an der Elbe bei Pillnitz, aufgeführt. Ich sonnte mich in der Doppelbödigkeit des Textes. Auf *Alle meine Entchen* hatte ich den stotternd inneren Monolog eines Spitzels gelegt, bei dem das Publikum vor Lachen am Boden lag. Im Unterschied zu mir verschwanden die Puppenspieler nicht

Hinter Den Lebensgroßen Figuren.

Helge Leiberg und Ullrich Panndorf planten ein Künstlerbuch mit Grafiken und Gedichten. Sie wollten es in der Druckwerkstatt des Verbandes Bildender Künstler in einer Auflage, die nicht druckgenehmigungspflichtig sein würde, herstellen. Ich bat Uta Mauersberger, Stefan Döring, Frank-Wolf Matthies, Bert Papenfuß, Lutz Rathenow und Bernhard Theilmann um je zwei Gedichte. Frank-Wolf gab noch zwei der nach Westberlin übergesiedelten Franziska Groszer dazu und wir begannen abends, wenn die Werkstatt frei war, mit dem Bleisatz und – da nie genügend Typen einer Schrift vorhanden waren, um einen Text vollständig abzusetzen – die Gedichte Strophe für Strophe zu drucken.

Wie nach den zwei Aufführungen des Ubu demonstrierten mir meine Führungsoffiziere, daß sie über das, womit ich mich beschäftigte, selbstverständlich nicht nur von mir informiert wurden. Sie waren nicht darauf aus, mir zu beweisen, daß ich ihnen etwas verschwieg. Sie sagten, was sie von dem von mir Geschriebenen dachten, legten mir meine Texte und die Kopien der von mir in der Setzerei des Künstlerverbandes gedruckten Texte unserer Anthologie vor. Aber sie setzten mich nicht unter Druck.

Ein intimes, zweites Frühstück, während ich bemüht war, den dramatischen Ausmalungsversuchen meiner Partner die staatsfeindliche oder das System gefährdende Kontur zu verwischen. Im Anfang war das Wort, sagt nur: Vordem war Sprachlosigkeit. Kein Selbstzweifel. Mein Mißtrauen. Ich mißtraute nicht denen, die sprachen, sondern denen, die, wie ich, nicht sprachen. Das Muster der Gefahr, die ich nicht als Gefahr betrachtete, aber zumindest den Empfindungen meiner Führungsoffiziere zugestand, machte sich fest an Schlußfolgerungen, denen ich mißtraute. Ich mißtraute nicht der Kausalität an sich. Ich mißtraute nicht dem Informationsfluß. Ich mißtraute allein der Zwangsläufigkeit einer Perspektive, die zu einem lückenlosen Muster führte, das über seine Grenzen hinaus nicht funktionierte. Im Vertrauen auf meine Führungsoffiziere war mir Abschied so leicht wie Willkommen. Sie hätten mich fallen lassen können, wohin auch immer. Aus der Liebe, aus der Kunst, aus dem Netz ihrer Dosierungen, die mir nicht genügten. Ich hätte ihnen nur mehr vertrauen müssen. Die Informationen, aus denen ich meinte, mein eigenes Muster, ein ungefährliches Konterfei jener filtern zu können, denen ich vertraute, versagten an meinen Aufklärungsansprüchen. So kamen sie mit den Informationen, die ich ihnen gab, zu ihrem und ich, mittels der Informationen, die sie mir gaben, zu meinem Ziel. Eine kurze, sehr kurze Zeit lang, spielten wir etwas wie Halma. Sie waren mein Ziel und ich ihres. Ich wollte ihnen etwas über sie sagen. Sie wollten mich.

Wo kein Geld ist, ist nichts mehr zu sagen, und wo es ist, bleibt auch nur, über andere Dinge als den eigenen Hunger zu sprechen. Ich hatte, was in einem normalen Produktionsbetrieb, wo der Lohn zweimal monatlich bar an der Kasse vorgezählt und ausgezahlt wurde, nicht unbedingt nötig war, ein Konto bei der einzigen Bank, der *Staatsbank der DDR* – ein leeres. Für minus eintausend Mark kaufte ich Lebensmittel auf Vorrat, und da die Konsumverkaufsstelle den ungedeckten Scheck nicht einlösen konnte, wurde ich wegen Scheckbetruges auf Bewährung – unter Androhung einer einjährigen Freiheitsstrafe bei Nichtbewährung – verurteilt. Diesmal bedeutete die Bewährung: eine festgelegte Stundenzahl vom Gericht festgelegter, gemeinnütziger Arbeit und Nachweis eines festen Arbeitsplatzes.

Bei *Pfunds Molkerei* in der Prießnitzstraße, bei Herrn Pfund (junior), der als Kunstmäzen bekannt war, fand ich eine Beschäftigung als Nachtwächter mit Freimilch, Stechuhr und Kohlenschaufel von 22 bis 6 Uhr. Die Arbeit beim Gleisbau an der Straßenbahnstrecke von Wachwitz nach Pillnitz verweigerte ich, und der Rechtsanwalt, den A. R. Penck bezahlt hatte, machte mir Hoffnung: der Arbeitsplatz würde dem Gericht genügen.

Ende Sommer 1978 wurde unser Sohn Johann geboren, und wir lebten zu viert in diesen zwei kaum bewohnbaren Räumen unserer Gemeinschaftswohnung. Die Küche (der zweite Raum) ohne Wasseranschluß hatten wir ausgeräumt. Wir kochten auf dem Fensterbrett des Durchgangskorridors für drei Parteien und wuschen uns im Ausguß hinter einem Theatervorhang. Auf der einen Seite unseres einen Zimmers lebte Gabi, eine Studentin der Kultur, und zur anderen Moni mit ihrem Sohn Sven vom illegalen Chemikalienhandel eines regelmäßig einsitzenden Familienvaters.

Der Gewinn, den meine Nachtarbeit brachte, waren kostenlose Milch und Braunkohlebriketts. Ansonsten schlief ich oder war abwesend, um das zu kompensieren, was ich meinte, mit dieser Lohnarbeit zu verpassen. Um mich freizuschaufeln, schrieb ich wieder Texte für Rockbands und, vermittelt durch die Frau von Heinz Kahlau, die als Lektorin in einem Kinderbuchverlag arbeitete, Verse, diesmal über die Käferwelt. Ende des Jahres fühlte ich mich finanziell in der Lage, bei Pfunds Molkerei zu kündigen. Zwei Wochen nach der Kündigung bekam ich ein amtliches Schreiben mit dem Widerruf der Bewährungsstrafe und die Aufforderung zum Antritt meiner Freiheitsstrafe im Dresdener Untersuchungsgefängnis.

Anfang 1979 saß ich in einer Zelle in der Schießgasse, unter dem blinden, Sonne suggerierenden Gelb der Milchglasblenden, in Rufweite von Kunsthochschule und Studentenklub, wo zehn Jahre zuvor meine Dresdener Jugendzeit begonnen hatte, und wartete auf einen Sammeltransport in den Strafvollzug.

Ich glaubte nicht, was passierte. Die zwei Wochen bis zum Abtransport nach *Schwarze Pumpe*, einem ehemaligen, den DDR-Sicherheitsansprüchen angepaßten KZ, vermutete ich einen Irrtum des Gerichts. Ich meinte, jeden Moment müßten sich Zellentür und Gefängnistor öffnen. Ich trug die Kleidung meiner Freiheit. Sie hatten mir meine Brille gelassen, und ich hörte den Verkehr an der Kreuzung Pirnaischer Platz Ernst-Thälmann-Straße. Nach einer Woche begann ich schwächer zu sehen. Auf dem linken Ohr hörte ich kaum noch, meine Nieren meldeten sich mit einer Kolik zurück, und eine verordnete Darmspülung rettete mich davor, auch noch das Gemeinschaftsklosett mit den zwei anderen Häftlingen der Zelle zu teilen.

Mein Körper streikte gegen mich, nicht ich gegen mich. Mir wurden die Punktierung der Nieren und Hirnkontrastmittelspritzen angedroht. Während eines wieder zwei Wochen dauernden Zwischenaufenthalts in *Schwarze Pumpe* mit täglichem Exerzieren und Warten auf den Abtransport zur Endstation, einem Kleinstadtgefängnis fast familiären Ambientes in Luckau, verließ mich der Glaube daran, daß, wenn schon nicht die Staatssicherheit mich erlöste, die Russen kämen. Aber es kam nur ein Offizier, der die Neuzugänge in den Keller führte, zur Desinfektion und Besichtigung der Karl-Liebknecht-Gedächtniszelle, einem Ort bauhäuslicher Einkehr mit grauem Bodenbelag, Oberlicht und kleiner, gut sortierter Bibliothek.

Was ich aus der mit sechzig Häftlingen belegten Zelle erinnere, in der ich bis zur Amnestie zum 30. Jahrestag der DDR im Oktober 1979 lebte, habe ich in fünf Erzählungen veröffentlicht, die 1988 erschienen sind. Das Buch heißt

Brunnen, Randvoll.

4.1

Ende Oktober 1979 saß ich am Marktplatz von Luckau und starrte auf das neudeutsche Liebknecht-Denkmal des Bildhauers Theo Balden – von dem mir einst schon Peter Glomp erzählt hatte, daß man ihn Henry Moore des Ostens nennen würde – und in die Leere einer höchstwahrscheinlich einhundertprozentig für den Gefängnisbetrieb arbeitenden Kleinstadt.

Helge Leiberg hatte mir während einem der monatlichen, eine Stunde dauernden Besuchstermine erzählt, um die etwa fünf Meter hohen Außenmauern der Anstalt wären Schrebergärten aufgereiht, und ihre skurril individualistischen Hütten seien an die Mauer gelehnt. Ich hatte keine Kraft mehr und vor allem nicht die Zeit, das vergangene Jahr in einer touristischen halben Stunde zu umkreisen. Zehn Minuten nach acht hatten sie mir das Tor geöffnet, damit ich den wiederum zehn Minuten entfernten Bahnhof erreichen konnte und meinen dreißig Minuten nach acht von der Direktion festgelegten Zug nach Dresden.

Zu sehen, von welchen kleinsten Zellen der Gesellschaft ich eingeschlossen war, blieb mir aus diesen Gründen erspart. Die Aussicht, nach meiner morgendlichen Entlassung die Spätschicht der Wachmannschaft in Zivil und Familie in ihrer verwurmten und parzellierten Apfelplantage bei jener späten Ernte über den Gartenzaun zu begrüßen, die im Heizungskeller des Zellentraktes zu saurem Obstwein vergoren oder im Labyrinth seiner Zu- und Ableitungen zu dreckigem Schnaps destilliert wurde, blockierte

Meine Sucht Nach Sinnbildern.

Ich erinnerte mich an das in der Erinnerung gedämpfte Geräusch am Boden aufplatzender Früchte. Die rauschende Krone einer die Mauer knapp überragenden Kastanie. Der im Wind delirierende Streifen Grün vor dem unverblendeten Bürofenster Hauptmann Krügers. Der die Farben kurz auf- und dann langsam verkochende, auf die Amnestie fixierte Gerüchte-September, ein gärender, magensaurer Eintopf im Altweibersommer. Vor der Außenmauer das Heulen der in dieses Niemandsland zwischen zwei Mauern ausrangierten, in der Erinnerung an kein Alter erdgrau gescheckten Schäferhunde. Ein Echo von Grau. Stadthörige Dämmerung. Das Anschlagen der Hunde aus dem Backstein-Geschächt. Die Fetzen des krank-gemischten Betonputzes, die in den Freihof klatschen. Laufleinen-Geläut.

Der Heizer Löwenthal, der wegen Wirtschaftsdelikten einsaß, und Dr. Kurt Waldheim, der als Generalsekretär der UNO in der DDR weilen würde, wenn die kleine Bedingung einer großen Amnestie zu erfüllen wäre. Sie seien ja »beinahe Brüder, der Jecke und der Hauptmann« aus der Gehirnwäschekammer beim KGB. »Ich bin doch der mit dem typischen Witz-Gesicht für das schlechte deutsche Gewissen. Mich haben sie immer dazugesetzt, irgendwo in den Hintergrund der Moskauer Verhörzellen, wenn sie einem vor dem Einschläfern zuerst einmal einen kräftigen Adrenalinstoß versetzen wollten.« Auf der Flucht vor sich selbst ertrunken unter der Destille. Tropfen für Tropfen. An der eigenen Funktion als Destillateur erstickt.

Nicht wie Natzi, der Spitzel, unter einem Dutzend vergrindeter Decken. Ein mit eigenen Händen – »wo?« »Na wo schon; wo die Hände hingehören, wahrscheinlich dort wo die Arme enden!« – aufgerissener Schrei des zugeleimten Anscheißers. Durch die Finger erbrochenes Blut. Abgebrülltes Lippenfleisch. Tropfenweise.

Nicht wie die blaßblaue Träne unter dem Jochbein, die Tätowierung der Knastbruderschaft, »natürlich nicht«, ein nagelneuer, frischentzündeter Judenstern, der sich bei einer wöchentlichen Kontrolle grell aus dem restblauen und angstverschissenen, zu Boden gehenden Klumpen der Unterhose schält. »In Unterhose angetreten.« »Aber Herr Hauptmann, Kommunisten sind doch auch bloß Juden. Solche, die es sich gern ein bißchen zu gemütlich machen.«

Johann läuft und beginnt zu sprechen. Christine spricht und übt Geige. Eva arbeitet mit Doris, dem Modell, für ihr Diplom. Was Johann berührt, wird benannt. Was er nicht benennt, erfahre ich nicht. Erfahrung findet Erfahrung. Christine hört ihrem Spiel hinterher, was sie nicht hört, wird nicht gesäubert. Sauberkeit findet Sauberkeit. Eva macht den Versuch, Doris zu modellieren, wie sie sie versteht. Verständnis findet Verständnis, Erfahrung Sauberkeit, Sauberkeit Verständnis, Verständnis Erfahrung.

Schere Stein Brunnen. Papier-Familie.

Ich bin draußen, dort, wo man von Draußen spricht: von Noch-Weiter-Draußen. Daß Drinnen Draußen sei, ist eine Tautologie humanistischer Aufklärung, die mir nichts sagt, weil ich nicht von Draußen sprechen kann. Im Gefängnis spricht niemand vom Gefängnis. Noch weiter hinein geht es nicht.

In dem, was ich lese, steht nichts von dem, was ich weiß. In den Gedichten von Novalis steht mehr, als ich weiß. Der Jüngling versucht sich an einer Sonnenkraft, die er im Erdgestein findet. Ich fliehe vor dem, was ich weiß, in das, was ich nicht wissen will. *Im Vernunftwesen ist Recht der Wahrheit, Güte der Schönheit analog.* Aber Schönheit und Wahrheit beziehen sich noch auf eine vernunftlose Natur. *Moralität streitet mit physischer Freiheit, Herrschaft, Willkür, mit Gottheit, Unabhängigkeit von äußern und innern Zufällen.* Dann müßte, daß Draußen Drinnen ist, auch Gesetz sein, nicht Gesetzeslücke. Aber *Man setzt sich immer dem Gesetz entgegen, und dies ist natürlich.*

Ich muß wieder lernen, in einem Raum, nicht an der Wand zu stehen, in einem Bett zu schlafen mit der Geliebten, über die Grenze zwischen zwei Zimmern zu gehen. Es ist keine Schwellenangst. Es ist die Angst vor der Glocke, zu der der Raum wird. Ich schlage an meiner eigenen Haut an. Ich, der Klöppel. Die am Schlüsselbund klirrenden, hellen Glocken, *Die Glocken vom Lippoldsberg*[32] für einen begrenzten Raum.

Damals, im Eiscafé an der Karl-Marx-Allee, als das, was draußen vor dem Kino wartete, noch durch das, was drinnen auf den Ladenschluß wartete, ging. Es geht sich so leicht von der Fülle einer Landschaft in die Leere einer Stadt. Wie viele Entlassene sitzen in den Selbstbedienungshallen der Bahnhöfe, vertrinken ihre hundertfünfzig Mark Restlohn aus dem letzten Jahr, schauen durch die Blicke der Wartenden und warten nur darauf, daß sie zurückgeholt werden. Zurück in ihr Sprechen-Dürfen von Draußen, Zurück in den Knast. *Die Sphäre der Moralität des Ichs hebt alle Thesis und Antithesis auf.* Ich versuche, die Entgrenzungen zu fliehen.

Nur wer zuschaut, kann, was vor seinen Augen abläuft, als Spiel begreifen. Aber er gehört nicht dazu. Ich gehöre mir nicht mehr. Entfremdung durch Arbeit. Wer nicht arbeitet, ist asozial. Der Gesellschaft entfremdet. Glück hat, wer sich selbst einen Arbeitsplatz suchen darf.

Die vom Staat erlassene Haftzeit wird zur Bewährung mit Arbeitsplatzbindung ausgesetzt. Der Arbeitsplatznachweis als Hausmeister, Heizer und Reinigungskraft für die evangelische Erlöserkirche des Stadtteils Striesen schützt mich vor dem Staat. Jetzt fiele es mir leicht, die Arbeit als Spitzel zu verweigern. Niemand wird je wieder von mir verlangen können, über meine eigenen Grenzen zu gehen. Niemand verlangt etwas von mir. Dennoch verweigere ich, was keiner von mir verlangt.

Die Würde ist in den Brunnen gefallen. Während des Wartens darauf, aus der Würdelosigkeit der Verhältnisse befreit zu werden. Der Mund voll halbierter Halloren-Kugeln, der sozialistischen Mozartkugel aus Halle, ohne Schokolade mit Kakao-Schalen-Anteil. Nein, ohne; der ist weggebissen von denen, die Hoffmann ihre abgespielten Tischtennisbälle in die Därme stopfen, bis ihm die Galle aufstößt und die graue, im Mund des Kinderfickers würgende Ersatzmarzipanmasse aus den Nasenlöchern auf das matte Grün der Tischtennisplatte im Fernsehraum sickert. Er ist nicht würdelos. Er wartet, vergewaltigt und stumpf aus dem Blick stinkend, und ich kann ihm nicht sagen, es sei sinnvoll, daran zu denken, wie es wäre, tot zu sein, weil nicht einmal ich mich an seinem Grab stehen sehe.

Mit dem internen Sicherheitsdienst – ich weiß nicht mehr, wie sich nannte, kann mich aber an das Anthrazit seiner Briefkästen neben dem Hauptgitter der Etage des Zellentrakts erinnern – hatte ich seltsamerweise nichts zu tun. Ich bin weder zur Mitarbeit aufgefordert noch als Zeuge vernommen worden. Ich war wie nicht vorhanden – stand wie außerhalb jeder individuellen Gewalt. Selbst in der Zelle versuchten sie, mich von der kollektiven Gewalt, die juristisch nur schwer verfolgbar sei, abzulenken. Das Auge ist der Informant des Ohrenzeugen. Sie stahlen mir meine Brille, um mich als Zeuge unmöglich zu machen.

Die Erlöserkirche hat Platz für über zweitausend Menschen. Sonntags, um vier Uhr früh, fing ich an zu heizen. Bis zehn Uhr schaffte ich etwa zehn Grad Celsius. Dann läutete ich die Glocken. Zum Gottesdienst erschienen kein Dutzend alte Damen. Sie stellten gemahlenen Kaffee aus den Paketen ihrer Verwandtschaft im Westen auf die oberste Treppenstufe zum Heizungskeller.

Ich wartete auf meine Führungsoffiziere. Sie kamen nicht. Über die Woche heizte und säuberte ich die Gemeinderäume und kochte Kamillentee, dünnen Bohnenkaffe und koffeinfreien Kaffee und Malzkaffee für die Chorproben und Adventfeiern, die Kinder- und Altentreffen.

Seit Dezember 1979 teilten ein Kunstmaler und ich uns die Aufgaben der unterirdischen Mechanik von Kirche, Gemeinde- und Pfarrhaus. Ein in der Dunkelheit beginnender, in der Dunkelheit endender Alltag. Da sich der Staat nicht rührte und das Licht des Weihnachtssterns warm aus dem Erker des Altenteils über den kahlen Garten fiel, ging ich davon aus, frei zu sein,

Frei Für Das Unbedingte.

Kohlen aus der Kirche mitzunehmen, auf die Idee kam ich gar nicht. Bevor ich zur Arbeit ging, kniete ich auf dem Blech vor dem Kachelofen unseres einen heizbaren Zimmers und verbrannte Bücher.

Es war, nach langen Jahren wieder, ein eisiger Winter. Ralf Kerbach malte eine nackte Frau vor einer offenen Flamme. Schwarz-Rot-Gold. Dasselbe Motiv in Holz geschnitten, *fünf deutsche sonette.* Dann *halbmond über dresden* (blau-gelb-braun, helles Schwarz in meiner Erinnerung) und in Kupfer *die dinge* (schwarz auf weiß). Aus einem Buch wird wieder ein Buch. Kein Gesetz verbot den Druck von Texten in dieser Form.

Weil Helge Leiberg und Ullrich Panndorf die Texte für das Künstlerbuch *kein wind schlägt die flügelflügeltüren zu* in der Werkstatt des Verbandes bildender Künstler hergestellt hatten, mußten künftig die Mitglieder des Verbandes jeden Text, den sie dort setzen und drucken wollten, vorher genehmigen lassen. Dadurch, daß wir Gedichte gedruckt hatten, die vom Staat nicht genehmigt worden wären, fürchteten andere, jenen Freiraum zu verlieren, in dem sie die Gefangenschaft, an die sie sich gewöhnt hatten, wenigstens auch zu spüren glaubten. Irgendeine Lücke – nicht die zwischen den Gesetzen – zwischen den Bildern, die sich immer mehr aus einem hohlen Begriff von Licht in die Farbe entleerten, und dem Eigentext des Bildes könnte verlorengehen. Der Andersdenkende versorgt sich mit dem nötigen Heimatgefühl aus dem Medium, auf das der Staat ein Monopol hatte.

1980 kam der Text über die Schrift zurück in die Bilder. Zehn Jahre später war er wieder gelöscht oder in einer symbolischen Figur aufgehoben, die etwas mit Gegenreformation zu tun haben muß. 1990, als jeder schon wenigstens an einen eigenen Computer dachte, sah ich mir in der privaten Kunstsammlung von *Agnes B.* in Paris eine Kollektion amerikanischer Underground-Editionen aus den sechziger Jahren an. Der ökonomische Druck schien zu ästhetisch ähnlichen Ergebnissen wie der politische zu führen. Aber davor, bevor es dazu kommt, daß einer einen Stift in die Hand nimmt und etwas auf die Leinwand schreibt, steht ein Gesetz, das, egal von welcher Seite, gebrochen werden muß.

Während ich das Dingliche verheizte, versuchte ich mich am Unbedingten. Ich war unfähig, in einer Beziehung zu leben, die mehr von mir forderte als einen Text auf einem Bild an der Wand oder in einem Buch, auf das letztlich alles hinauszulaufen hatte.

Ich litt, mir selbst nicht begreiflich, daran, daß meine Führungsoffiziere wie nicht greifbar waren. Ein dunkles und unaufhörliches Signal, das allem, was ich tat, ein reaktives Raster unterlegte. Der Einfluß ihrer Anwesenheit auf jedes Gespräch vor und nach jeder Lesung, vor und nach jeder Ausstellung, vor und nach jedem Konzert, die ich zwar nicht vermißte, aber auch nicht zu spüren bekam, die Präsenz der »in Zivil«, der »Sicherheit«, der »Firma«, im Leben aller anderen, nur nicht in meinem, trieb mich in einen tauben, alles mit allem verbindenden Aktionismus, der das, was ich lebte, mit dem in Angst versetzte, was ich von einem Text verlangte: unbedingte Berührung.

Einige jüngere Mitglieder der Kirchengemeinde, in der ich als Hausmeister arbeitete, planten eine Benefizveranstaltung für ein Behindertenheim der Herrnhuter in der Lausitz. Steinmetz Hempel, ein Gemeindemitglied und fördernder Freund vieler Dresdener Künstler, beschäftigte in seiner Tolkewitzer Werkstatt einen Bildhauer, der, wie ich, Gedichte schrieb und auf die Idee kam, nicht nur Bilder, Zeichnungen und Grafiken, sondern auch Autographen für die Auktion zu sammeln und vor allem auszustellen.

Mein Part war es, mich vor allem um Handschriften aus dem mir näher bekannten Berliner Umfeld zu bemühen, da ich außer Thomas Rosenlöcher in Dresden nur Bernhard Theilmann und Michael Wüstefeld von der *Obergrabenpresse* kannte. Ihr Prinzip war, was mir später auch in Jenenser und Berliner Künstlerkreisen wiederbegegnete, die behördliche Aufmerksamkeit zu binden, indem wieder und wieder Satzgenehmigungen, Druckgenehmigungen, Genehmigungen für die buchbinderische Weiterverarbeitung, für Ausstellungen, Veröffentlichungen und Veranstaltungen beantragt wurden. Ich weiß nicht, ob Bernhard Theilmann bei Pencks sowieso handschriftlich in die Zinkplatte gekratztem Buch *Kneipenbilder und -texte*, das 1980 erschien, auch noch versucht hat, dem Staat ein Zeichen zu geben. Signale des guten Willens waren üblich, vor allem aber waren sie Präzedenzfälle, auf die man sich späterhin würde berufen können.

Eines Nachmitternachts, im Dezember 1979, klingelte es an unserer Gemeinschaftswohnungstür. Ein mir Unbekannter mit komfortablem, schwarzem Konzertgitarrenkoffer. Weil er ein thüringisches Syndrom und eine einlaßträchtige Formel wie *Leuchte mein Stern, leuchte*[33] in den Türspalt schob, ließ Eva ihn ein. Aus der Konversation in unserem Wohn-, Schlaf- und Gesellschaftszimmer und nach ein paar obligatorischen Trinksprüchen wurde deutlich, daß Eckehard Maaß ein russophiler, exmatrikulierter Philosophiestudent war, der, um zu einem Theologiestudium zugelassen zu werden, den Protestantismus väterlicherseits vor sich her trug und bei seinem Konzert mit Liedern von Bulat Okudschawa in der Dresdener *Galerie Mitte* gehört hatte, ich kenne den georgischen Sänger persönlich.

Eckehard Maaß lud mich, der ich ihm erzählte, daß ich wegen des Einsammelns von Autographen für ein Benefiz künftig wieder öfter in Berlin zu tun habe, wahrscheinlich aufgrund einer Sympathie zu meinem russischen Vornamen, zur Kunst im allgemeinen und zu Netzwerken prinzipiell, ein, ihn und seine Ehefrau Wilfriede zu besuchen. Sie arbeite als Keramikerin am Arnimplatz im Prenzlauer Berg. Sie würden jede Menge Autorinnen und Autoren kennen, und er selbst stehe einem gastoffenen Haushalt vor, wo es jederzeit einen Schlafplatz für mich gäbe.

So fuhr ich, bis zum Ende meiner Karriere in der Erlösergemeinde, an den Wochenenden regelmäßig nach Berlin, um von Handschrift zu Handschrift gereicht zu werden oder die Signierorgien der nun endlich doch erschienenen Lyrik-Grafik-Anthologie von Helge Leiberg und Ullrich Panndorf zu organisieren.

Heinz Kahlau meinte – um die nicht gebräuchliche Editionspraxis originalgrafischer Texte zu legalisieren –, ich solle mich als Kandidat im Schriftstellerverband bewerben. Als nötiger zweiter Bürge des sinnlosen und überflüssigen Alibiunternehmens engagierte sich der Altdresdener Volker Braun. Für den kurzen Moment von ein paar Wochen dachte ich, die Mitgliedschaft im Schriftstellerverband gäbe mir jene Legalität zurück, die ich grundsätzlich als bürgerliche verloren glaubte.

Der betriebsinterne Kulturklub des Dresdener Atomforschungszentrums Rossendorf, der über Privilegien und unbegrenzte Finanzmittel verfügte, lud mich zu einer Lesung ein. Bernd Weißig, einer der Schauspieler meiner Bearbeitung von Ubu Roi, der inzwischen am BAT, dem ehemaligen *Berliner Arbeiter Theater* im Prenzlauer Berg Regie studierte, fragte, ob ich zu den Studententagen seiner Institution eine Performance mit Filmen aufführen könnte. Mit den, wie in Dresden üblich, musizierenden Malern Penck, Freudenberg, Leiberg und Kerbach spielten wir zu den Filmen der Hochschule Potsdam-Babelsberg den Hintergrund. So begegnete ich mir endlich in der Traumrolle als Begleiter meiner selbst. Bert Papenfuß arbeitete am selben Theater als Beleuchter, und Freya Klier studierte am BAT Regie.

Im Dresdener Leonhardimuseum an der Grundstraße, wo noch immer in einer dieser scheinfreien Enklaven eine *Arbeitsgruppe Junge Kunst* Ausstellungen organisierte, kümmerte ich mich um den Satz und Druck der schmalen, kaum Katalog zu nennenden Hefte und Einladungskarten zu den Vernissagen oder Begleitveranstaltungen. Da nicht viel mehr von einem solchen Ereignis blieb, wurde den eher funktionalen Erscheinungen, in denen die Künstler programmatische Texte und Bilder unterbrachten, die nicht ausgestellt werden konnten, und den aufwendig gedruckten Plakaten eine politische Bedeutung zugeschrieben.

Ralf Kerbach und ich schnitten, rieben und falzten uns die Finger wund an den mit Latex-Leim zu Kunstbüchern verklebten Gedichten und Grafiken oder den winzigen Auflagen der in Schwemmholz oder Linoleum geschnittenen Einladungsplakate für Lesungen und Konzerte, die ohne diese signierten und numerierten Stücke heute kaum mehr als Ereignisse erinnert würden.

Während ich im Gefängnis war, hatte Kerbach gemeinsam mit der Malerin Cornelia Schleime, mit Matthias Zeidler, einem seiner Radebeuler Jugendfreunde, und mit Michael Rom, dem Gedichte und dramatische Monologe zelebrierenden, in einem der Barockschlösser in der Umgebung Dresdens angestellten Museumswächter eine Art-Punk-Band gegründet. Unter dem Einfluß der Musik von Captain Beefheart, CAN und den *Sex Pistols* hatten sie begonnen, dem Freejazz kunststudentisch Dresdener Prägung »etwas entgegenzusetzen.« Schlagzeug und Baß und Gitarre, verzerrt über alte Röhrenradios und verstärkt über eine kaum Verstärker zu nennende Kiste, die *Regent 20* hieß – mehr durfte jederzeit, mußte aber nicht sein, für das, was gemeint war. Ein klarer Beat und eine mindestens ebenso klare Aussage.

Wer einen Text geschrieben hatte, sagte oder sang ihn über die ein, zwei Minuten schräger acht Sechzehntel. Es ging nicht um Professionalität, um Pfründe auf einem nicht vorhandenen Markt, um den feinen Unterschied, um Kunst oder Leben. Es ging um die kurze Zeit gemeinsamen Instrumentierens, um eine etwas lautere Stimme als die des einzelnen, um die mit dem Gesagten verbundene Person, darum, daß die Texte als solche wieder eine Rolle spielten. Der Text als Doppelpunkt hinter einem Gespräch. Die Texte, die ich sang, hatte ich im Gefängnis geschrieben, auf einem Bild wie einem Gemeinschaftsbild, auf eine für die, mit denen ich jetzt spielte, wie eine Metapher leere Leinwand,

Die Alles Auf Anfang Stellte.

In diesem halben Jahr, in dem mich meine Führungsoffiziere entweder abgeschrieben, aus den Augen verloren oder in einer von mir nicht bemerkten Landeschleife hängengelassen hatten, begann ich einen mir im nachhinein krank erscheinenden Produktionsbegriff zu kultivieren. Als habe Krankheit nur den einen Hintergrund, die Wirkung der spiegelbildlichen Behauptung »Du bist gesund« zu sein, praktizierte ich Selbstheilung. Vom Unproduktiven bleibt nichts. Was sich nicht anfassen läßt, ist kein Produkt. Ein Text ist ein Bild ist ein Wesen ist ein Grund wie ein Ich. Grund genug, an Vervielfältigung zu denken. Die einzige Art, sich verkaufen zu können, ohne sich aus der Hand zu geben. Multifunktionalität. *Der Mensch: Metapher* der Umstände, von denen er sich nur dann abhängig fühlen will, wenn er sich in ihnen spiegelt. Wenn ich nicht funktioniere, funktioniert nichts. Was nicht funktioniert, bricht auseinander. Funktionstüchtigkeit. Die da draußen, an der unsichtbaren Front, müssen dafür sorgen, daß drinnen nichts auseinanderbricht. Wenn ich nur zurück-denken könnte, dann wäre es in die andere Richtung keine Kunst.

Es kann nicht funktionieren, wenn Gabriele Kachold bei den Behörden in Erfurt einen Antrag stellen wird, in ihrer privaten Wohnung eine *Galerie im Flur* zu eröffnen; wenn sie den Staat, den sie repressiv nennt, bittet, ihre Person als Stellvertreterin auch nur eines winzigen Teils seiner monopolisierten Öffentlichkeit wahrzunehmen, zu dulden. Quelle: IM David Menzer: »S. Anderson schlug vor, es nicht Einladung zur Ausstellungseröffnung zu nennen, sondern zu schreiben: Ich lade Sie ein, sich in meiner Wohnung die Bilder von Ralf Kerbach anzusehen.«

Ich wäre vielleicht glücklicher gewesen, wenn ich den Zynismen, mit denen ich mich im realen Untergrund, meinen Führungsoffizieren gegenüber, vor mir selbst zu schützen versuchte, in meinen Texten, meinen Gedichten eine satte Gestalt hätte geben können. Der psychische Hunger hat zu jenem Begriff von Produktion geführt, der im Grunde auch nichts anderes war als die Fortsetzung der Wirtschaft des Staates mit den Mitteln des Mangels.

Ich sah keinen Sinn im einzelnen; es war nie souverän, auch nicht auf sich selbst bezogen. Wozu auch. Das Privileg der Souveränität war mir schon immer ein Mysterium gewesen, wie der Begriff der Masse. Kerbach und ich fraßen uns durch Canettis *Masse und Macht* und also Schrebers *Denkwürdigkeiten*, stießen auf Bataille und stolperten von Pierre Klossowski über Gustav René Hockes *Die Welt als Labyrinth* zu Athanasius Kircher. Im Hinterkopf unserer gezielten Reisen ins Rudolphinische Prag die Schatten der strahlenden

Ornamentik Raimundus Lullus', denen wir hinterherreisten, soweit es ging, nach Süden; ins Erzgebirge zum Architekten Langner, der genug von der Welt gesehen zu haben schien, um über Eisenhüttenstadt[34] oder die Aggregatzustände des Lichts auf kleinplastischen Bronzegüssen Leninscher Büsten zu sprechen.

Ein Licht, nein, eine Sonne, wie bei Anemone Latzina in den wenigen Gedichten ihrer *Tagebuchtage*, in denen ich die Dinge gerecht und frei vom produktiven Tagwerk eines Schöpfers miteinander verbunden sah. Sie schaffte es, ein *Glas Kognak* und *die Versenkung der deutschen Flotte*, wie eine Metapher, in keinem surrealistischen Satz untergehen zu lassen und sich auf Rolf Dieter Brinkmann zu beziehen. So daß ich auf Frank O'Hara stieß und auf Ans van Berkum, die mir Gedichte von Peter Orlovsky und seinem Lebensgefährten Allen Ginsberg aus Holland mitbringen würde. Wir saßen zwischen Eberhard Häfner, dem modernen und kiffenden Mundartdichter von hinter dem Thüringer Wald, der als Silberschmied in Erfurt arbeitete, seiner Frau, der Malerin Magdalena, und ihren drei Kindern und überlegten, wo wir einen Platz finden könnten für die Trips, die Ans von Holland über Deutschland und Berlin (West) nach Dresden geschmuggelt hatte. In der Nähe von Meißen, in einem Totenhäuschen genannten Turm am Elbhang, in dem einst die Freimaurer um Graf Hardenberg, dem Onkel des morphinistischen Novalis und Herr über das nahegelegene Schloß Scharfenberg, ihre Sitzungen abhielten. In diesem Winter, in dem der Schnee uns zusammenhielt und die Russen gerade in Afghanistan einmarschierten. Hinter *Sieben Eichen*, der Fachschule für die Kulturfunktionäre. Bei Leibergs, die aus einer Beziehung zur alten Dresdenerin Frau von Korff, einer entfernten Verwandten Nabokows, die als Rentnerin in den Westen ausgereist war, die einstmalige Loge gewohnheitsrechtlich als Wochenendhaus nutzten. Mit Ans, die sich wortlos über die in meiner verkrampften Physis rauschende, von mir leere Gefängniszelle hinwegsetzte. Sie schrieb mir Briefe mit aschroter Tinte, die Zeilen von mächtigen Unterlängen auf Abstand gehalten. Berauschendes Sepia im Licht des Lesens. Schwarzer Afghane? Bis ich all das ideal verbunden fand und mich fähig zu dem, was ich damals unter Kunst verstand: die Kunst, mich rücksichtslos in fremde Worte zu fassen,

Die Verbindungen Aufzuheben.

Während ich 1970 noch, verletzt, wie ohne Begriff für Verletzung, erst recht der eigenen, nackt vor jedem möglichen Spiegel, hinter jeder möglichen und abgeschlossenen Badezimmer- oder Reichsbahntoilettentür stand, um mich in das zu entleeren, was ich unfähig war, Ausguß zu nennen, Auge in Auge mit meinem Spiegelbild, ohne an mir hinabzusehen, hielt ich mich in den zehn Jahren nach 1980 für geheilt von der Krankheit einer Souveränität, die sich darauf beschränkt, die Dinge auseinanderzuhalten. Es hat mich nie befriedigt, überlegen zu sein, ärmer oder reicher an Informationen oder Geld als mein Gegenüber. Ich wollte, was der andere war, nicht was er hatte, sein.

Meine Eltern hatten ihr pietistisches, verschwiegenes Publikum allein gelassen. Ihre Inszenierung war nicht darauf angelegt, ein Muster aufzudecken. Kindheit, Leib und Mitleid. Blut, Schweiß und Tränen. Autoperforateure. In meiner rücksichtslosen Vorstellung war, was wird, immer das Kind einer Idee, ein Produkt, die Rechtfertigung für das, was folgt, ein Ding, der Gegenstand der Reflexion, dem ich von jetzt an zwar zugestand, mich links liegen zu lassen, aber nur dann, wenn die Akte auch meine Unterschrift trüge. Auf Mitleid konnte ich verzichten.

Ich sammelte Manuskripte ein und Typoskripte und wartete, während ich erklärte, wofür und aus welchem Grund, im Dauerdämmer der Berliner Zimmer, in den Wohnungen von Dichtern, die mal eben ihre Pässe suchten, über scheinbare Direktleitungen ins Ministerium für Kultur Sekretärinnen und Unterstaatssekretäre duzten, die mir noch eine Handschrift von der, der Freundin von der und der und auf den Rückseiten der Manuskriptseiten von dem und dem, den kompletten Behördenbriefwechsel von jenem versprachen (ein Umwelt wie Wirtschaft schonendes Doppelpack), wenn sie nach dem Wochenende aus Köln (zum Beispiel) zurück seien. Eine Süffisanz, die bei der Versteigerung gewiß einen Preissprung auslöse; ostdeutsche Texte aus dem Westen importiert. Ich biß mich, wie zehn Jahre zuvor, blind durch die aufgepumpten Schrebergärten des Mark-Brandenburgischen Ringes um Berlin, ließ mich in bäuerlichen Küchen von den Ehefrauen der gerade Dienst- oder Dauerreisenden an der Heimatfront vor die Petersburger Hängungen kleingrafischer Neujahrsgrüße aus den letzten dreißig Jahren führen und fuhr mit Beuteln voll handsignierter West-Ausgaben ostdeutscher Dichter, die für die Behinderten mindestens das Doppelte bringen sollten, zurück nach Dresden.

Ich rieb die hölzerne Spiegelschrift Kerbachs mit leeren Weinflaschen oder der Hornhaut des Handballens auf Hahnemühlenbütten ab, schrieb täglich eine Handvoll Briefgedichte nach Holland oder wartete in der Töpferwerkstatt von Wilfriede Maaß auf Ans von Berkum, die immer mal wieder aus Nijmegen für ein paar Tagesausflüge in den Osten nach Westberlin reiste. Ich schluckte ihre Trips, Bücher und Übersetzungsversuche meiner Gedichte und nahm Eckehard Maaß mit zu einer Lesung in die Wohnung von Frank-Wolf Matthies; aus meiner Sicht einer der ersten, wenigstens unserer Generation, der seine privaten Räume für Lesungen über den Freundeskreis hinaus öffnete.

Frank hatte alle Verstrebungen und Netzwerke, alle Angebote und Kalkulationen auf ihre privat tragende Basis reduziert. Im Gegensatz zu den meisten jungen Künstlern oder denen, die es werden wollten, pflegte er keine offiziösen oder unpersönlichen Kontakte. Er, der sich nie allzuweit von seiner, seiner Ehefrau und seiner Kinder Wohnung in einem höheren Hochparterre Lottum-Ecke-Angermünder-Straße entfernte – höchstens bis zum *Kaffee Burger* in der Wilhelm-Pieck-Straße oder bis zum *Keglerheim* von Frau Fengler, die keineswegs Frau Fengler hieß –, ging selbst mit seinen Enttäuschungen so vorsichtig um, daß sie ihn möglicherweise verletzten, aber nie in den hoffnungslosen Wartezeiten auf eine behördliche Genehmigung sitzen ließen, um das Leben im Osten bohème und ungenehmigt zu beenden.

Während der Zeit dieses langsamen, unorganisierten und höchstens in seinen Effekten glänzenden Übergangs vom Willen, im Umfeld der Macht sich nicht aufzulösen, zum Willen, wenigstens Ohnmacht als selbstbestimmten Raum zu leben, in diesen beginnenden achtziger Jahren verlor ich die Distanz zu mir selbst. Eine Distanz, die sich, wenn überhaupt, vielleicht noch jenen vermittelte, die wiederum in entschiedener Distanz zu mir lebten. Was ich von der Kunst erwartete, war Ungebrochenheit. Nie in dem, was sie im einzelnen vermittelte, sondern in dem, was sie insgesamt darstellte, einen unbegrenzt *heilen Raum*. Der Nachklang einer über die Ufer ihrer Ursprungsbedeutung getretenen *Entgrenzung*. Ich erinnere mich an das Wort aus einem Gedicht von Erich Arendt, der es (wie ich viel später, wie mich nicht betreffend, entdeckte) von Rimbaud entliehen hatte, die Form des Gedichts erinnere ich, die Wucht des Begriffs und mein Begreifen in einem abwärtstreibenden Satzgefüge, und wie ich mir mit ihm auf der Zunge zerging. Ich erinnere keines der Worte davor und keines der Worte danach, die dieses *Entgrenzen* im Rahmen hielten; wahrscheinlich, weil sie es nicht mit mir zusammenhielten.

Dort verlief für mich die Grenze: zwischen denen, die mit mir auf der Zunge dahinschmolzen, und denen, die mir im Hals steckenbleiben würden. Da ich aber auch diese Grenze unfähig war zu ertragen, modellierte ich mir die damals, nach den europapolitischen Verträgen von Helsinki, zur Metapher hochgeputschte Bilateralität auf den Leib: wenn der, mit dem ich nicht konnte, mit auch nur einem konnte, mit dem ich konnte, gab es kein Problem.

Für die Aufhebung menschlicher Grenzen bedurfte es nichts als einer ästhetisierten Gestalt, der Gestalt eines gemeinsamen Projekts, das sich über herrschende Verhältnisse hinwegsetzte, indem es sich über den Willen des einzelnen, sich von ihnen verführen zu lassen, hinwegsetzte. Derart paßten wir ideal in ein gemeinsames Buch, und *Wir* waren für mich Namen wie Straßennamen einer imaginierten Heimatstadt. *Wir* war in meinem Wunschdenken jener vielfältig bilateral ausgeschilderte, durchaus politische Raum, dessen innere Grenzen aber, wenn sie sich schon darstellen mußten, mich nur auf der stilistischen Ebene, die ich als Grund aller Mißverständnisse betrachtete, verletzen sollten.

Frank-Wolf Matthies und Eckehard Maaß hatten eine Geschichte, die mich nicht berühren sollte. Ich hatte mit Eva eine Geschichte, die Frank nicht berühren sollte. Eckehard Maaß und ich hatten noch keine Geschichte, die Eva nicht berühren sollte. Ich haßte es, von Berührungen

Berührt Zu Werden.

4.2

Als ich Eckehard Maaß zur Lesung in die Wohnung von Pat und Frank-Wolf Matthies mitnahm und Frank ihm die Tür wies, weil er in Eckehard einen Spitzel vermutete, fühlte ich mich verletzt. Frank-Wolf war ihm irgendwann, wahrscheinlich kurz nach der Ausbürgerung Biermanns, begegnet. Eckehard trug Uniform und war Adjutant oder Fahrer eines in Strausberg bei Berlin stationierten Offiziers der Nationalen Volksarmee. Er hatte mit dem Dienstwagen einen naiven Abstecher in das nahe Strausberg gelegene Grünheide unternommen, um dem dissidenten Naturwissenschaftler a.D. und Philosophen Robert Havemann die Aufwartung zu machen, wo er zufällig auf den derzeit dort lebenden Psychologen und Schriftsteller Jürgen Fuchs und Frank-Wolf Matthies traf. Die Vermutung, der nicht nur seine eigene Küche, sondern auch die Parties der Szene um Biermann mit seinen Nudelsalaten dekorierende E. M. sei Spitzel der Staatssicherheit, lag auf der Hand, sie verletzte Eckehard in der Unschuld seines Großküchenherzens, mich aber traf sie natürlich und über diesen Umweg direkt.

In der verdrängten Schule meiner Kindheit hatte ich gelernt, zwischen den Fronten zu leben und mich schuldig zu fühlen, haßte aber, schuldig oder unschuldig, Schuldgefühle und häufte sie auf wie Schulden, immer bereit, sie bei nächster Gelegenheit abzuzahlen, am besten in Form übersichtlicher Verrechnungen: Einmal schuldig minus einmal unschuldig (oder umgekehrt) gleich Null. Eine Rechnung mit der Natur, die zu einer die Schuldgefühle förmlich physisch ausgleichenden, allerdings auffällig psychotischen Nullform meiner Gefühlswelt führte, in der ich mich sicher fühlte, weil sie das Bild, das die Gesellschaft vom Künstler hatte, einigermaßen sauber nachzeichnete.

Aus der Faktizität läßt sich kein Gesetz schließen. Sicher ist aber, daß nicht der Entgrenzungssucht, sondern der eher persönlich begründeten Aus- und Abgrenzungen wegen, die in der Szene kultiviert wurden, in mehr und mehr privaten Räumen Lesungen, Ausstellungen und Konzerte veranstaltet wurden. Die Familie war, warum, weiß ich nicht, auch nach DDR-Gesetz geschützt als *kleinste Zelle der Gesellschaft,* und der private Raum konnte nur bei *Gefahr in Verzug* vom Staat als Staat betreten werden.

Eckehard Maaß fragte mich damals, ob ich mir in der Küche am Arnimplatz ein Sonntags-Periodikum mit Lesungen vorstellen könne, und da ich mich vor dem Hintergrund der Autographensammlung für die Erlöserkirche in Dresden sowieso gerade in einem Interessennetz bewegte, in dem jeder zu jedem in irgendeiner Beziehung stand, bat ich Kerbach für die erste Veranstaltung bei Eckehard und Wilfriede um eine Druckgrafik, die das Private zwar betone, gleichzeitig aber die Grenzen zwischen privat und öffentlich, persönlich und gesellschaftlich, Literatur und Kunst, Galerie und Wohnzimmer verwische, kein Datum hinausposaune, sondern zu einem Termin einlade.

Drei Jahre zuvor war ich für kurze Zeit Gast einer Lausitzer Bruderschaft, die mich nach einer Lesung eingeladen hatte zu bleiben. Ich war Mitte Zwanzig und kokettierte natürlich mit der vom Staat scheinbar freien Abgewandtheit, die mir wie ein ewig altes und schon deshalb unantastbares Privileg erschien. Aber gerade in der Bibliothek des Hauses – zwischen deren entwöhnte Zeilen ich sank wie in einen vorauseilenden Versuch, meine *romantische Enttäuschung* mit dem Kinofilm zu heilen –, mußte ich mir vom jüngeren Teil der achtköpfigen Mannschaft erklären lassen, ihr Glaube heiße, auch daran zu glauben, daß die Devisen, die von der westdeutschen Kirche kämen, keine Almosen seien, sondern Grundlage einer Konzeption, die Zone nicht am Leben, sondern in Abhängigkeit zu halten, was im Notfall, im Idealfall des Niedergangs der ostdeutschen Ökonomie, mit dem Entzug der Devisen beginnen würde (demnach eine Opferrolle, in die ich mich, wolle ich bleiben, zu schicken hätte, impliziere), und letztlich das Ende einer *Sozialromantik* bedeute, die ja doch nicht über den Horizont des einzelnen Willens gehe.

Damals interessierten mich die alten Bücher mehr als das, was mir die zwei Eleven auseinandersetzten. Außerdem verstand ich es nicht wirklich. Hätte ich es verstanden, wäre ich vielleicht beseelt davon und sicher verführt gewesen, es meinen Führungsoffizieren zu vermitteln. Jetzt, im Frühjahr 1980, stürzte ich mich in Zusammenhänge, denen ich, nun jedoch in Verbindung mit meiner Abgewandtheit, ein Etikett *Romantischer Einheit* aufklebte.

Nach der Auktion in der Erlöserkirche, zu deren Abschluß Christa Wolf, Franz Fühmann, Wolfgang Hilbig und Uwe Kolbe lasen, saßen wir mit Fühmann, den ich Jahre zuvor bei einer Lesung im Dresdener Kulturpalast als fetten Funktionär kennengelernt hatte und der jetzt nur noch Haut und Knochen in einer überdimensionierten dünnblauen Mantel-Welt aus himmlischeren Tagen war, in der Kirche und sprachen über etwas wie staatliche und nichtstaatliche Öffentlichkeit. Fühmann ging davon aus, daß die Mißverständnisse der Grund für die Mißverhältnisse seien. Ich habe seinen Ansatz als Paraphrase, in einer von oben nach unten funktionierenden Gesellschaft wenigstens Zeit, Bedenkzeit schindende Formel begriffen. Er hatte sich in *Sinn und Form*, der Zeitschrift der Akademie der Künste, und bei Verlagen für Dichter wie Hilbig und Matthies eingesetzt, und wir vervollständigten seine Liste zu nichts weiter als einem Unendlichen seiner Vorstellung von junger, unveröffentlichter Literatur. Natürlich hatte ich sein läuterndes Buch der Träume und Zusammenhänge *Zweiundzwanzig Tage oder die Hälfte des Lebens* gelesen und suchte in seinen kleinen, asketisch strahlenden Augen einem Durchblick zu begegnen, der mir seine fortgesetzte Enttäuschung aufdeckte. Er beauftragte Kolbe und mich, in seinem Namen eine Anthologie zusammenzustellen, um mit den Texten dieser Sammlung eine Grundlage in die Hand zu bekommen, die man, um Mißverständnisse auszuräumen, Verlagsfunktionären, »Kulturträgern« und Akademiemitgliedern für ein Gespräch, zum Beispiel über Mißverständnisse, anbieten könne.

Ich weiß nicht mehr, was Uwe Kolbe im Detail dachte. Aber wir machten uns keine großen Illusionen und glaubten, denke ich, beide nicht an Fühmanns Verständnis von Mißverständnis, das irgendwie mit einer Utopie von Kompetenz-Gesellschaft zusammenhing, die nirgendwo zu sehen war. Er hatte uns die Auslagen für Spesen garantiert, und wir machten uns an die Arbeit.

Es war keine Arbeit. Es war eine Funktion, eine politische, eine kulturpolitische. Ob jemand Autor ist, entscheidet die Zeit, die er mit sich durchhält, den eigenen Text aushält. Wenn er durch seine Position vom Text abfällt: um so besser. Wenn er seine Position dazu benutzt, seinen Text im Kreislauf unterzubringen, ist er von sich selbst korrumpiert. In einem ökonomischen System finden sich in jeder Generation Verleger oder Galeristen und irgendwann auch das Geld, das der angestauten Energie entspricht und sie freisetzt. In der DDR waren die Verhältnisse anders. Ob jemand Funktionär ist, entscheidet dieselbe Zeit, die, die er mit sich durchhält, die eigene Funktion aushält. Wer eine Funktion annahm, wußte von vornherein: es war

Eine Politische Funktion.

Ich begann eine Reihe von Lesungen unter der Überschrift *Kontraste* in der kleinen *Dresdener Weinbergsgemeinde* zu organisieren, in der natürlich auch die Autorinnen und Autoren auftraten, die Kolbe und ich für Fühmanns Anthologie ansprachen. Für mich waren Kontraste nur das, was das

Gemeinsame maskiert. In den vier oder fünf Veranstaltungen lasen Uta Mauersberger mit Uwe Kolbe, Katja Lange mit Peter Brasch, Gert Neumann mit Wolfgang Hilbig und Elke Erb mit Adolf Endler, Karl Mickel und Rainer Kirsch. Wie zu den Konzerten unserer Art-Punk-Band *Schwarz-Weiß* in Kirchen und Studentenclubs, bei denen wir mit Bert Papenfuß und Stefan Döring auftraten, druckten wir auch zu dieser Reihe originalgrafische Plakate, und ich versuchte, die Beteiligten für unsere Produktion von Malerbüchern zu gewinnen.

Eine der Wechselausstellungen im Leonhardimuseum war vom Künstler abgesagt worden, und ich schlug Wasja Götze, den Hallenser Popartisten und Liedermacher, für den freigewordenen Zeitraum vor. Dann stand ich zwei Tage lang in einer kleinen Setzerei in der Nähe des Dresdener Flughafens, um einen sogenannten Mangel an freien Kapazitäten bei der Arbeit an einem Faltblatt zu kompensieren. Ich fuhr nach Halle, um den Druck der Ausstellungsplakate zu besprechen. Wenn ein Plakat gedruckt und geklebt war, würde es der Verbandsbürokratie unmöglich sein, einen ihrer Schützlinge in die Lücke zu schieben. Ich organisierte, daß das Konzert, das Wasja Götze in der Küche am Arnimplatz gegeben hatte, auch im Leonhardimuseum stattfinden konnte. Alles in allem vielleicht ein Pensum, das von einem gut funktionierenden Büro mit ein paar funktionierenden Kommunikationsmitteln und einem Auto in einer freien technischen Infrastruktur nebenbei zu erledigen ist.

In diesem knappen Jahr nach dem Gefängnis schüttete ich alles, was sich in mir aufgestaut hatte, wie einen Kleber aus Gesetzmäßigkeit und Gesetzlosigkeit, aus Prüderie und Promiskuität, aus Verliebt- und Verlogenheiten, aus Lebenssucht und Sucht nach Kunst zurück in die – meinem etwas überlesenen Verständnis nach – klapprige Mechanik der von mir in totalem Ungleichgewicht empfundenen

Welt Als Wille Und Vorstellung.

Wie ich einerseits den Überblick darüber verlor, was gerade zu tun war und alles auf einer am Produkt wahrnehmbaren Zeit auffädelte, verlor ich andererseits die Angst davor, die Dinge nicht mehr zu überblicken. Die Maschinerie begann wie von selbst zu laufen, und nur, wenn etwas danebenging, sah ich mich etwas wie Wirklichkeit sehen. In der andauernden Anstrengung, alles in der Waage zu halten, zählte nur Unausgewogenheit.

Meine Führungsoffiziere waren mir gewogen. Nachdem ich meinen Arbeitsplatz in der Erlöserkirche aufgegeben hatte, bekam ich eine amtliche Vorladung ins Bezirksgericht, am Neustädter Ufer der Elbe zugestellt. Sie erklärten mir, daß sie von meiner Verurteilung gewußt hätten, nicht jedoch, daß ich die Haft angetreten habe. Hätten sie es nur gewußt, und warum ich denn nicht die Notfall-Nummer, die sie mir »Oder nicht? Doch, sicher! Auf jeden Fall« sei da etwas aus dem Ruder gelaufen.

Mein Antrag, als Kandidat in den Schriftstellerverband aufgenommen zu werden, war abgelehnt worden. Herr Faust erschien persönlich mit einer fast vollständigen Liste nicht unter meinem Namen veröffentlichter Texte für Rockbands und legte mir nahe, mich im Verband für Unterhaltungskunst zu bewerben oder für ein Studium am Literaturinstitut in Leipzig. »Nun gelte ich ja aber höchstwahrscheinlich wieder fünf Jahre lang als vorbestraft?« Ich vermutete, daß die innerbetriebliche Ordnung der Staatssicherheitsbehörde ein

Abbild der Bürokratie, wie ich sie kannte, war. Abteilungen für Wirtschaft, Politik und Kunst mit Schränken für Malerei, Musik und Literatur mit Schubladen für Prosa, Lyrik und Lieder mit Ordnern für Volks-, Rock- und Punktexte und mit Anlagen und Querverweisen zu Wirtschaft, zu Politik und zu Kunst. Und ich dachte, wenn sie jemanden im Visier oder auch wie mich, schon zehn Jahre im Kasten haben, muß ihr immer nächster Schritt doch der sein, die Wirklichkeit mit der Ordnung ihrer Bürokratie in Deckung zu bringen. Und bevor die Folien, die sie sich zurechtgedacht und zurechtgeschnitten hatten, nicht paßten, würden sie eine abbildende Übersicht, auf der sie ihre Arbeit beginnen könnten, nicht durchschauen. Ihr historisches Mißtrauen gegenüber allem, was dem Mehrwert abgeneigt war, war so groß, daß sie ihre Gesetze nicht als abzuleitende, sondern Grundlage der Volkswirtschaft verstanden. Die Produktion war das Wesen eines Fünfjahresplanes. Jedes Leben ließ sich nach einer gewissen Präfigurationsphase in sieben bis acht Fünfjahresplänen überschauen. Ein Mensch, vor allem ein Mensch, der ihnen und ihrem Weltbild gegenüber geöffnet war und dennoch für sie undurchschaubar blieb, brachte die Ordnung auf dem Schreibtisch durcheinander. Mehr nicht. Etwas war schiefgelaufen. Welcher internen Logik folgte, daß sie mich jetzt, fast zehn Jahre nach unseren ersten Kontakten, ich war siebenundzwanzig, zu einem Studium überreden wollten?

Es wäre ein schmeichelhafteres Spiegelbild, in das ich gern schaute, glaubte ich noch daran, meine Führungsoffiziere verwirrt und von einer Unschuld überzeugt zu haben, an die ich selbst nicht glaubte. Ich verachtete meine Verhältnisse, die mir immer mehr von außen beleuchtet, von einem kulturpolitischen Spotlight verfolgt schienen. Von meiner Position aus war es ein Leichtes, das Dunkle und die Schatten zu verwechseln.

In der unausweichlichen Kindheit zog ich mich, wenn mich das schlechte Gewissen belastete, mit einem Buch in den dem Zentrum der Familie, dem Wohnzimmer, entferntesten Raum zurück. Wenn ich in der Eiseskälte des Aborts ohne Heizung und auf halber Treppe gefunden wurde, galt die Geschichte, die Angelegenheit, über die es dann nichts mehr zu sagen gab, allgemein als erledigt. Nur während des Sommers wollte es mir nicht gelingen, mein Gewissen auf diese Art zu erleichtern.

Ich verachtete die Verhältnisse, von denen ich sehr genau spürte, daß ich in ihnen nicht zur Ruhe kommen würde, da ich selbst ihr schattiger Grund war, den ich zur Not hinter mir ließe wie eine letzte Legende, die ich ja doch keinem erzählen würde. Es kann nicht wahr sein, daß der, der sich selbst verachtet, auch der Weltverächter ist, im Gegenteil, er wird ihr, der Welt, eine Geschichte erzählen, die frei von dem ist, was er an sich verachtet.

Ich bin kein von überraschenden Verhältnissen überraschter Germanist, der in meinen alten Gedichten nach den Rudimenten des Gegenteils von Unschuld, Ungebrochenheit und Ursprünglichkeit suchen muß, um mich in dem, was mir fehlt, wiederzufinden. Das Ende *meiner* Geschichte ist nicht das Ende *der* Geschichte, und der Anfang einer Geschichte ist nur bedingt auch der meine.

Die Bedingungen waren die, daß ziemlich jeder, der sich irgendwie mit Kunst beschäftigte, davon ausging, daß man von Kunst leben könne. Das Material für das Kunstwerk wurde aus den allgemeinen Ressourcen gekratzt oder geredet und bedeutungsschwer oder spielerisch in den begrenzten Raum übersetzt. Wenn die Farbe, die Leinwände, die Instrumente und die Galerien, aus welchen Gründen auch immer, nicht zur Verfügung standen, traf es ins Herz der Existenz und war noch jedem Betroffenen die Frage nach dem Un-Wert eines Systems wert, das Ressourcen nicht ausreichend zur Verfügung stellt.

Im Grunde dachte auch ich nicht anders, nur daß ich kein Maler war, mir des Materials wegen nicht allzu viele Sorgen machte, und meine Souveränität aus der Immaterialität meiner Materie bezog, ohne mir allzuviel Illusionen zu machen. Von den Verlagen erwartete ich, da ich nicht im Schriftstellerverband war, kein Buch, und da ich kein Buch vorweisen konnte, erwartete ich nicht, in den Schriftstellerverband aufgenommen zu werden. Die vagen Hoffnungen Franz Fühmanns teilte ich zwar mit Uwe Kolbe und den fast vierzig Autoren, deren Texte wir nach ersten Gesprächen zu ordnen begannen, war mir aber nach den andererseits mit meinen Führungsoffizieren zum Thema dahingetröpfelten Stunden, in denen sie sich meinen harmonisierenden Erklärungen hilflos ausgesetzt sahen, sicher, daß von diesem Projekt nichts bliebe. Es versprach ein Familienprojekt zu werden, dessen totes Oberhaupt, der Staat, auf Wachstum durch Zellteilung gesetzt hatte und gewinnen würde.

Ich lebte noch halb in Dresden mit den Kindern, Eva und den Künstlern, die begannen, Texte in ihren Grafiken zu reproduzieren. Ich lebte schon halb und verschwiegen meine Liebe zu Wilfriede in ihrer Werkstatt in Berlin; und weil ich es nicht schaffte, ihr, nachdem sie sich uns geöffnet hatte, mehr als die Liebe zu gestehen, lud ich ihren Fayencen meinen Begriff von Produktion auf und meine Dresdener Malerfreunde zum Bemalen ihrer Keramik in ihre Werkstatt ein. Ich weiß nicht, was passiert wäre, wenn ich ihr gestanden hätte, daß ich für die Staatssicherheit arbeitete. Ohne zu wissen, was wird, konnte ich, auch wenn es völlig anders wurde, als ich dachte, nichts beginnen.

Der Aktionismus, in den ich meine Beziehungen übertrug, das Netz der Beziehungen, die sich darüber hinaus wie von selbst herstellten und in denen ich, durchaus namenlos, (der Name sollte unter den Gedichten stehen und nicht auf den Produkten), mich zu sonnen gewillt war, machten es mir in den konspirativen Wohnungen und antiseptischen Wohnzimmern mir fremder, unsichtbar bleibender und von meinen Führungsoffizieren als Patrioten an der unsichtbaren Front bezeichneter Familien leicht, das, worüber ich sprach, (von der Kunst mit offenem Ausgang in ein überschaubares Leben), Ich zu nennen. Ich meinte, von meinen eigenen Verhältnissen zu sprechen und sprach über Beziehungen, von denen ich annahm, sie seien ohnehin nur Figuren einer Inszenierung, für die allein ich stünde.

Jeder weiß, erinnert sich oder hat es im TV gesehen, wie die elektrische Lichterkette am Weihnachtsbaum ausgeschaltet wird. Der Vater hat das Sagen. Er schaltet aus, weil er, zumindest am Heiligabend, auch eingeschaltet hat. Wenn ich einmal einschalten will (im Winter ist es am frühen Morgen, wenn die Eltern noch schlafen, dunkel), muß ich der Reihe nach probieren, welche der zwölf oder vierundzwanzig Glühbirnen locker in ihrer Fassung sitzt. Nie würde er den Stecker ziehen. Immer dreht er eine der elektrischen Kerzen locker. Es ist eine kahle, keine dunkle Metapher. Das kollektive Bewußtsein anzuschalten wie die Reihenschaltung und mehr Ein- als Ausdruck der Selbstbehauptung. Nur das eine

Ich Ist Die Ausrede.

Zwei Wochen, nachdem ich das Gefängnis verlassen hatte, wurde im Leonhardimuseum – das kein Museum war, sondern eine winzige Galerie mit einem einzigen, wunderbar proportionierten Ausstellungsraum mit Oberlicht und einem Herrn Sonntag als Faktotum, immer im Wintermantel in einem bleiverglasten Erker sitzend – eine Ausstellung mit Gemeinschaftsbildern eröffnet. Die beteiligten Künstler hatten es, wenn auch ohne Nennung der Namen, geschafft, eines der zentralen Bilder der Malergruppe *Lücke Frequentor* aufzuhängen. Ein großes, graues, neotachistisches Querformat, links, im toten Winkel der Eingangstür. Ein Bild, das jeder kunstbeflissene Dresdener mit A. R. Penck identifizierte. Für die Ausstellung lieferten Kerbach und ich eine von einem Nachtgespräch über Kirchner und Kircher inspirierte Szene, zu der ich ein Gedicht direkt auf die Leinwand geschrieben hatte.

Ein Jahr später eröffneten wir im Leonhardimuseum die Dezennien-Ausstellung. Der Gedanke war, die drei Generationen jüngerer Dresdener Kunst in drei je zweiwöchigen Ausstellungen hintereinander zu präsentieren.

Der Eklat war vorprogrammiert. Die aus alten Türen aufgebaute und deshalb Türenausstellung genannte Präsentation meiner Generation, die ich mit einer Rede eröffnen sollte, zeigte surrealistische Erzählungen: Damoklesschwerter, letzte Walzer, Spiegelscherbendurchblicke in verschreberte Einzelzellen, Hühnerfütterungen im Lichtfadenkreuz, die

Dokumentation einer öffentlichen Türenverbrennung am Elbufer mit anschließender Verteilung der Asche vom Turm der Kunsthochschule über die Stadt und eine Waschgelegenheit mit grüner Seife in verdrecktem Wasser, für die ein rotes Handtuch bereithing. Einen Tag vor der Eröffnung wurde die Rede verboten. Ich schrieb sie und eine Strophe Hölderlins mit schwarzem Filzstift auf eine Türfüllung und wir hängten das Bild an die Wand.

Das zweite Dezennium fiel aus, da die Maler entschieden hatten, ohne die zwei Bilder Pencks nicht anzutreten. Die Funktionäre fürchteten einen nächsten Skandal und wollten die Ausstellung nicht nicht eröffnen. Es entstand eine zweiwöchige Lücke, in der die Galerie geöffnet war und die Bilder, ungehängt zur Wand gedreht, dort standen, wo sie eigentlich hängen sollten. Eine, auch ästhetisch reizvolle Konstellation, durch die das Publikum von den Kuratoren wie durch ein privates Atelier geführt wurde.

Ich überzeugte Heiner Müller, der bis dahin Lesungen konsequent abgelehnt hatte, mit dem einfachen Argument, daß, wenn er seine Texte in Dresden während unserer Ausstellung lesen würde, wir mehr und vor allem nicht nur das typische Publikum bekämen. Ich glaube, Arila Siegert, die damalige Primaballerina des Staatsschauspiels, tanzte in einer der Ausstellungen. Wir hatten versucht, mit einem vorangekündigten Rahmen von Veranstaltungen die Ausstellungen so zu sichern, daß sie von den Behörden nicht mehr abgesetzt werden konnten.

Nach den sechs Wochen und drei kuriosen Ausstellungen wurden Ralf Kerbach und Reinhard Sandner, die noch Studenten im dritten Studienjahr an der Kunsthochschule waren, veranlaßt, sich exmatrikulieren zu lassen. Sie wären verpflichtet gewesen, eine Genehmigung des Rektorats für die Ausstellungsbeteiligung einzuholen. Der verdeckte Handel, um die Situation politisch zu entschärfen, war, daß sie, nach einer Bewerbung im Verband Bildender Künstler, nach einer nur einjährigen Kandidatur aufgenommen werden würden. Cornelia Schleime, entweder weil sie bereits mit der Vorbereitung ihrer Diplomarbeit zu Gedichten von Marie-Louise Kaschnitz beschäftigt oder weil sie die Tochter eines ehemaligen KZ-Häftlings war, wurde stillschweigend gestattet, ihr Studium zu beenden.

Jeder versuchte irgendwie, mit einem Bein im Staat die Ernährung, das hieß, die vielleicht fünfhundert Mark, die nötig waren, zu erwirtschaften, um zusätzlich die Grenzen des angelernten, das heißt legalisierten, Mediums zu überschreiten. Helge, der Trompete spielte, zum Jazz und Tanztheater Verbindungen hatte und, wie ich, aus dem Druckgewerbe kam, gründete mit seiner Frau, der Englischlehrerin Angela, den Musikern Lothar Fiedler und Volker Palma und den Dichtern Michael Rom und Matthias Zeidler die freie Theatergruppe SUM. Der Komponist Lothar Fiedler verdiente sein Geld in einer Bluesband mit Hansi Noack, einem der wenigen Geiger in der Jazz- und Rockszene und, da Fiedler selbst schrieb, begann er die Literaturzeitschrift UND herauszugeben. Nach mehreren Auftrittsverboten nannten wir unsere Band *Vierte Wurzel aus Zwitschermaschine.* Cornelia Schleime, Christine Schlegel und Helge Leiberg bemalten in der Werkstatt im Prenzlauer Berg, wenn sie zu den monatlichen Lesungen in die Schönfließer Straße anreisten, die von Wilfriede für sie vorbereitete Gebrauchskeramik.

Den Punkt, an dem innerhalb einer Mechanik wie von einem Stichwort eine Lawine auslöst wird, nennt die Wissenschaft *tipping point.* Eine Art von Sinnteilung sprengt ein scheinbar sortiertes System, ein System auf Zeit wechselt den Aggregatzustand. Nach dem Ende bleibt kaum mehr, als die Mechanik an der individuellen Wahrnehmung oder die sich überlebten Funktionsträger auf ihre Fehler hin abzuklopfen. Die mit der Geschichte beschäftigten Wissenschaften neigen, da es um Steuergelder geht, zur Tragödie. Shakespeare (ich bin Oxfordianer) wußte, wovon er schreibt. Westdeutsche Historiker, als staatlich subventionierte Touristenführer, also Stratfordianer, wissen es nicht. Sie sind Funktionsträger eines Systems, das im zusammengebrochenen eingebrochen ist. Ich erwarte von ihnen nicht, daß sie wissen, auch wenn sie zuvor ihr Brot als Staatssekretäre im BRD-Außenministerium oder ostnahen Feuilleton verdient haben, was sie, außer weiterhin ihre Brötchen zu verdienen, tun.

Weil Uwe Kolbe und ich in Dresden mit Franz Fühmann ein privates Gespräch über die Literatur einer Generation geführt hatten, begann die Staatssicherheit auf Veranlassung des Politbüros ein Jahr später die imaginäre Familie (war es das, was ich mir für mich wünschte?), wie man so sagt, auseinander zu dividieren.

Weil Frank-Wolf Matthies, der nach seinem zweiten, bei Rowohlt Reinbek erschienenen Buch mit seiner Familie gezwungen war, in den Westen auszureisen, Eckehard Maaß von einer Lesung in seiner Wohnung ausgeladen hatte, installierte sich zwischen Nudelsalaten und Keramik eine Lesereihe. Weil die zum Teil aus Berlin stammenden Maler, die in

Dresden studiert hatten, die waren, die bei der Kunsthandwerkerin Wilfriede Gebrauchskeramik bemalten – und von dem nun nicht mehr nur auf Märkten, sondern auch in Galerien verkauften Geschirr leben konnten – und die literarischen Texte ihrer Generation in Originalgrafiken und Künstlerbüchern veröffentlichten, hoben sich die künstlichen Grenzen zwischen den staatlicherseits festgelegten Genres auf. Weil es den jüngeren Autorinnen und Autoren nicht mehr genügte, in Kirchengemeinden zu lesen, vor einem Publikum, gekleidet in die linnene Palette von Violett, und vor einer Kunst, die in einer Mischung von Chagall und Hundertwasser Barlachs Seele reinkarnierte, weil sie mit den Malern musizierten, die selber schrieben oder Reden zu deren Ausstellungen hielten, die wie die Lesungen in Wohnungen und Ateliers eröffnet wurden, deshalb bewegte sich etwas, was keiner von denen, die damit zu tun hatten, Bewegung genannt hätte, oder wie ich, Familie.

Ich wollte die Veränderung, war aber unfähig, den mir von Fühmanns *Zweiundzwanzig Tage oder die Hälfte des Lebens* gebliebenen Begriff der Verwandlung zu begreifen. Ich war maßlos beeindruckt von der Radikalität seiner Selbstbetrachtung, mit der ich meine Führungsoffiziere überschüttete, indem ich ihnen ausführte, daß der freie Wille des einzelnen, der Wille zu gehen oder zu bleiben, zu reisen oder nicht, zu veröffentlichen – hier oder dort, Mitglied von irgendwas oder sozialversichert beim Ehepartner zu sein, nur ihrer Duldung und keineswegs ihrer Förderung bedürfe.

Immer das andere wollte ich sein, aber nur, um das eine zu sehen. *Doch fester ward mit jedem Tage / Das liebe*

Band um unsern Strauß, / Und immer lauter ward die Sage, / ein blinder Knabe wär im Haus. Aber bis dahin sollte jede mögliche Berührung Gedicht werden. Ein Transportmittel in die sicherere Hälfte der Kindheit: die Flucht aus dem Text: *Einst zeigt auch deine Uhr das Ende dir der Zeit.* Das Gedicht war nicht die Schwelle, hinter der die Flucht endete, es war die Flucht selbst. Ein beendetes Gedicht bedeutete das Ende der Flucht. Die Flucht sollte ein Treppenhaus sein können, das in Wohnungen endet, die sich an mich erinnern und mir ein weiteres, hinteres Treppenhaus unter das Dach wie zum Keller öffnen würden:

Da sah ich sie dann in ihrer privaten Ethik und Moral, wie vereinbart, betrügen und schlagen, totschlagen, ein neues Haus bauen (am Stadtrand) und neue Möbel kaufen, neue Bücher anschaffen, den eigenen Namen in die neuen Bücher schreiben (Widmungen wie Verwünschungen) und den Namen zerreißen, totreißen, ihre Söhne und mehr noch ihre Töchter lieben, ihre Eltern lieben wie ihren Staat einst, das Vertrauen verlieren, an nichts glauben und hoffen, nur lieben wie zur Arbeit wanken, zur Arbeit am Kunstwerk und zum Ficken wanken, totficken, (Selbstvertrauen), von Selbstmord reden, sich wahnsinnig reden und sich erklären, die eine Frau beim Namen der anderen Frau nennen, sich Untertassen und Stühle durch geschlossene Türen werfen, nach Ruhe brüllen, damit die Kinder sich nicht erschrecken, Totschrecken, mit mords Gedanken, mit mörderischen Gedanken und Mordgelüsten, (Träume, totschreiben) mit zitternden Händen, mit flackernden Augen und Schweißausbrüchen, mit ohne Paß und mit Paß, mit Anträgen und ohne Anträge, die Kindernummer mit Daumenlutschen, die Erwachsenennummer mit der Serviererin nach Ladenschluß und die Greisennummer mit »Uns reißt nichts mehr auseinander« und die schwarzen Peter mit der ungeraden Schicksalszahl wie ein Klumpen im Hals der Nacht nach der Party, die artistische Nummer, die Geheimnisse und die Schönheit daraus, die häßlichen Geheimnisse und die Geheimnisse, die nie welche waren. Ich sah sie im Vorbeigehen (in Löbtau und Köpenick und Steintor Vorstadt, in Rothensee und Giebichenstein und Gohlis, in Kapellenberg, in Jena-West), aus der entschiedenen und der erzwungenen Distanz, aus ihrer Distanz, wie ich heraustrat aus ihnen und floh vor mir selbst, die verkeimten Treppen hinauf und hinunter, die geil glänzenden Klingeln und Fahrstuhletagenknöpfe und Alibis

Wie Selbst Tötungen.

4.3

Ich schließe die Augen. Mein Wille zur abgeschlossenen Geschichte. Der Fernseher läuft schon. Hinter dem ersten Hinterhof, hinter Wilfriedes Werkstatt, ein paar Kammern, die wir langsam in die Lagerräume schälen – der dunkle Gang zu einem Raum, der das Leben von der Arbeit abtrennt, freischaufelt, frei von den Ateliers der Malerfreunde oder den Gästezimmern der Diplomaten in der Leipziger Straße. Der Fernseher läuft weiter. Die Gewalt des Kameraauges brennt sich hinter die geschlossenen Lider, hinter die Lichtblenden. Subjektive Kamera auf ein im Hintergrund ablaufendes Programm gerichtet. (Die Entfernung ist absorbiert. Ein kurzer, ein herzberuhigender Verwacklungseffekt. Nicht das blinde Mangan der ersten Video-, sondern das rauhe lichtschluckende Schwarz der Schweizer Ariflex.) Wie im Gleichgewicht mit der Gewalt des Erzählten. Regieanweisungen für den Zuschauer, Muzaks, verpackt in den Dialogen. »Drehen Sie sich nicht um! Tun Sie so, als würden Sie mir etwas ungeheuer Witziges erzählen! Nein, die andere Richtung!« Aufblühendes Lachen, flüssig und fest, das Label *Black Label*. Als wäre das Ohr ein hohler Kristall und die Liebe nur ein goldenes Getränk, von klirrenden Eiswürfeln verwässert. Ich halte die Augen geschlossen. Das Unsterblichkeitsflair der Besatzung einer Fernsehserie mit abgeschlossenen Episoden. Fin. End. Ich schalte um. Der Dialog läuft weiter. Wenn ich die Anweisung für sich nehme, bleibt es dann ein Gedicht, oder wird es dann ein Gedicht.

Dreitausend Seiten Gedichte hatte ich in den letzten über zehn Jahren aufgezeichnet. Papier, weiß wie Schnee, holzfreies Papier. Und wenn es der routinierte Zufall wollte, ging da ein Mensch und kein kahler Baum, gemalt wie die Psyche eines Besenstiels, durch das Gedicht, wie durch den Winter, der mich abgelenkt hatte von mir, den ich eiskalt betrachten zu müssen meinte.

Ich lag vor dem Fernseher, den ich nicht mehr einzuschalten brauchte – die Zukunftsangst und die Angst vor der Vergangenheit spielten Quartett mit mir –, da ich Angst hatte, ihn auszuschalten. Angst davor, kein Meister-des-Zwischen-den-Zeilen-Lesens zu sein. Ich wollte mich nicht in den Lükken lesen. Die Vexierbilder auf der Brandmauer gegenüber gedämpft vom Papier sonnenmatter Jalousien, deren Verszeilen ich versuchte mit meinen Wachträumen zu brechen. Die Wahrheit (»Es liegt in der Natur der Sache.«) nur der eigenen Stimme. Weg mit ihr. Dann spricht die Wahrheit wieder eine Sprache ohne Gewalt. Das Ding – das Gedicht – ist eins, von dessen Wirkung ich etwas spürte, wenn Wilfriede sich zwischen die Ferne und mich stellte, das Zimmer – mich – von innen abschloß, um die Werkstatt geöffnet und unser Leben am Leben zu halten, und alles andere als eine Geschichte von mir verlangte, die – keine eigene – ich ihr dann doch erzählte, für das gute Ende.

Die fünf Programme, die drei westlichen und die zwei östlichen, die in Berlin empfangen werden konnten, blieben angeschaltet und flackerten mir durch den Schlaf. Die unaufhörlich abgeschlossenen Geschichten. Das *happy end*, das plötzlich am Rand der Nacht lauert, verliebt in die Träume, überstrahlt meine Träume, endlich und fortsetzungshungrig zugleich. Hunger, nicht Gier, Vakuum, nicht Überschuß. Nur nicht einschlafen:

Nicht Aufwachen Müssen.

Bert Papenfuß und ich setzten uns vor den Fernseher und schrieben ein Fernsehspiel fürs Theater. *flucht nach vorn* (wir hätten es auch *Aktuelle Kamera* nennen können, wie die Neunzehnuhrdreißignachrichten des DDR-Fernsehens). Zwei Paare, Erich und Ursel, Er und Sie. Zweimal fünf Szenen Selbstvernichtung, während Gegenstände, die ausgesprochen werden, vom Himmel auf die Drehbühne nieseln. Das gnadenlose Auge, das sich abwendet vom Auge des anderen. Die Dialoge hatten wir nach dem System des Spiels *Stadt, Land, Fluß ...*, von einem TV-Programm zum anderen schaltend, aus dem gasförmigen Weltmüll abgeschrieben.

Paul Gratzik und Heiner Müller hatten meine Gedichte an Gabriele Dietze weitergegeben, die als Lektorin im Westberliner *Rotbuch Verlag* arbeitete. Außer ihnen veröffentlichten bei Rotbuch Helga Novak, Thomas Brasch, Kurt Bartsch, Karl

Mickel, Stefan Schütz und Erich Köhler. (Eigenartigerweise alles Dramatiker.) Gratzik und Müller kamen wie Christa und Gerhard Wolf, Franz Fühmann, Volker Braun, Elke Erb, Rainer Kirsch, Adolf Endler und seltener Klaus Schlesinger, der mit einem Dauervisum für den Westen in einem besetzten Haus in der Potsdamer Straße lebte, zu den Lesungen in die Schönfließer Straße. Im Sommer 1981 traf ich mich mit Gabriele Dietze für ein erstes Lektorat im Freibad Pankow.

Während sie das nächste halbe Jahr aus einem chaotischen Konvolut von Manuskripten und nicht überschaubaren Varianten selbstverlegter und illustrierter Editionen, meinen ersten Gedichtband *jeder satellit hat einen killersatelliten* zusammenstellte, der 1982 erscheinen sollte, war ich beschäftigt, meinen Dresdener Führungsoffizieren, die von ihrer Berliner Zentrale informiert worden waren, daß das andauernde Projekt der Fühmannschen Akademie-Anthologie auf dem Tisch des Politbüros für Verwirrung gesorgt habe, zu erklären, daß Verwirrung nicht unbedingt das Gegenteil dessen wäre, was beabsichtigt sei.

Nach Berlin, *Nach Oben*, hatten die Dresdener retourniert, daß sie eben den dicken und treuen Fisch an der Angel hätten, der den intellektuell heißblütigen Schwarm hinter sich her ins Netz zöge, und also auch in flache Gewässer, die nicht allzuviel Wellen schlagen würden. Der Staat schreibt keinen *Wilhelm-Meister-Roman*, er versucht sich, das Muster vor Augen, an einem *Afterdingen*, der mit dem Tod des Autors abbricht. Hätte ich vor zwanzig Jahren wirklich gedacht, ich sei ein Fang und der unverzichtbar eine, wie der einsam aus dem abgeholzten Forst aufragende Wasserzieher, ich hätte ihnen kaum, wie der Knabe im farngefederten deutschen Wald von *Masse und Macht*, die Wange am Stamm der Heimat, vierzig diffuse Charakteristiken hehren Autorentums auf der Suche nach einem gemeinsamen Nenner in den Recorder diktiert.

Ich war, bei aller Klaustrophobie, die ich, heute würde man sagen, aus dem gemütlichen Stadtknast Luckau in meine frei entschiedenen Beziehungslosigkeiten eingeschleppt hatte, dennoch unfähig, die Dinge von oben herab oder von unten herauf zu sehen, mich von mir selbst zu distanzieren. Vielleicht war ich bedeutend und bedeutungslos. Vielleicht bedeutete ich Wilfriede gleichzeitig alles und nichts. Vielleicht bedeuteten mir Gedichte gleichzeitig alles und nichts. Vielleicht war alles nur eine bedeutungslose Ferne wie ein bedeutendes Nichts.

Ich lag da, wie vor dem TV, mit geschlossenen Augen, sah, daß die verführerischen Standards, zur West- wie zur Weltkunst passend, nichts mit Erinnerung zu tun hatten und entnahm ihnen Anweisungen. Und es blieb mir nichts übrig: Kein Gedicht, kein poème trouvé, keine noch so lächerliche Wirklichkeit, zu der die lächelnden Tanten in der Erinnerung längst avanciert waren. Und ich brauchte keine Anweisungen, um meinen Führungsoffizieren eine Wahrheit abzuliefern, die, wenn ich die Augen öffnen würde, nur noch von Gewalt, von Lüge, von Verrat, Selbsterniedrigung, Gleichgültigkeit und Flucht handelte.

Ich setzte die Brille wieder auf, am Strand unter der blendenden Steilküste von Ahrenshoop, wo wir die Sommer im Haus von Wilfriedes Mutter verbrachten, und sah unsere Kinder und die der Freunde und die der Bekannten und die der Bekannten von Bekannten, wie sie uns zusahen, wie sie Katzen wurden, wie sie zu Aufklebern unseres freikörperkultivierten, freigeistigen Entwicklungsromans mutierten, wie ihre Angst vor dem, was sie sahen, sie klug und klüger, hungrig und hungriger machte.

Ich ertrug es nicht, eine Beziehung, von der ich spürte, daß es keine war, zu beenden. Ich glaubte an die Angst, wenn auch die eigene, als Motor einer Beziehung. Angst war etwas Äußeres, das man in sich hineinfressen mußte. Ich sah mich fressen. Ich sah mich politische Begründungen dafür, daß einer geht und einer bleibt, in mich hineinfressen. Ich sah mich interessiert an Politik wie an politischen Witzen. Ich sah mich Heiner Müller zuhören, der mein Interesse am Leben eines lebenden Autoren am Beispiel einer politischen Farce über einen toten Autoren zu wecken versuchte – ein Zeitzünder, der unter dem Namen Dieter Schulze durch die Szene schwirrte. Ich war überheblich und unverletzlich, unterwürfig und unverletzlich. Ich wollte mich anpassen, begreifen – anfassen, fressen –, mir beim Gefressenwerden zusehen, zuhören, mir zuhören wie dem, was ich dem Menschpaar Staatssicherheit mir gegenüber, in diesen sich fremden Wohnungen an den ausgefressenen Stadträndern Dresdens, bedeutete.

Was bedeutete ihnen die Feigheit, die ich Angst nannte, meine Angst davor, in den Arsch gefickt zu werden. Oder, verletzender, Zeuge zu sein, wie jemand, der ich sein könnte, in den Arsch gefickt wird? Aber ich will mich nicht wiedererkennen müssen, wenn es soweit ist. Ich weiß, wie meine Stimme klingt, auf den Diktiergeräten der Führungsoffiziere, die sie kurz mal zurückspulen und ablaufen lassen, bevor sie die Kassette umdrehen.

Ich sitze in der muffig knarrenden zweiten Etage einer grauverputzten, von der Stadt überfahrenen Dorfstraßenfront. Hinter den vergilbten, waschmittelsteifen Stores streifen die leeren Wagen der kreischenden Straßenbahn den Vormittagsdämmer des Zimmers. Niemand verläßt auf diesem Wege, um diese Zeit die Stadt.

Die an die Staatssicherheit vermietende Mieterin ist zur Kur, der *Zweite Mann* und Vorgesetzte von Ich-weiß-nicht-wie-er-hieß-und-aussah im verdienten Jahresurlaub. Mein Spanner hat die Fotos, auf denen ich die Gäste einer Vernissage der Bonner Vertretung in Berlin identifizieren soll, während sie über wenige einladende Stufen das exterritoriale Gebiet betreten, an seinem Arbeitsplatz liegenlassen. »Ich fahr sie schnell holen.«

Ich spule das aufnahmebereite Diktiergerät zurück und höre eine der meinen ähnliche Stimme jenen Text sprechen, den ich in einer halben Stunde sprechen werde. So oder so ähnlich. Bin ich das? Ich könnte es sein. Ich bin es nicht. Ich erkenne die Stimme. Sie bricht ab. Eine zweite Stimme, wie unter dem Text der ersten hervorbrechend. Ebenfalls nicht meine Stimme. Wieder erkenne ich sie und wieder den Text. Ich öffne die Augen: Gewalt.

Als Ich-weiß-nicht-wie-er-hieß-und-aussah zurück ist und seine Technik so umständlich einzurichten beginnt, daß ich sie ihm aus der Hand nehmen will, ihm helfen möchte, muß ich kotzen; »Der Weinbrand. Wo kann ich hier in Ruhe mal kotzen?« »Die Auslese?« »Die Stimme ist weg«, im Hals steckengeblieben.

Wie bei Uwe Kolbe, als er seine zwei Gedichte lesen wollte in der schwitzenden, kollektivierten Küche, bis Papenfuß sie ihm aus der Hand nahm und vorlas, so wie man sich Friedrich von Hausen vorstellen würde: das Erhabene mit dem Jazzbesen gekitzelt.

Später habe ich immer gefragt, ob die Kassette wirklich leer sei, bevor ich ihnen erzählte, woraus ganz sicher keine Gedichte werden würden. Und sie ließen es sich erzählen. Sie waren selten ungeduldig. Wenn ich nicht nach Dresden kam zur verabredeten Zeit, zum verabredeten Treffpunkt, schickten sie Telegramme, die mich einluden, zu einer Probe ins Theater zu kommen, wenn es irgend möglich wäre. Sie teilten mir mit, daß aus der Anthologie nichts würde. Sie rieten mir, auch wenn ich das Gegenteil versprach, mich von Unterschriftensammlungen und Demonstrationen fernzuhalten. Sie redeten mir zu, Kerbach, der einen Ausreiseantrag gestellt hatte, zu überreden, ihn wieder zurückzuziehen.

Sie teilten mir ihre Ansichten darüber mit, wo einer beginne, ein Systemgegner zu sein, und wo er ende. Wenn ich vor ihnen ausbreitete, daß ein wirklicher Kommunist selbstverständlich Systemgegner sein müsse, war ihnen natürlich klar, daß ich durchaus verstand, was sie meinten – einen Staatsfeind. Und sie hatten recht, auch wenn sie es nicht so eingrenzend und vorsichtiger formulierten.

Sie sagten, sie hätten nicht gewußt, daß man mir ein Exemplar des fertigen Manuskripts im Zug nach Rostock aus dem Abteil gestohlen hatte. Sie wüßten nicht, ob Kolbes Vater, der plötzlich, während wir über der Schlußdramaturgie der Anthologie saßen, überraschend seinen Sohn im Prenzlauer Berg besuchte, mit »unserer Sache« zu tun habe. Ja, sie hätten gehört, er sei für sie im Verlagswesen tätig, würden sich aber auf jeden Fall noch einmal sachkundig machen. Sie konnten nicht wissen, daß Konrad Wolf – der amtierende Präsident der Akademie der Künste – mir bei einem Treffen in Babelsberg, um das er mich überraschend gebeten hatte, ebendieses Manuskript wieder in die Hand drücken würde. Jeder Insider wisse ja, daß der große Bruder von Konrad Wolf das große Tier der HVA [35] war, so wie wohl jeder wisse, daß nicht nur der kleine Biermann und nicht nur hinter den Kindheits-Kulissen seiner Hamburger Zeiten mit seiner großen Nennschwester Margot (verh. Honecker) gekungelt habe. Sonst, da könne ich sicher sein, wäre die Sache ganz anders gelaufen. Nur sie wüßten wie immer von gar nichts. Nicht, was Konrad Wolf und Franz Fühmann, der wie üblich von *Mißverständnissen* sprach, miteinander sprechen, nicht, was in Berlin vor sich gehe: daß Katja Lange-Müller, Peter Brasch, Uwe Kolbe und ich uns so nahe wie möglich an die Arbeitsstätte des literarisierenden Staatssekretärs Höpke, der in der alten *Berliner Münze* residierte, vorgekämpft hatten, um beim Pförtner einen Protestbrief durch das Schiebefenster falten zu können, von dem meine Führungsoffiziere nun gerne wissen würden, was in ihm stünde; und sie wüßten nicht, ob die Berliner es gerne sähen, wenn ich jetzt, da ich nach Berlin umgezogen sei, weiterhin in den alten Dresdener Kreisen verkehre.

Sie wußten, daß die Berliner »Genossen« sie gebeten hatten, mir mitzuteilen, daß ich mich von Berlin fernhalten solle, übergaben mich aber keinen Gedanken später, eines schönen Namenstages, den die Akten *Fritz Müller* nennen, im Hochsommer 1982 in einer konspirativen Wohnung in der Grillparzerstraße ihren zwei Berliner Pendants. Aus der klotzigen Unauffälligkeit hinter Cottaer Klinker war ein paar Jahre zuvor Cornelia Schleime ausgezogen, und dort, wo ihre

Staffelei gestanden hatte, saßen mir jetzt die gegenüber, die später als Oberst Reuter und Major Heimann ihre Laufbahnen beendeten.

Ich habe nie spekuliert, ob und wie die Fühmannsche Anthologie realisiert worden wäre, wenn ich nicht oder wenn ich besser für die Staatssicherheit gearbeitet hätte. Ich war ein Herdentier mit Angst vor Einsamkeit und Angst vor Berührung. Existentiell verstand ich mich, wie ich, wenn ich sie las, Texte von Elke Erb verstand, als unverständliche Wesen, die um Selbstverständnis ringen wie um eine Voraussetzung. *Selbstverständlich* allein in der Idealkonstellation, da sie sich schreiben und lesen zugleich. Der Schreibende, der sich in die Welt einliest, der Lesende, der sich anhand dessen in die Welt einschreibt.

Mein erstes Buch war inzwischen erschienen. Etwa siebzig Gedichte mit Zeichnungen von Ralf Kerbach. Das *Amt für Urheberrechte* in der Clara-Zetkin-Straße – schräg gegenüber vom Ostberliner ZDF-Studio – in Wirklichkeit eine Zensurbehörde für Veröffentlichungen im Westen, war meinerseits, da ich es eulenspiegelhaft beim Wort zu nehmen gedachte, im nachhinein vom Erscheinen des eher schmalen Paperbacks informiert worden, um jene Rechte, die ich, da ich im Westen abwesend sei, nicht selbst vertreten könne, für mich wahrzunehmen.

Ralf Kerbach und ich hatten dem *Rotbuch Verlag*, der eine Serie literarischer Reiseführer plante, vorgeschlagen, für diese Reihe den DDR-Part zu übernehmen. Da wir nicht wußten, wann Kerbachs Ausreiseantrag genehmigt werden würde, baten wir die alternativen Götter im Westverlag um

Geschwindigkeit und um Geld und fuhren im Sommer 1982, vertraglich abgesichert, mit Baedeker, Reiseschreibmaschine, Skizzenblöcken, Campinggestühl und einem Vorschuß von eintausend D-Mark, die wir in fünftausend Ostmark verwandelt hatten, im klapprigen МОСКВИЧ des Pfarrerssohnes Egon, der als Tontechniker, Kraft-, zur Not schwarztaxifahrender Privatgalerist und IM arbeitete – und damit für diese Reise doppelt finanziert war: vom Verlag und von der Staatssicherheit –, sechs Wochen durch die DDR.

Wir sahen, daß das Land kleiner war, als wir gedacht hatten: Das kilometerlange deutsche Niemandsland, die kilometerbreite, sondergenehmigungspflichtige Sperrzone, die lückenlosen Carbonlampen-Schwenks über die nächtlichen Strände der Ostsee, der mehrere Kilometer ins Landesinnere überwachte Sicherheitsbereich, die Manöver und Militärgebiete, die russischen und die deutschen, die mit Stacheldraht eingezäunten Staatsjagden und Wochenendgrundstücke der Regierung machten das Land kleiner als den Staat auf den Landkarten. Wir fuhren eine sechstausend Kilometer lange Spirale auf Berlin zu, übernachteten bei Menschen, die sich in den verbliebenen Zwischenräumen ihre alten Handwerken hingegebene Innerlichkeit möblierten, für den Sommer, für den Rest des Lebens, für die Herstellung ländlicher Sehnsüchte, die in den Städten auf Wochenendmärkten verkauft wurden, für Staatsaufträge, Ateliers inklusive, für eine Übergangszeit in halbverfallenen biedermeierlichen Pfarrhäusern oder, um sie zu restaurieren, in mecklenburgischen Schlößchen. So stießen wir auf Ortsnamen wie *Philadelphia* und eine Fernfahrer-Raststätte nahe der polnischen Grenze, die sich *Buenos Aires* nannte.

Wir verabschiedeten uns am 23. August in Berlin, und einen Tag später, an meinem Geburtstag, stand Kerbach – der bei seiner Ankunft in Dresden die postalische Aufforderung erhalten hatte, die DDR innerhalb der nächsten zwei Wochen zu verlassen – wieder in Wilfriedes Werkstatt, um sich zu endgültig verabschieden.

Ein Vormittag, kurz vor dem Ende der Sommerferien, Wilfriede war mit den Kindern noch in Ahrenshoop, wohin ich eben abreisen wollte. Eine leere Stadt, eine leere Werkstatt. Eine eigentlich ideale Leere, die anderen längst geläufig sein mußte, um sich zu ordnen. Wenn der erste aus einem Freundeskreis geht. Die Bitte, daß man sich um die Auflösung des Haushalts und um das *Transportgut* in den Westen kümmert. Dann kommen ein paar private Sammler und die zwei oder drei mutigen Kuratoren, die für staatliche Museen und Archive einkaufen. Der legale und soziale Deckmantel über dem dissidenten Bewußtsein. Dann schießt man noch eine Serie Fotos, kauft Ölfarben Marke *Rubens*, Leinwand und Skizzenbücher. September. Stadt und Werkstatt sind wieder voll und der Kopf ist leer. Dann geht es zum Grenzübergang, S-Bahnhof Friedrichstraße, zum sogenannten Tränenpalast – daß der U-Bahnhof unter alledem zum Westen gehört, kann man Dresdenern oder New Yorkern schwer erklären –, und schon beginnen die nächsten zu packen. Waren es Leibergs? Die Kinder, der Haushalt, das Atelier.

Weil die nach Charlottenburg oder Kreuzberg ausgereisten, übergesiedelten, umgezogenen Freunde jetzt plötzlich Frühaufsteher geworden sind, füllen sich die Vormittage mit Telefonaten. Wilfriede ist Langschläferin. Ab Mittag hatten wir ununterbrochen Gäste: Die große Familie Wilfriedes, die sich von Ahrenshoop und in der zweiten und dritten Generation von Berlin ausbreitete, die Künstlerinnen und Künstler, die in der Werkstatt die von Wilfriede gedrehte Gebrauchskeramik bemalten oder frei aufbauten, die Autorinnen und Autoren, mit denen ich an Künstlerbüchern arbeitete, die ich in einer Siebdruckwerkstatt in Cottbus herstellen ließ und selbst zusammennähte oder -klebte, die Freunde, die nur mal kurz telefonieren wollten, oder einen Tee trinken, oder eine Ausstellung mit Lesung oder Konzert in ihren Wohnungen in Leipzig oder Magdeburg vorbereiteten. Die Herausgeber von Lyrikanthologien aus Westdeutschland, die Herausgeber und Autoren literarischer Zeitschriften aus Westdeutschland, die Germanisten aus Westdeutschland, die Studenten und Studentinnen der Germanisten aus Westdeutschland, die freien und freien-festen Mitarbeiter von Rundfunk und Fernsehen aus Westdeutschland, die Galeristen und Kunsthistoriker aus Westdeutschland, die Künstlerinnen und die Künstler aus Westdeutschland. Die vielen, die kein Telefon hatten, die vielen, die in der Werkstatt mit Wilfriede oder mir arbeiteten, die vielen, die nur mal so vorbeikamen, und die vielen, die ihr Weltbild abrunden oder an der Abrundung ihres Weltbildes verdienen oder den Überschuß, den sie sich daraus erwirtschafteten, in Literatur und Kunst oder in Keramik und Kunst, am besten in Tassenform, anlegen wollten. Die diplomatischen Vertreter aus Westdeutschland, Frankreich und Amerika und ihre Frauen und Kinder, Hunde und Freunde und die Freunde der Freunde, die Eintagsfliegen, die ihre fünfundzwanzig D-Mark Zwangsumtausch ebenfalls in Tassen und Untertassen investierten. Die kleinen, große Geschäftsideen ausbreitenden Nassauer wie David Applefield. Die Kofferräume, in denen wir Grafiken und Manuskripte, Tonbänder, Videokassetten, Malerbücher, zusammengerollte und -gefaltete Leinwände und, wie bei Kerbachs Ausreise im September 1982, all das unterbrachten und nach Westberlin fahren ließen, wovon Kerbach annahm, man würde es ihn nicht ausführen lassen.

Der Maler Wolfram Scheffler, der von Leipzig nach Berlin, auf unser Küchensofa umgezogen war, und Cornelia Schleime, die auf die Genehmigung ihrer Heirat mit Kerbach (was eine sofortige Ausreisegenehmigung bedeuten würde) wartete und stundenlang, während sie Keramik bemalte, von Westberlin zurückgerufen wurde, weil von dorther ein subversiv geringer Stadttarif galt. Mita, eine Nichte Wilfriedes, die mit ihrer Punk-Band im Keller unter unserer Werkstatt probte, und ihr dokumentarfilmender Vater aus Caracas, der nebenher mit Waffen für die Sandinisten in Nicaragua handelte. Swanhild, die Schwester Wilfriedes, die nach Guinea-Bissau geheiratet hatte und einmal jährlich versuchte, sich mit ihren Kindern vom Auf und Ab der Hafen-Direktor-Karriere ihres Mannes zu erholen.

Die Musiker von *Schleim Keim* und *Rosa Extra*, mit denen wir eine Platte für das Kreuzberger Label *Aggressive Rockproduktion* vorbereiteten, die ständig wechselnden Musiker von Peter Gläsers *Cäsars Rockband* aus Leipzig, für die ich Texte schrieb, die musizierenden Maler und malenden Musiker aus Magdeburg, Halle oder Weimar. Die nur kurz Durchgeknallten, die manisch-depressiv sich einfach nicht Verabschiedenden, die ihre Aggressionen, abgeschaut aus dem Fernsehen von den blutigen Performances der *Wiener*

Aktionisten, auf die bleiglasierten Gefäße Wilfriedes übertragende Avantgarde, die mit unseren Tassen und Gläsern, voll oder leer, werfenden Dichter und Denkerinnen, wie Dieter Schulze und Gabriele Kachold.

Ich sehe nur noch Gebärden, einen gestischen Haufen, ein Knäuel Tageszeitlosigkeit, aus dem ab und zu eine oder einer sich aufrafft in eine Hoffnung, die irgendwann, demnächst keine mehr sein wird, weil die Anträge genehmigt werden.

Einer Nach Dem Anderen.

Ich weiß nicht mehr, um was es ging. Ich höre nichts mehr von dem, was gesprochen wurde. Ich habe keine Technik, keine Ausbildung, die Ungereimtes hochzuholen vermag. Ich habe ein paar Notizen, die Gedichte werden wollten, ein paar Fotografien von Helga Paris, Harald Hauswald, Thomas Florschuetz und Heike Stefan, eine Hoffmanns-Reisstärke-Erinnerungs-Kiste voller Kleingrafik, übermalte Postkarten und Schnappschüsse, die Klaus Staeck bei seinen Stippvisiten im Osten hinterlassen hat.

Ich bin mir selbst genug, wenn ich im Schrottplatz dessen wühle, was ich in meinem Gedächtnis angehäuft habe. Es macht in dieser Chronologie keinen Sinn, etwas zu erklären, indem ich die einzelnen Figurationen versuche aus dem Datensalat zu rekonstruieren. Ich versuche mir das Muster einer bestimmten Funktion wachzurufen. Ich war ein Funktionär. Vielleicht auch im Widerstand gegen mich selbst, der ich mich nicht als Funktionär begriff. Aber ich wußte von der Funktion. Ich war nicht gespalten wie jene, die in Stammkneipen wie dem *Wiener Café* in der Schönhauser Allee oder im *Mosaik* an der Prenzlauer Allee saßen und darauf warteten, nach

Feierabend die Bedienung zu ficken. Vielleicht hatte ich keine Moral, aber ich hatte auch keine halbe.

Manchmal rufe ich jemanden an, um nach einem der Namen zu fragen, nach dem Schlagzeuger der einen oder der anderen Besetzung, für die ich schrieb oder sang, nach dem Organisator einer Ausstellung, die ich eröffnet habe, nach dem Fotografen eines der Bilder von einem der Abschiedsfeste in einem der Ateliers von »Wie-hieß-der-noch-gleich«, nach dem Verleger oder Herausgeber einer der Zeitschriften, an denen ich mitgearbeitet hatte – und, eigenartig, obwohl wir uns immer beim Vornamen riefen, ist es

Der, Der Mir Fehlt.

4.4

Die Berliner Dichterin Elke Erb, mit der ich befreundet war, bat mich – warum eigentlich nicht Uwe Kolbe, den Jüngeren, Durchsichtigeren, Moralischeren, Geradlinigeren, mit einem Hang zu Hölderlin schillernd Entschiedeneren –, an einer Anthologie mitzuarbeiten, die daran anschließen sollte, was er und ich für Franz Fühmann begonnen hatten. Helge Malchow, ein Lektor im Kölner Verlag *Kiepenheuer & Witsch*, hatte ihr den Vorschlag gemacht. Vielleicht war es ja auch umgekehrt. Elke war von der neueren Literaturgeschichte einer Generation zugeschlagen worden, die, vielleicht, um das Wort Gruppe zu vermeiden, als *Zweite Generation* in der DDR-Literatur-Zeit-Rechnung abgeheftet wurde. Dazu gehörten Adolf Endler und Karl Mickel und ein Großteil der von ihnen in der Lyrikanthologie *In diesem besseren Land* versammelten Autoren wie Braun, Czechowski, Jentzsch, die

Kirschs, Kirsten, Leising und Novak. Eine Generation, die sich freigeschaufelt und freigeschraubt und aus ihren poststudentischen Karrieren fallengelassen hatte in ein Netzwerk germanistisch distanzierter Bewegtheit. Schriftsteller, die in Theatern, Verlagen, Hochschulen, Akademien untergetaucht waren als Lektoren, Hausautoren, Dozenten, Herausgeber, wissenschaftliche Mitarbeiter, Übersetzer und Dramaturgen. Eine Generation, die, wenn ihr auf den wackligen Posten die verwackelten Weltbilder verschwammen, Dauervisa-, West-Lese-Reise- und Ausreiseanträge ausfüllte. Sie gingen zu dem, wie sie meinten, für sie zuständigen Ministerium für Kultur und selten zum Ministerium des Inneren, das wahrscheinlich auf Rentner und Verwandtenbesuche geeicht war. Natürlich gab es keinen kulturellen Auftrag für Lyrik, da die erwarteten Valutaeinnahmen keinen wirtschaftlich relevanten Zahlenwert ausdrückten. Aber es gab wenigstens den Willen, das Privileg einigermaßen kulturvoll auf der gesamtdeutschen Bühne zu plazieren. Auf- und Abstiegsgeschichten, mit denen Elke Erb wenig zu tun hatte.

Egal, wie er es selbst begründet, ein reisender Künstler in einem Staat, in dem die Menschen nicht reisen können, genießt ein Privileg. Wenn er darunter leidet, dann – ohne daß ich mich dem einzelnen vergleichen will – ging es ihm wie mir mit meinem Ausnahmezustand: ich litt unter der Arbeit für die Staatssicherheit.

Ich suchte mir Begründungen wie Treue, mit Überschriften vom Ende der Geschichte mit Konzepten aus einem vage erweiterten Kunstbegriff, Demonstrationen ästhetischer Amoral – narzißtische Abstraktionen von Treue. Ich wehrte mich gegen den mir von der Staatssicherheit vorgeschlagenen wenn schon nicht Aufstieg, so doch »bitte« Einstieg in eine Gesellschaft, die mir wie ein degenerierter Existentialismus, in schnelltrocknendem Acryl auf mit leichter Hand vom Leben grundierten Laken ausgeführt, vor Augen stand. Ich verweigerte mich einer Mitgliedschaft in dem oder jenem Interessenverband ohne Konkurrenz und Kündigungsfrist, einem Studium, einem Reisepaß, verwahrte mich gegen eine Veröffentlichung in einem DDR-Verlag, wenn ich nur bereit wäre, einige der Gedichte – die in der Westausgabe natürlich problemlos erschienen wären – in der möglicherweise und unter einem passenderen Titel allemal erscheinenswerten Ostausgabe auszutauschen.

Ich weiß nicht, ob es einem Plan meiner Führungsoffiziere oder einem höchst wahrscheinlich auf Honorarbasis freischaffenden psychologischen Beraterstab zuzuschreiben ist, daß ich mich gegen eine Sicherheit wehrte, nach der ich mich eigentlich sehnte. Wären mir dieselben Angebote etwa zehn Jahre früher angetragen worden, ich hätte selbstsicher und naiv angenommen. Jetzt, 1982, kompensierte ich meine privaten Entgrenzungserfahrungen. Ausscheiden heißt: den Mehrwert, nicht den Wert verschenken. Ökonomisch würde man von einem Selbstlauf der Profitmaschinerie, (flankiert von Werte- und Standortsicherungsargumenten) sprechen. An mir selbst sah ich nur eine von Kunst kaschierte Schmerzfreiheit, Stumpfheit und Gleichgültigkeit.

Es war mir gleichgültig, was der Schriftsteller Lutz Rathenow dachte, der dafür herhalten mußte, daß, wenn etwas so offensichtlich stank, daß zumindest schon mal davon gesprochen werden mußte, gesagt wurde, es wäre doch immerhin wert, daß Lutz Rathenow ein Gedicht darüber schreiben könne, und es war mir gleichgültig, was ich zu den Gedichten von Lutz Rathenow dachte. Es war mir gleichgültig, ob die oder die nächste Regierung der Bundesrepublik Deutschland die Deutsche Demokratische Republik als Staat anerkennen würde oder nicht, und es war mir egal, was andere dachten, wenn ich dachte, eine anerkannte DDR könne niemandem schaden außer sich selbst. Es war mir egal, ob *Die Grünen* an der Seite der Bürgerrechtler standen oder sich diplomatisch *Seit an Seit* mit Erich Honecker fotografieren ließen. Es war mir egal, was meine Führungsoffiziere dachten, und es war mir egal, was sie dachten, wenn ich ihnen sagte, daß mir ihr Denken gleichgültig sei.

Wenn ich mich spürte, dann zwischen den Fronten. Eine Mitte, die ich allein nicht ertrug. Ich spürte, wenn Reuter und Heimann waren, was man *mal ehrlich gesagt* nennt. Dann erzählte der eine von den Angelausflügen mit seinen Enkeln an die Bergbäche im Thüringer Wald und der andere von den kollektiven Gefühlen in einem Erzgebirgischen Kinderheim. Die Szene schwieg, redete von Kunst, West-Kunst. Wilfriede weinte, streichelte unsere Katze, setzte sich auf im Traum und erzählte, sie träume, mir einen Traum zu erzählen. Ich griff ins Leere, wenn ich nicht nach ihr, sondern ihren Träumen griff. Der Traum von einer Kreuzung von Hain- und Blutbuche, ein überraschend lichtdunkler Blattsaum, die den grünen Blattkern schon im Frühling infizierende Aura von Rost; ein entkerntes Wesen.

Ich haßte es ins Leere zu greifen, wie hinter die Titelei eines Blindbandes. Und selbst wenn Blindband draufstünde, farblos, eingeprägt? Ich würde es hassen. Wo nichts drin war, sollte nichts draufstehn. Der Hund, der mir einst zugelaufen war, hieß Hund. In einem Einweckglas, auf dem Birne stand, waren saure Kirschen. Ich ekelte mich vor mir, wenn ich nach mir griff im Schlaf. Schlaf im Schlaf, wenn alles schläft: *Ist es nicht klug für die Nacht ein geselliges Lager zu suchen? / Darum ist klüglich gesinnt –*

Der Auch Entschlummerte Liebt.

Ich wußte, daß ich nicht als Neo-Novalis des ausgehenden 20. Jahrhunderts in die Literaturgeschichte eingehen würde. Alles, was ich schrieb, bezeichnete zu sehr die Verhältnisse, in denen ich mich untergehen und aufgehoben fühlte. Die unfallreichste Kreuzung von Ort und Zeit, an der ich meine rückwärtige Familie um mich versammelt und weinen sah, war, auch in meinen Träumen, mein Grab. Den täglichen Haß auf Verdacht, Zersplitterung, Weggang band ich in ein Buch, auf dem *Wir* stand, ein Blindband, der menschliche und geschlechtliche, intellektuelle und ästhetische Differenzen gewissenssteuerlich abschrieb.

Das Gewissen war wie eine vom Menschen für das Bild einer zerstörten Landschaft zerstörte Landschaft. Aber der Mensch hat nichts mit der Landschaft zu tun. Der Mensch ist ein Fremdkörper, selbst dann, wenn er sich ihr in ihren Farben einzeichnet. Er sollte sie, wenn überhaupt, dann ohne sich malen. Er sollte nicht in ihr verschwinden, sondern aus ihr. Denn er ist abgeschnitten, und der Versuch, sich anzubinden, zerstört sie. Manchmal dachte ich darüber nach, wie es der von mir geliebten Landschaft ohne mich erginge. Ich nannte mein Denken Treue. Treue zu den Gärten Voltaires? Gartenarbeit?

Wir trafen uns mit Helge Malchow in Elke Erbs Garten unter dem Berg Czorneboh in Wuischke, ihrem Sommersitz, einer alten, stillgelegten Mühle zwischen Dresden und Görlitz an der tschechischen Grenze.

Der Unterschied zur Akademie-Anthologie sollte der sein, daß die Dramaturgie der Selbstdarstellung einem genreöffnenden Verständnis von Literatur folgen sollte. *Berührung ist nur eine Randerscheinung*, wie die Anthologie am Ende heißen sollte, ist damals als lyrischer Kommentar zur Politik gelesen worden, was mich nervte, weil diese Art Lesen den Anfang eines jeden Textes in einem wiederum politischen Akt ausschloß. Für mich war jedes Gedicht so lange Privatangelegenheit, für die es, über das jeweilige Du hinaus, keinen allgemeinverständlichen Text geben konnte, bis sich der Mensch zu handeln entschloß – und von daher erst ist jedes Gedicht politisch und ein Hintergrund, der die Landschaft zwischen Renaissance und Romantik auf einen individuellen Willensbegriff abstimmt.

Elke vereinbarte mit Helge Malchow, die mögliche Option eines DDR-Verlags abzuwarten. Ich weiß nicht mehr, ob Elke überhaupt in diese Richtung dachte, aber meine Staatssicherheitsoffiziere, die durchblicken lassen wollten, daß ich durchaus nicht ihre einzige Quelle sei, schien eine derartige Option persönlich zu beleidigen. Sezessionen, die kein Programm vorlegten, verstanden sie nicht als Partei. Ich konnte ihnen nicht erklären, daß Unverständlichkeit nicht mit ihrem Feindbildbegriff zusammenhinge.

Ich ging nicht an den komplexeren Verhältnissen, die meine Psyche jeweils favorisierte, zugrunde, sondern allein daran, daß ich sie auf einer irrelevanten Kreuzung von Pragmatismus und Idealismus, von Manierismus und Klassizismus aufeinanderhetzte. Die immer verworreneren Beziehungen, die ich wie einen Teppich unter dem Bedürfnis auslegte, etwas Lesbares zu leben, bildeten kein reales Muster mehr ab, das sich ohne das Erzählen einer wahren Geschichte verständlich machen ließ.

Die Geschichte wollte, außer daß sie wahr sein wollen sollte, richtig sein, rein sein und heil sein. Sie mußte heilen, reinigen, berichtigen und bewahren. Was mehr? Eine selbstverliebte Rolle, dem Stummen wie auf den Leib geschrieben, eine gegenstrebige Fügung, die für alles zu stehen und alles einzuschließen hat. Ein naiver Anamorphismus, der mit dem Blick des Zuschauers auf das Innere rechnet.

Anders als in Dresden, Leipzig, Halle oder Erfurt, und mehr noch als in Weimar oder Jena, lebte die durchaus überschaubare, zu sicher neunzig Prozent zugezogene Berliner Szene im Schutz der westlich medialisierten Mauer. Mein Zimmer am hinteren Ende unserer inzwischen um die Erdgeschoß-Werkstatt herum ausgebauten Wohnung grenzte an den Garten einer mit Schmiedeeisen und Stacheldraht gesicherten katholischen Gemeinde. Ein paar hundert Meter weiter endete die Dänenstraße als Sackgasse am Schutzwall.

Wer es im Schutz der Mauer geschafft hatte, Gedichte oder Zeichnungen in einer der unzähligen literarischen Zeitschriften des Westens unterzubringen, deren Verleger sich mehr und mehr an die Gin-Tonic- und Billig-Bier-Schauplätze der Szene schwemmen ließen, der war in der Provinz, aus der er kam – aus der fast jeder kam –, eine Nummer. Die Highlights waren Westverlag oder Westgalerie, Reisevisum, Ausreiseantrag, Meisterschüler, gefördert von dem und dem und wohnt jetzt um die Ecke von diesem und jenem.

Dadurch, daß die westlichen Diplomaten mit den zu ihren Parties aus dem Westen importierten Verlegern, Galeristen und Kunsthistorikern an den Wochenenden bei Galerie- und Theaterbesuchen, Volks- und Künstlerfesten in die generalstabsmäßig aufgeteilten Provinzen ausschwärmten und ihren Bekanntenkreis vervielfachten, häuften sich die Termine für Gegenbesuche bei Empfängen mit westlicher Kunst im Gartenhaus der Bonner Vertretung in Ostberlin, bei Geburtstagsfeiern in Diplomatenwohnungen der Leipziger Straße, bei Einstands- und Abschiedsfesten im Pankower Diplomatenviertel oder Vernissagen im Französischen Kulturzentrum Unter den Linden.

Die Staatssicherheit ging von einem Plan aus, und ich denke, wenn von Plan gesprochen wurde, war gemeint, daß in Pullach oder Bad Godesberg Plankommissionen säßen, die neuerdings deutsche Feste steigen ließen statt Spionageballons und Kartoffelkäfer über die Mauer; so wie die modernen Amerikaner Faxgeräte statt Sprengköpfe in den Iran exportierten. Daß Menschen lieber feierten als im Wettbewerb zu stehen, und daß der Plan eine Anpassung an die Tendenz ist und ohne ein Bedürfnis nichts bringt, wollten sie, da ihre Bedürfnisse andere waren, nicht glauben.

Die DDR war letztlich auch nur ein Teil der westlichen Zivilisation und das Private, Familiäre verfassungsrechtlich unantastbar. Wie im Westen der ökonomische, legte sich im Osten der ideologische Druck auf den gesetzlich geschützten Raum. Als mir Günter Gaus aber 1986 (auf einer Party des Hamburger Magazins Stern in Ostberlin) den Begriff seiner Nischengesellschaft auseinandersetzte, war mir klar, daß in diesem Moment eine der politisch dümmsten Denkwürdigkeiten installiert wurde. Die Veränderung der achtziger Jahre war ja nicht die, daß sich die Menschen in staatsrechtsfreie Räume zurückzogen, sondern, daß sie diese privaten Räume einfach öffneten.

Die Anthologie *Berührung ist nur eine Randerscheinung*, die 1984 erschien, beschreibt diese räumliche Öffnung als Ausstellung der Person, die sich öffnet, über die persönliche Grenze in die Nachbarschaft greift, sich der Mittel dieser Nachbarschaft bedient und sich darzustellen vermag als Teil der Darstellung des anderen. Jede bürgerliche Ordnung ist eine Nischengesellschaft. Ganz im Gegensatz dazu die in *Berührung ist nur eine Randerscheinung* vorgestellte. Schon die Entscheidung, nicht in diesem Zusammenhang zu erscheinen – um weiterhin in der DDR zu erscheinen –, war mehr denn je eine persönliche und keine politische. Wenigstens die Hälfte der Autorinnen und Autoren hätte in der Akademie-Anthologie, deren Alibi ein allgemeiner Maßstab war, keinen Platz gefunden. Die Qualität der Texte war das eine, die des Buches etwas anderes. Als *Berührung ist nur eine Randerscheinung* endlich erschien, war etwa ein Drittel der in ihr Versammelten bereits nach Westberlin oder Westdeutschland übergesiedelt, ein zweites Drittel hatte Ausreiseanträge laufen oder durfte reisen. Und wenn Heiner Müller jedem zweiten jungen Autor riet, es im Westen zu versuchen, um den DDR-Hintergrund schätzen zu lernen oder eben loszuwerden, kann ich sein *In den Zeiten des Verrats sind die Landschaften schön* als Ironie der Geschichte begreifen, aber auch als die Inkommensurabilität der Landschaft mit jedwedem menschlichen Ausdrucksbedürfnis, von dem Samuel Beckett in bezug auf Cézanne spricht.

1983 verhandelten Dimitri Hegemann vom SO 36 in Kreuzberg und die *Aggressive Rockproduktion* mit der *Band Rosa* Extra über eine Schallplatte mit DDR-Punk. Günther Spalda, der Bandleader, sprach wiederum uns, die wir, ohne Kerbach, inzwischen als *Vierte Wurzel aus Zwitschermaschine* auftraten, an, ein paar Lieder für das Projekt einzuspielen, und wir sprachen mit *Schleim Keim*, die wir bei einem Kirchenkonzert in Erfurt kennengelernt hatten – um das Spektrum von Punk abzudecken –, mitzumachen. Wir trafen uns in der Wohnung eines Produzenten, der sich um das Technische kümmern sollte, merkten aber schnell, daß es ihm finanziell und politisch zu heiß wurde. Außerdem bemühten sich die Musiker von *Rosa Extra* über eine Namensänderung zu *Hard Pop* und eine stilistische Verschiebung zu Punk-Rock um eine Spielerlaubnis, einen offiziellen Status. Die semiprofessionellen Studios, mit denen ich zu tun hatte, arbeiteten in Souterrains auf sächsischen Dörfern. In Hermsdorf bei Dresden spielte dann eine Woche lang jede der drei Gruppen ihre zwanzig Minuten für die Platte live über ein vierspuriges Mischpult auf ein Stereoband.

Das hätte es nach über einem halben Jahr Hin und Her sein können. Dann aber stiegen *Hard Pop*, denen der Entzug ihrer Spielerlaubnis als Amateure angedroht wurde, aus, die wirklichen Punks von *Schleim Keim* nannten sich *Saukerle*, verlangten Geld und außerdem Schutz vor den Repressionen durch die Thüringer Behörden, am besten durch die sofortige Intervention durch *Stern* und *Spiegel*, und die Staatssicherheit Dresden informierte die Staatssicherheit Berlin davon, daß jetzt endlich gekehrt werden müsse. Die Aufnahmen aber waren längst auf Masterbänder, die mir der Komponist und Jazzmusiker Günther Fischer besorgt hatte, überspielt und in Westberlin als Platte gepreßt worden. Sie hieß *eNDe*, ein Spiel mit den Initialen des Zentralorgans der SED, der Tageszeitung *Neues Deutschland.*

Es war das letzte Mal, daß ich dachte, wenn ich die Tatwaffe in der Hand hielte, wenn ich das Motiv vereinnahmte, wenn mein *Wille zum Kollektiv*, meine Anwesenheit, mein Beteiligtsein bewirken würden, daß nichts geschähe, wäre alles getan. Kranke Naivität. Eine Naivität, mit der ich mich, wenn ich meinen Führungsoffizieren die Komplexität, in der ich mich aufgehoben fühlte, als Strickmuster nach der Natur unter die Kaffeetassen unserer gemütlichen Runden schob, selbst verletzte.

Mit einer »Einschätzung«, die, wie immer, auf der Informationsstrecke zwischen Staatssicherheit und Politbüro »greifen« sollte, könne ich nach-helfen. Ich erinnere mich, wie plötzlich und überscharf ein Zynismus nach mir griff, den ich bisher entweder verdrängt oder mit Überheblichkeit kaschiert hatte. Mein Vorschlag war: die, die Ausreiseanträge gestellt hatten, ausreisen zu lassen, die, die in den Schriftstellerverband wollten, aufzunehmen, die, die in die Verlage der DDR drängten, zu veröffentlichen und die, die es vorübergehend in den Westen zog, reisen zu lassen, kurz, jeder solle tun und lassen dürfen, was er wolle.

Weder zu *ächter Naivetät* noch zu echtem Zynismus war ich fähig und für kynischen Stoizismus zu panisch veranlagt. Ein Raum, der sich meiner Kontrolle entzog, machte mich zum Gefangenen. Entweder ich rettete mich in den Schlaf oder versuchte Distanzen, in denen ich Abgründe sah, hektisch zu stopfen. Ich redete über das, was ich von der Literatur fernhalten wollte. Ich sprach aus, über was zu schreiben ich mir zu fein war. Die Überschriften lieferten Herr Reuter und Herr Heimann, den Text, der mich für wieder ein paar Tage oder Wochen von ihrer kalkulierten Anwesenheit befreien würde, sprach ich auf Band, und der Name, den sie mir gegeben hatten, war es wert, unter dem zu stehen, wofür ich zu stehen meinte.

In Heft 28 des 8. Jahrgangs der Zeitschrift *Horch & Guck* wurden im Jahr 2000 Akten reproduziert, die in einer Auswahl meine Berichte für die Staatssicherheit zitieren. In der Kontur, die sich aus den Akten abzeichnet, erkenne ich mich wieder. Der Kommentar des in Adjektive verliebten Autors denunziert die Opfer. In ihm (nicht dem Text, dem Journalisten) begegne ich dem, was ich nie sein wollte, dem,

Was Ich War.

Im Rotbuch Verlag waren 1983 und 1984 die Bücher *Totenreklame. Eine Reise* und das Theaterstück *die erotik / der geier* erschienen, und ich schrieb das erste Mal nach über zehn Jahren wieder etwas anderes als Gelegenheitstexte.

Vielleicht wäre es wichtiger gewesen, nicht zu unterscheiden in Gedichte, die der Gelegenheit des Verschwiegenen entsprachen, und in Erzählungen, die das Gelebte in eine vom Schock deklinierte Sprache übersetzten. Ich quälte mich mit Menschen, die mir im *Untersuchungsgefängnis Dresden*, im *Strafvollzug Luckau*, im Lager *Schwarze Pumpe*, im *Haftkrankenhaus Cottbus* und im sogenannten *Otto-Grotewohl-Expreß* begegnet waren, dem in winzige Zellen unterteilten, an die regulären Züge der Reichsbahn angehängten Waggon, in dem über Nacht die Gefangenen von Gefängnis zu Gefängnis transportiert wurden; unfähig wie ich, etwas von sich zu erzählen. Ich wußte, was dem Spitzel, der als einziger im Knast nichts von »Draußen« erzählen konnte, weil sein Leben dort daraus bestand, von »Drinnen« zu erzählen, bei der Rückkehr in seine Sprachlosigkeit blühen würde. Das *Du* und das *Ich* der Gedichte waren Figuren. Figuren eines Endspiels. Gut oder weniger gut – das würde die Zeit zeigen – grundiert. Das, was mir die Toten hinter den Namen in meinen fünf Erzählungen gesagt hatten, sollte mich beschreiben. Und da ich lebte, würde es mir leicht fallen, über ihr Sprechen zu schreiben. Nur fehlte mir das, was man Phantasie nennt und Vorstellungskraft, um von mir aus mit den Toten zu sprechen wie mit mir selbst.

Michael Rom sagte, bevor er ausreiste, »Spiel es leer, einfach leer, dieses Theater.« »Hast du Bernd Hensche gesagt, er solle mich fragen, ob *Totenreklame* Reklame für die Toten bedeute?« »Nein, ich habe zu Bernd nur gesagt, wenn der Autor tot ist, kannst du ihn nicht mehr fragen.«

Leibergs reisten 1984 aus, Cornelia Schleime nach der Umwandlung ihres Ausreise- in einen Heiratsantrag ein paar Monate später. Wolfram Scheffler packte seine sieben Sachen in Berlin und seine Familie den Haushalt in Leipzig, Christine Schlegel suchte sich einen unserer holländischen Gäste als Bräutigam aus, und Hans Schulze ging natürlich nach Kreuzberg. Selbst Familie Papenfuß-Gorek stellte einen Ausreiseantrag. Dann zog Bert den seinen wieder zurück und Cerstin Gorek verließ ihn, allein mit Kind und ohne Katze.

Lothar Fiedler, der Komponist, Gitarrist und Herausgeber der in fünfzehn bis dreißig Exemplaren erscheinenden Zeitschrift UND, der schon bei den Aufnahmen für *eNDe* ausgeholfen hatte, fragte mich, ob ich auch in einer Besetzung singen würde, die weniger mit Jazz oder Punk, mehr mit Rock, Led Zeppelin, Zappa oder CAN zu tun habe. Mit dem Geiger Hansi Noak, dem Schlagzeuger Jojo Baumgärtel, einem der Brüder von André Baumgärtel, dem Inhaber des Hermsdorfer Waschkellerstudios, und dem Bassisten Stefan Landgraf hätte er eine Besetzung, mit der man professionell und nach ein paar Proben auf Tour gehen könne.

Ich war froh, *das chaos in meinem chaos* zu fliehen und von Berlin wegkommen zu können, wo ich tatsächlich nur noch der Hampelmann einer von mir zusammengeredeten Szene war, die mit ihren Inszenierungen den Mietzins und die Alimente Freier Journalisten garantierte. Wie die Amerikaner, die es wenigstens zugaben, ritten sie im Osten ein, um entweder den Wurzeln ihrer familiären Herkunft oder denen ihrer seelischen Losigkeit nachzuhängen. Die DDR war klein genug, um den Journalismus an nur einem einzigen Tag in die entlegensten Dorfkneipen und Klubhäuser Vorpommerns oder Thüringens zu spülen und nachts, kurz vor 2 Uhr, durch die Mitte der Berliner Mauer zurück in ihre sperrstundenfreie Enklave. Ich war nicht souverän genug, um die Band, in der ich wie ein Altrocker nach mir wie nach einem noch namenlosen Sternbild gierte, *Fritz Müller* zu nennen.

Ich war Herausgeber einer Reihe lyrischer Hefte mit dem Titel *poe sie all bum*, mit handgezeichneten Umschlägen und Leporellos, die auf das von Bernd Jentzsch und später Richard Pietraß offiziell im *Verlag Neues Leben* verlegte *Poesiealbum* reagierte. Ich edierte eine Serie von Malerbüchern im Siebdruck, bei der die Texte von den Künstlern grafisch verarbeitet wurden. In ihr erschienen Gedichte von Elke Erb, Cornelia Schleime, Frank-Wolf Matthies, Uwe Kolbe, Stefan

Döring, Jan Faktor, Bert Papenfuß, Inge und Heiner Müller. Sie verselbständigte sich später unter der Regie von Egmont Hesse. Egmont hatte sein Bibliotheksstudium abgebrochen, half bei den handwerklichen Arbeiten zur Edition und gab die Zeitschrift *Schaden* heraus, an der ich neben Leonhard Lorek, Ulrich Zieger, Andreas Koziol und Christoph Tannert, dem Kunsthistoriker, redaktionell mitarbeitete. Egmont Hesse hielt später die Zeitschrift *Verwendung*, die sich der Literatur außerhalb der DDR öffnete und Nachdichtungen in Auftrag gab, als Hersteller und Herausgeber zusammen. Meine Siebdruckedition war eine Reaktion auf das Druckgenehmigungsgesetz, das die Auflagen von Künstlerbüchern limitierte. Die Künstler waren Wolfram Scheffler, Helge Leiberg, Angela Hampel, Thomas Florschuetz, Klaus Hähner-Springmühl, Christine Schlegel, Hans Scheuerecker, Cornelia Schleime und Jürgen Böttcher. Als mich ein Stuttgarter Kunstsammler ansprach, ihn für seine Darmstädter Ausstellung *Tiefe Blicke*, die neue west- und ostdeutsche, Schweizer und österreichische Kunst versammeln solle, mit entsprechenden Künstlern in der DDR bekannt zu machen, vermittelte ich ihn an Hartwig Ebersbach und die Gruppe 37,2 aus Leipzig, zu der sich der Maler und Philosoph Hans Schulze, die Fotografin Gundula Schulze, die Psychologin Annelie Harnisch und andere zusammengeschlossen hatten. Ich organisierte (über die Magdeburger Galeristen Inge und Dietrich Bahß, in deren Wohnung ich, erstmals nach der Galerie Jürgen Schweinebraden, eine Ausstellung mit Arbeiten des 1981 ausgereisten A. R. Penck und eine Lesung von Heiner Müller veranstaltet hatte), daß die Bilder in ihrem Möbeltransport, deklariert als Privatbesitz, nach Darmstadt kamen.

Im Namen des Texters X schrieb ich für die Schlagersängerin Y, die es einen Hauch tiefsinniger wollte, Texte für eine neue Schallplatte. Für Joachim Hoffmann, einen der wenigen noch in Jena lebenden Bürgerrechtler, sammelte ich für ein Nicaragua-Benefiz wieder Autographen und Grafiken und gab mit meiner Band *Fabrik* am Auktionstag ein Konzert in der Friedenskirche Jena. Der Musiker Peter Gläser wollte, daß ich für *Cäsars Rockband*, seinen allerletzten Versuch nach *Renft* und *Karussell*, ein Bein auf den DDR-Boden zu kriegen, Texte schriebe. Für einen Klubhausleiter in Coswig organisierte ich ein Multi-Media-Fest mit Super-8-Filmen, Musik, Tanz und Literatur. Die Bezirksabteilung der Staatssicherheit Dresden verfügte in Absprache mit ihrer und meiner Zentralbehörde, daß Sachsen für mich Sperrbezirk sei. Den Schwulen und Lesben, die in der Immanuelkirche an der Prenzlauer Allee Advent feiern wollten, strickte ich das Rahmenprogramm, und den Mitgliedern meiner eigenen Band, die sowieso nur bei mir spielten, weil sie in den Westen wollten, spielte ich das Sprungbrett.

Als nicht mehr nur Journalisten und Germanisten, sondern auch Kunsthistoriker, im Troß die Sammler und die Käufer, in Ostberlin einreisten und in die Szene vermittelt werden wollten, vermittelte ich sie. Als Egmont Hesse von der Staatssicherheit erpreßt werden sollte, für sie zu arbeiten, und er mich bat, ihm zu helfen, tat ich es, indem ich meine Führungsoffiziere bat, ihn in Ruhe zu lassen. Als Adolf Endler nicht mehr wußte, wohin mit einem seiner Manuskripte, schaffte ich es zum Rotbuch Verlag.

Als Cornelia Schleime von einem Tag auf den anderen ausreiste, übernahm ich es, auch ihre Bilder auf den Weg zu bringen. Als ich ein paar Wochen später, um die Bilder und Zeichnungen, Plastiken, Filme und Grafiken zu sortieren, in ihr Atelier an der Invalidenstraße ging, war es aufgebrochen und ausgeraubt. Als ich meine Führungsoffiziere fragte, ob sie etwas wüßten davon und tun könnten für die Aufklärung des Falles, wußten und taten sie nichts. Für das, was *ich* wußte und tat, haben sie mich bezahlt, auch wenn ich das Geld nicht brauchte. Ich verdiente genug an den Texten, die ich unter wieder anderen Namen für verschiedene Rockmusiker schrieb, und an den von mir hergestellten Büchern, die ich verkaufte, für Ost- und Westgeld, und an der von mir in Wilfriedes Werkstatt hergestellten und von Wolfram Scheffler bemalten Keramik.

Am Ende, Anfang 1986, war es dann nicht mehr nur Chaos und nicht mehr zu kompensieren in den langen Sommern und harmonisierten Jahresenden ohne Kunst mit den Kindern in Ahrenshoop, zwischen Bodden und Steilküste. Ich hielt ihn nicht mehr aus, den langen Weg zu den hirnsprengenden deutschdeutschen Treffen am *Mückentürmchen* im verschwefelten Geisterwald an der tschechischen Grenze bei Zinnwald. Die Suche nach Hotels für die Wochenenden mit Cornelia Schleime, Ralf Kerbach, Angela und Helge Leiberg, mit Michael Rom, mit dem nach Amsterdam gegangenen Galeristen Leo Lippold, mit Lehmann, dem Alt-Radebeuler, mit Bonk, dem Bildhauer, mit Lothar Fiedler und jedes Mal einem mehr, der gerade eben in das keinen Steinwurf weit entfernte Westberlin übergesiedelt war.

Ich saß in den Dienstwagen meiner Führungsoffiziere und versuchte in zusammenhängenden Sätzen, die mir immer weniger gelingen wollten, über Katja Havemann und Bärbel

Bohley in Grünheide, über Frank und Eve Rub in Jena, über die Verbindung von Lutz Rathenow zu Rüdiger Rosenthal, über Dehmels und Sühlows von der Bonner Vertretung, über Freya Klier und Stephan Krawczyk als Paar, über den Charakter von Wolfgang Schnur und über den Charakter von Rainer Eppelmann zu sprechen.

Dann setzte ich mich ins nächste Auto, für die wieder und wieder vier Stunden, die es von einem Ende der DDR zum anderen brauchte, um rechtzeitig auf der Bühne zu erscheinen, oder ich brachte Wilfriede ins Klinikum Buch und sah sie, leergeredet von mir und stumm von mir, zwischen den mageren Föhren unter den Neon-Peitschenlampen ohne sich umzudrehen zur Abtreibung in eine der barackenähnlichen Stationen gehen, und hätte mich endlich selbst ums Leben bringen müssen und fuhr

Zum Fernsehen Nach Hause.

4.5

Ohne Wilfriede war die Werkstatt wie ausgestorben. Wie vor Jahren, an dem Abend, als Allen Ginsberg und Peter Orlowsky kamen. Februar. Winterferien. Wilfriede in Ahrenshoop. *Ich winkte zum Abschied und verlor den Arm im Schnee.* Peter erzählt mir, wo sein Gedicht entstanden ist: »Oh, an highly political context.« Dozenten und Studenten auf den Bahnschienen, ein Transport von Brennelementen. Er aber schreibe seine Tagebücher auf dem Hintergrund der Gedichte. »Better than the other way a round.« »And Allen?« Er nimmt die Gitarre mit den fünf Seiten, so ein kleines Flower-Power-Ding von den Kindern, und begleitet den Singsang des Freundes. Die Fotografinnen blitzen ab. Der begleitende Schwarm Amerikanisten, Verleger und Beatniks taucht ein in den Prenzlauer Berg. Der Literaturkritiker Schmidt stürzt sich auf Gabi Kachold, Michael Kellner, der Hamburger Verleger, auf Elke Erb. Ich schiebe mein eintausend Worte zählendes Englisch aus Shakespeare vor mir her und bitte Allen, gemeinsam mit Peter eine vorbereitete Fayence zu bemalen. Dann ist es eine halbe Stunde vor Mitternacht, und der Troß muß zur Friedrichstraße, zum Grenzübergang. Eckehard Maaß zerrt sie alle noch schnell in seine Wohnung im Vorderhaus, um das Harmonium vorzuführen. Draußen steht die Polizei mit Fäustlingen und Maschinenpistolen. Die Werkstatt ist wieder leer. Ich schalte das TV an, rede mich westwärts in den Plots der Serien.

Dann sah ich mich wieder sitzen auf der Rückbank der *Ladas* und *Wartburgs* meiner Führungsoffiziere und sah sie vor mir herfahren in die Tiefgaragen ihrer abseitig märkischen Areale, unter die Carports ihrer kellerlosen, zwischen den Kiefern in der Mark Brandenburg wie abgesetzten Asbestspanplatten-Errungenschaften oder hinter die koniferischen Sichtblenden ihrer Feriengrundstücke. Ich folgte aus den tiefen Sesseln der Sitzgarnituren all dieser »Verdeckten Objekte«, in denen es immer nach der Aufwärmphase eines klassischen Menüs mit drei Gängen roch und im patriotischen Off eine jugendbewegte Hausfrau mit dem Altkommunismus klapperte, ihren zusammenfassenden Ausführungen. Ich war auf ihrer Seite. Ich saß nur an der anderen Seite des Tisches. Der Couchtisch, auf dem sie die Beerdigungen auferstehen ließen, von Franz Fühmann, von Robert Havemann, von Konrad Wolf. Der Freizeittisch, auf dem sie sich auf die nach-feierabendlichen Konstellationen im *Wiener Café* einließen. Der Fernsehtisch, auf dem die Publikumsströme zu und von den Vernissagen in den Ateliers, Wohnungen und Clubs rekonstruiert wurden.

Der Kaffeetisch, auf dem sie die offensichtlich verzweigten Interessen einer unüberschaubaren, unüberschaubar dissidenten Szenerie wie Platzdeckchen vergleichbarer Strickmuster aufdeckten und in den längst schon mit Computern hergestellten Zeitschriften blätterten. Bis sie endlich den Überblick verloren hatten und nur noch nach den Überschriften und in denen nach einem Schein ihres Seins suchten, den sie finden mußten, um ihn Montag für Montag einer übergeordneten Etage in der Friedrichshainer Normannenstraße immerhin auf den Schreibtisch legen zu können.

Ich sah ihnen zu, wie sie sich die Fragen nach ihrem Glück beantworteten. Eine Wohnung in Mitte, ein Grundstück im Unterholz hinter Mittenwalde. Eine Kindheit wie ein Aufstieg aus einem mitteldeutschen Industrie-Ruinen-Gebirge. Ihre Auferstehung aus ..., gleichzeitig Ausbildung zum ... und dann die Sabotage. Deshalb der Weg von Thüringen nach Berlin, oder von Sachsen aus (in den Fünfzigern) in die kulturellen Höhen. Kulturkarriere. Ich sah uns zu wie den Wellen, die sich am immer schmaleren Ufer der Steilküste überwerfen und unterlaufen, bis eine siebente oder achte eine große ist, und man beginnt von vorn, nun nur noch jede siebente oder achte zu zählen.

Ich sah mich ihnen nie nahe genug, daß einer ihrer Gedanken vom Glück mich mehr als erstaunt hätte. Ich war mir sicher, daß einundfünfzig Prozent der Bundesbürger, die im TV die Begriffe Glück und Freiheit in Eins setzten, wie die entsprechenden neunundneunzigkommaneun Prozent der ostdeutschen Bürger ihre Vorstellung vom Glück aus der in den Wellen schwankenden Takelage eines Segelschiffes am Horizont zogen. Der Ausblick auf das Meer, mit dem Rücken zum sicheren Land, würde sie jederzeit alles geben lassen für die Vereinigung der Begriffe Glück und Sicherheit, Freiheit und Diktatur.

Meine Führungsoffiziere erwarteten noch immer von mir, daß ich ihnen sagte, was die Menschen dachten. Aber ich bin – außer in der Literatur – nie einem Menschen so nahe gekommen, daß ich ihn hätte denken hören. Die Wahrnehmung lebt vom Gestern. Da ist ein offener Schrank im Gestern, in den sich die Fragmente der Wahrnehmung wie aus den Träumen zurücklegen. Die Wahrnehmungsmaschine ist eine Spur der Ordnung, die sich verliert. *Das chaos / in meinem chaos / die konfrontation einer spur in politik / ich habe alle fenster geschlossen / denn ich habe angst vor dem verschwinden der enden / einfacher sätze in niegedachten / labyrinthen einst / war ich fänger im schnee und die arme /armee.*

Ich hörte mich selbst nicht denken, wie ich mich nicht singen hörte in den Konzerten meiner letzten Tournee. Ich stand auf der Bühne und hörte mich nicht. Ich weiß nicht, wie die Monitore heißen, die einem die eigene Stimme auf die Bühne einspielen. Es sind zwei Stimmen: eine im Saal und eine auf der Bühne. Zwei Systeme. 1985, bevor Lothar Fiedler in den Westen ging, bei Aufnahmen in einem professionellen Studio in Dresden, hatte ich jeden Wassertropfen, den sie am Mischpult hinter meiner Stimme wie auf Stahl aufschlagen ließen, gehört.

Ich sprach mit den Herren Reuter und Heimann über die Auflösung meines Arbeitsverhältnisses und daß ich in den Westen zu gehen beabsichtigte. Sie versuchten mir wieder ein Dauervisum und einen DDR-Verlag einzureden. Ich lehnte ab und fuhr ab nach Rostock, Halle, Glauchau, Jena,

Leipzig, wo es Veranstaltern gelungen war, *Fabrik* unter den verschiedensten Überschriften wie Jazz-Lyrik, Jazz-Factory oder als Begleitband von 8-mm-Film-&-Tanz-Performances auftreten zu lassen. Ich trank mich in den Schlaf mit Groupies, redete bis zum Umfallen über die sichere Materialität von Bildern, verliebte mich in Reinhild, die ich zwei Jahre zuvor in Jena kennengelernt hatte, schrieb ihr den *König meiner Kindheit* auf den Leib, von dem sie nichts wußte, sang gecoverte Lieder von Biermann und las seine, mehr als meine, der Situation angemessenen Gedichte vor und fuhr am Ende dieser selbstvergessenen Tournee zur Frühlingseröffnungsparty der Kunsthochschule nach Dresden.

Ich dachte, wenn sie mich, wie auch immer, entlassen, sehe ich Dresden nie wieder. Der Maler Michael Freudenberg, der zwei Jahre vorher für die Erstaufführung von *flucht nach vorn* für Papenfuß und mich sein Atelier zur Bühne umgebaut hatte, meinte, daß die Kontrolle am gußeisernen Tor der HfBK auf unser Kommen vorbereitet sei. Er kenne aber ein paar Studentinnen von der Sektion Maskenbild, denen es eine Freude sein dürfte, mich in eine Frau zu verwandeln. Der Trick, sagten sie, bestünde darin, daß man so nahe wie möglich am Typ bleibe, einen eher blonden Typ wie mich niemals unter einer schwarzen Perücke verstecken dürfe. Sie arbeiteten und trainierten einen Nachmittag mit mir und schafften es, daß ich mich in der Abenddämmerung als einsame Fremde im Innenhof der Kunsthochschule wiederfand, unerkannt selbst von den Musikern meiner eigenen Band, die ohne mich zum Tanz spielten.

Ich saß dort, mit immer einem neuen Glas Kir Royal in der Hand, angemacht von den Dresdener Platzhirschen, den

Künstlern, die so viel Wert darauf legten, daß es aus dem Bauch kommen müsse, und hinter meinem Make-up Frischfleisch vermuteten. Ihre schwitzenden Hände griffen in den blumigen Satin meines changierenden Hosenanzugs. Von der Galerie aus beobachteten die Damen der Maske ihr verschwitztes Wunderwerk; und ich, der ich mich zwar auf der Bühne, wenn ich sang, durchaus bewegte, mich beim Tanzen aber normalerweise an der Partnerin festhielt, sah mich vor Reinhard Sandner, dem alkoholblinden Sieger der trägen Jagd, auf das definitiv Neue die Hüften schwingen, außer mir vor Angst, enttarnt zu werden, und nahe daran, mich preiszugeben. Im Morgengrauen erlöste mich eine der in die Umstände Eingeweihten, verfrachtete mich in ein Taxi, schminkte mich ab, bahrte mich auf in ihrem Bett, verschwand gegen Mittag und ließ mich zurück, keinen Kilometer entfernt vom Atelier Freudenbergs, in dem die Kleidung meiner Männlichkeit über einem Stuhl hing.

Außerstande, mich auch nur halbwegs wieder herzurichten, lief ich (das derangierte Ich, das ich nicht sah und gleichzeitig nichts anderes) dieser Fremde, aus der ich, mir fremd wie meine Kindheit, kam, über den Weg.

Das kurze, kaum tausend Meter lange, frühlingserhabene Stück Bautzener Landstraße zwischen Hoyerswerdaer- und Friedrich-Engels-Straße hatte ich zu überwinden. Nicht die unbelebtere Richtung, bergan zum Weißen Hirsch hin, zu Standesamt und sowjetischer Residentur, den benachbarten Villen über der Elbe.

Hier unten, im Tal der Ahnungslosen: gegenüber der kleine Second-Hand-Laden, in dem man die weißen, leinenen Herrenhemden, das Stück für eine Mark, kaufen konnte:

geschlossen. Daneben, im Hinterhof, dritte Etage, der Antiquitätenladen und dahinter, hinter dem Hinterzimmer, das Antiquariat: kein öffentlicher Verkauf. Ich war seit 1970 in keinem Antiquariat mehr gewesen.

Togliattistraße. War ich auf dem Weg ins *Kleine Haus* des Staatstheaters, um Wolfgang Engel endlich zu sagen, daß der während der Vorstellung laufende Fernseher in seiner aktuellen Inszenierung ein Einfall aus *flucht nach vorn* war, den Heiner Müller ihm ans Regie-Herz gelegt hatte. Oder war ich auf dem Weg zu A-B-C, nur ein Haus weiter und fünfzehn Jahre weiter zurück, als mir Amelie, die Krankenschwesternschülerin, erklärte, daß Rauchen nicht ungesund sei, wenn man vorher die Magenwände mit wenigstens einem Schluck Kaffee stimuliert habe.

Der Zeitschriftenkiosk, ein Hafen am nordöstlichen Ufer des in dieser Aufmachung unüberbrückbaren Platzes. Dort, wo die Alaunstraße mündet – *Happeldiele*, ein Pferdeschnitzel, ein Helles, zwei Mark – »*Sputnik*, hammer nich, seid Gorbatschow sobeso ständsch ausvergoft, Bosiealbum? 123? Nee, och nich. Nehmse ebende Union.«

Vier Jahre zurück: Wüstefeld, Theilmann und ich lesen von uns selbst spiegelbildlich in Kupfer gekratzte Gedichte in der *Obergrabenpresse* vor – also war es doch kein Prinzip Bernhards, für jeden Text einen Antrag zu stellen –, und ich fahre nach Berlin und erzähle das alles meinen Führungsoffizieren, und die melden nach Dresden zurück, daß ich alles im Griff hätte. Aber die Dresdener haben ihre eigenen Quellen, die brauchen mich nicht, der ich abgeschminkt, zerknittert, stinkend den *Platz der Einheit* überquere und in die Friedrich-Engels-Straße schleiche: Der Alt-Dresdener Sigmar Faust hat sofort und vom Westen aus einen Beitrag über neue Formen künstlerischer Subversion in irgendeinem Heimatvertriebenenblatt veröffentlicht und über Bernhards Postadresse in Dresden verbreitet.

Wie war das noch gleich mit den Straßennamen? Orte oder Blumen zusammen, Ortsnamen mit -er am Ende getrennt, ohne Bindestrich, Vor- und Zuname mit Bindestrich, nur Nachname ungetrennt, wie Togliattistraße. Ich hätte nie gedacht, daß sich Kommunisten so vorübergehend verewigen. Wie kommt eine italienische Großfamilie in das Dresden meiner Kindheit, in die Otto-Buchwitz-Straße, wo ich (und warum?) so oft übernachtet habe.

Der hellichte Tag. Der staubige, welke Stoff klebt mir an den Oberschenkeln. Freudenberg, fünf Treppen. Kleiderwechsel. Jetzt wieder Vergangenheit. Wie leicht es fällt, durch die Erinnerung zu schwimmen,

In Das Andere Zurückzukehren.

Ich hörte mich »Nie wieder Dresden« denken wie *Nie wieder Faschismus* oder *Nieder mit dem Krieg*. Aber ich hörte mich nicht, wie ich Bernd hörte, Bernd Hensche, der seinen Jagdschein hat. Der es für uns wahr gemacht hat. Mit dreißig Durchschlägen, gestempelt und unterschrieben von allen, die er aufgefordert hat, in seiner »camerados internationalos« zu kämpfen, und bestückt mit einer Handgranate von Zehn-Farb-Kugel-Schreiber, auf dem Dresdener Altmarkt: »Nieder mit den weißen Kitteln.« »Mein Plattenspieler heißt дружба und тройка die Plattensammlung.« »Wenn die Straßenbahngleise von Dresden bis hinter Coswig weitergelegt werden, bis nach Meißen und noch weiter und noch weiter, dann können wir bald alle für zwanzig Pfennig, zuerst bis nach

Leipzig, dann bis Berlin und ...« Er wäre in Arnsdorf, in der Irrenanstalt gelandet, wie der Maler Winfried Dierske, der Schwager von Penck, der Swanhild, Wilfriedes Schwester, handgemalte Postkarten, verziert mit Eisernen Kreuzen, an die Elfenbeinküste geschickt hat. Sie hätten Bernd aus dem Verkehr gezogen, am Hals noch die zehn seidigroten Pionierhalstücher aus der Sowjetunion, auf die er nichts kommen ließ. Und als ich 1974 meinen Führungsoffizieren sagte, ich hätte es im Griff – und sie sollten ihn in der freien Landschaft arbeiten lassen und nicht in einem internationalen sozialistischen Jugendklub auf den Nervenstrich schicken, dann würde er über Bäume reden und vielleicht noch über den Herbst und nicht über den Staat und die Ärzte –, hätte ich anfangen müssen, mich zu erinnern.

Bernd hatte seine »sowjetische Brieffreundin« Tamara mit seinem eindringlichen und diverse Stempel ins Schriftbild integrierenden Stil zu einem Germanistikstudium nach Deutschland gelockt. Ich fuhr zum Flughafen nach Schönefeld, um sie (über was eigentlich) aufzuklären; daß er im Meißner Weinkeller auf vorgefertigten Listen Unterschriften sammle gegen die Behörden, für sein freies und von ihm zu entscheidendes Schicksal, für die Veröffentlichung seiner Losungen in Gedichtform. Im Schloßpark von Pillnitz, angeheizt von Dämmerung und frühem Wintereinbruch, hatte er eine Kollegin geschwängert, die am selben Befund litt und, auf Kirchenkunst fixiert, endlich, wie er, in einer Herbstlaubbrigade, in der Natur und am Ufer der Elbe gelandet war. Das Kind, da er es zweimal in der Straßenbahnlinie 4 hatte stehen lassen, war ihm von der Fürsorge entzogen worden. Mit der »Internationalen Solidarität«, seinem Hobby, hatte er einen im Straßenbahndepot angestellten Namensvetter infiziert. *Bernd, der Straßenbahner* beendete sein Leben unter genau dem Zug, in dem Bernd Hensche, wie jeden 1. September des Jahres, nach Berlin fuhr, um an einem vom *Neuen Deutschland* jährlich gefeierten Pressefest auf dem Alexanderplatz teilzunehmen. Dort kämpfte Bernd für »Unsere Sache«, für die wir (wie für die »Verschönerung der Straßen und Plätze namens Deutsch-Sowjetische-Freundschaft«), wenn auch im Rausch glykolsatter Weine aus Österreich für siebenundzwanzig DDR-Mark die Flasche, in der Meißner Weinstube seine Listen unterschrieben hatten.

Ich habe mich nie wirklich auf sein Leben eingelassen. Wenn er uns das eine Mal jährlich am 1. September besuchte, haben wir ihn in der Dusche eingeschlossen, ihn aus dem Schmutz der jeweils letzten Monate gelöst und seine Kleidung entsorgt. Ich weiß nicht, wer außer uns sonst seine Garderobe erneuerte. Ich war nie in seiner Wohnung, in der Dresdener Grundstraße 17, von wo er mir seine tausend Briefe, seine Gedichte und Tagebücher geschickt hat. Zuletzt sah ich ihn im Vorbeifahren in einer kleinen Buchhandlung am Körnerplatz hinter dem *Blauen Wunder*[36], wie das illegitime Kind eines flüchtigen Revolutionärs, fasziniert vom Läuten der Türglocke über seinem Kopf, die mich an die im winzigen Richard-Wagner-Museum in Graupa hinter Pillnitz erinnerte, woher seine Mutter stammte.

Immer fahren die Straßenbahnen an einem der zwei Bahnhöfe vorbei. Das Rauschen der älteren, nicht das der ältesten Wagen – die nicht verschrottet werden, weil das Gleisbett für die neueren zu weich ist – frottagiert das, was vorbeirauscht, und übrig bleiben Bindestriche in die Zeit wie Querstraßen an der Streckenführung.

Ich fuhr nach Berlin und schrieb Wilfriede ein paar Lieder von Selbsthaß und Schuldgefühlen. *Ich hab' Deine schwarzen Gedanken gelesen* und *Das ist eine der Fahnen, die fault nicht nach außen* und ein paar neue Strophen für *Die Funktionäre sind im Widerstand.* Wir gingen noch einmal für eine Woche ins Tonstudio des Schlagzeuger von CITY, wo wir *Alles Geld der Welt kostet Geld* einspielten, dann trug ich meinen formlosen Ausreiseantrag zur Abteilung

Inneres Im Prenzlauer Berg.

Vereinbart war, daß mein Verhältnis zur Staatssicherheit aufgelöst würde, mein Wohnsitz in Westberlin wäre und mir die Transitwege durch die DDR, wenn ich in der Öffentlichkeit nichts Grundsätzliches gegen sie äußere, offenstünden. Nach sechs Monaten würden wir uns in Prag mit den Genossen der Auslandsaufklärung treffen, um eine Entscheidung für oder gegen eine weitere Zusammenarbeit mit der Staatssicherheit zu treffen.

Eine letzte Großveranstaltung, die ich gemeinsam mit Christoph Tannert und Egmont Hesse für den Mai 1986 vorbereitete, schloß an den ein Jahr vorher mißlungenen Versuch an, eine Versammlung unter den Motti *harry weiß bescheid,* und *wohinaus aus berlin* durchzuführen. Bert Papenfuß, Jan Faktor und Stefan Döring hatten im Atelier der Malerin Uta Hünniger in einem dritten Hinterhof der Lychener Straße eine Woche lang abendliche Lesungen und Gesprächsrunden ohne Publikum veranstaltet, nach deren Ende der von Uwe Kolbe vorgeschlagene alternative Schriftstellerverband wieder nicht gegründet wurde.

Ich weiß nicht mehr, warum es nicht wenigstens zu einem Gründungspapier der *Zersammlung* genannten Abende kam. Wieder fanden nur kurze Lesungen statt, die damit endeten, daß die Autorinnen und Autoren sich auf eine *Einheit der Kunst* beriefen, die, würde sie sich organisieren, allein deshalb schon vom Staat angreifbar sei. Das Wort Zersammlung schien es vorzuschlagen. Es stand vom ersten Tag an in einer Mitte, die hätte frei bleiben müssen. Der einzige sinnvolle Satz, der mir aus den eitlen und hitzigen Diskussionen noch im Gedächtnis ist, war eine Replik von Katja Lange auf die verwunderte Feststellung, daß plötzlich soviel Dramatik geschrieben würde: »Weil einer allein das alles gar nicht mehr ertragen kann.«

Wort & Werk, für das uns Pfarrer Rainer Eppelmann zwei Wochen lang seine Samariterkirche im Friedrichshain um die Ecke der Zentrale der Staatssicherheit zur Verfügung stellte, fand ein Jahr nach der *Zersammlung* statt, aus der mit ein wenig mehr gemeinsamem Willen und ein wenig weniger poststrukturalistischem Know-how eine Geschichte vom Ende der DDR herauszulesen gewesen wäre. Die Bitte Eppelmanns, unser täglich *Wort & Werk* mit einem Zitat aus dem Alten Testament zu beginnen, damit die Veranstaltungen in den Augen des Staates Gottesdienst blieben, vernebelte auch die Objektive der spezialisierten, kollektivhungrigen Westjournalisten. Das Konzept war, alle in den verschiedenen Städten seit 1980 herausgegebenen Zeitschriften in allen ihren Nummern und alle originalgrafischen Editionen, die Literatur veröffentlichten und unabhängig von Staatsverlagen erschienen, auszustellen. Jeder Abend gehörte den Künstlern einer dieser Regionen. Die Kirche schützte nur vor dem Eingreifen des Staates mittels eines veranlaßten Wasserrohrbruchs, nicht aber vor dem Zerfall einer nur mehr künstlich als von Kunst zusammengehaltenen Szene.

Im Mai 1986 aber, wenige Wochen vor meiner Übersiedlung nach Westberlin, glaubte ich nicht daran, daß die freie Kunstszene, und vor allem in dieser unorganisierten Verbindung, überschaubar oder steuerbar sei. Der Verdacht, daß hinter allem die unangemessen romantische Vorstellung stehe, eins zu sein mit einer Welt, die bei Lage der Dinge, für jeden nur einzeln erreichbar war, hätte das, was ich mein Gefühl nannte, schwer verletzt.

Mein Denken und mein Wille hatten es geschafft, ein paar Gesetzeslücken zu füllen, mit Gedichten und Büchern, ein paar Kofferräume mit Kunst, ein paar Aktenordner mit Berichten, ein paar Bühnen mit Musikern und ein Gefühl von Unglück mit Erschöpfung. Ich ging nicht in den Westen, um eins mit mir zu sein, sondern um mich wieder auseinanderhalten zu können. Meine Koffer waren gepackt, die wenigen Möbel, Bücher und Bilder standen für den keine zehn Kilometer langen Transport von Prenzlauer Berg nach Schöneberg bereit. Nur von der Versicherung Oberst Reuters, mich zu entlassen, war nichts geblieben.

Wie nach einer schlaflosen Nacht, wenn man beim Bäcker in der Schlange steht. Und weil es kalt draußen ist, steht man im Laden und bereut, für die Wartezeit keine Tageszeitung gekauft zu haben, und starrt auf die Glastür mit der Aufschrift BITTE ZIEHEN. Und der Laden ist hoffnungslos überfüllt, und ein nächster Kunde drückt die Tür auf, und obwohl man gleichzeitig bemerkt, daß auf der anderen Seite BITTE DRÜCKEN geschrieben steht, wechselt alles die Richtung. Die Wahrnehmung, die Gewißheit, und nur noch das Nicht-Ich geht weiter und legt die Münzen auf die Theke, auch wenn es nur um Brot geht, als ginge es ums Leben. Ist es ein deutsches Gesetz, daß die Türen in einer Lokalität, die mich auffordert, Platz zu nehmen, für den Notfall nach außen zu öffnen sein müssen?

Dann sah ich mich von Wolfram Scheffler, der mich erwartet hatte auf der anderen Seite durch das Labyrinth des Bahnhofs Friedrichstraße zur U-Bahn gezogen, und als *Peters*, wie ich jetzt hieß, stand ich weiter für Oberst Reuters, der mir mein Bekennerschreiben – wie Faust, in Dresden, vor fast zwanzig Jahren – eine Woche vorher über meine Unterschrift diktiert hatte, selbstverständlich »auf

Der Richtigen Seite.«

4.6

Fuck for peace. Eine nackte einsame Demonstrantin. Vierzig, fünfzig, sechzig Jahre alt. Öffentlicher geht es nicht. In der Hitze auf den Stufen vor dem Ruinenturm der Gedächtniskirche. Stumm? Nein, sprechend, wenn sie angesprochen wird. Selbstgespräche, über den touristischen Halbkreis hinaus, der sich um sie schließt, bröckelt, aneinander festhält, wieder abbröckelt, in die zwischen Tauentzien und Ku'damm stockende Masse. Kein Körper für Schaulust, Wissensdurst, Neugier. Stumm wie die Kamera, die für das Sommerloch arbeitet. Ich kenne sie aus dem Fernsehen.

Die Traumdeutungstheorie, nach der ich alle Subjekte, alle Objekte, die im Traum eine Rolle spielen, bin. Die Hütchenspieler, der allumfassende Sommer. Das Hinsehen ins Kommentarlose. Strichjungs. Kinderstrich. Ich kenne sie aus dem TV. Tamilen. Rosen. Ohne Journalismus kein Kampf, kein Straßenkampf. Alles geht durcheinander, durcheinander hindurch. Die innere Stimme ist die über den Tellerrand der geschlossenen Warenwelt schwappende der Sprecherin vom *Sender Freies Berlin.* »Die Geschichte ist immer doppelt so alt wie ...« Aber das bin ich, ich ohne eine eigene Sprache, der das sagt. Hinter dieser Schwelle aus der Stadt in die Stadt ist alle Wahrnehmung sofort an die Erinnerung gekettet. Literatur, daß die Worte nicht mehr bedeuten als die Grenzen ihrer Bedeutung. Und alles wird sofort Erinnerung:

Sabine Sinjen spricht auf dem Stücke-Markt des Theatertreffens die Monologe der Frauen in *die erotik/der geier.* Dann sterben sie, die einhundert nach dem Krieg an der Südseite des kahlgeschlagenen Hügels lagernden Männer sprechend. Jeder, der spricht, stirbt. Der Vierundzwanzigste, Achtundvierzigste, Sechsundneunzigste spricht, stirbt, dreckig, von der Oberfläche der Zeit geschützt, verwundet von dem, was noch erzählt werden wird, selbst- und zahlenverliebt.

Wolkenlosigkeit. Im Schatten der Mauer. Die lyrische Stimme des Schauspielers Peter Fitz: Eine für einhundert. Als hätte C. D. Grabbe aus Detmold seine Hermannsschlacht in Begleitung seines Stammtischorchesters entworfen. Familie Sühlow von der Bonner Vertretung und Max Dehmel, der Wirtschaftsreferent, fahren nach der Matinee im Schillertheater in den Osten, öffnen ihre CD-Kofferräume, einhundert Fruchtjoghurtbecher – Fruchtzwerge und ein Mitschnitt der Vorführung. Erzählen ist grausam, wenn der, der erzählt, mit dem Erzählten anfängt und endet.

Es wird erzählt, ein Sohn des Botschafters soll seine Ostfreundin in Aluminiumfolie gepackt haben, wie die Brathähnchen im Westen verpackt werden – wegen der Wärmesensoren am Grenzübergang – und in den CD-Kofferraum, für einen einzigen Nachtausflug an den Ku'damm.

Erzählt wird hinterher. Ich meinte, die Männer sollten, bevor sie zu sprechen beginnen, tot sein. Ich hätte mich mehr für die Inszenierung des Todes als die des Erzählens interessieren sollen. Jetzt ist es zu spät. Ein von der Welt abgeschnittener, ein echter DDR-Autor, der mir von seiner historischen Romanfigur ausrichten läßt, er sei, was er erzähle.

Abgelichtet, wie Pawel Kortschagin[37], auf einem Parkplatz am Lago Maggiore, auf einer Farbfotografie, spektakulär aus dem Osten gerissen, mit dem im Vordergrund liegenden Bernd: der Rechtsanwalt, als er noch Torwart zu werden versprach und Physiker und Antiquar und Slawist. Bis auf den Rest der Künstler, die scheinbar schon immer sind, was sie werden wollen, wie andere Kinder Lokführer. Respekt. Im Wartezimmer, in der Praxis des kunstliebenden Herrn Doktor »Alles-Kasse« Loewe, der die Übersiedler im Wartezimmer hinterm Checkpoint Charlie krankschreibt für drei Monate auf Westflash mit Osttrauma. Die Psyche, eine rhizomatische Marktlücke zwischen Osten und Westen. »Im Osten war alles grau, und jetzt, hier im Westen, das Bunte, das macht einfach irre. Das irre Umrechnen. Fünfhundert Mark Miete, eins zu fünf, zweieinhalbtausend Ost, und im Osten eine Wohnung für fünfzig. Das ist doch krank, selbst bei objektivster Wertsteigerung.« »Das glaubt der nie.« »Das sollst du auch nicht sagen. Das fragt dich der Psychologe von sich aus, ob dir solch irre Rechnungen oder in dieser Richtung ... und du sagst einfach immer Ja. Das ist für die Kasse; da verdient der mehr dran als du.« In Marienfelde die Vierzig-Stunden-Woche-Alliierten, die vorgedruckte Stichworte abhakenden, geschichtsmüden Einbürgerungsbürokraten. »Wer arbeitet für die Staatssicherheit?« »Ich weiß es nicht.« Ich weiß nicht, wer von denen für die Staatssicherheit arbeitet. Später, in der Kurfürstenstraße bei Herrn Schwarz und seinem Spanner vom *Spiegel*. »Herr Anderson, wir danken Ihnen für das Gespräch.« Dreitausend Deutsche Mark, so daß ich mich für überbezahlt halte. Zwei Monate später treffen wir uns zufällig in einem griechischen Restaurant in der Fasanenstraße, und als ich frage, was sein Ressort sei, da ich ihn im Gegensatz zu Herrn Schwarz auf den Westparties im Osten nie gesehen hätte, sagt er trocken »Geheimdienste.« Ist das nun der, an den sich Jürgen Fuchs wenden würde, wenn ich ihm mein Desaster erzählte, oder der, an den ich mich in der Not wenden könnte, wäre ich sicher, daß er seine Spesen nicht im Osten aufbessert.

Der Verlag will Prosa, die ich nicht aus der Tasche ziehen kann, weil ich Geschichten nur glaube, wenn ich weiß, warum sie erzählt werden, zum Einschlafen, oder gelesen, ungestört von der Wirklichkeit, und die schlafende Stadt noch keine oder die Natur eine andere Sprache spricht, oder die, die sie erzählen müßten, sie nicht mehr erzählen können.

Was ist schon so tot, daß es erzählt werden kann, wie ich eine Vater-Mutter-Beziehung erzählen müßte, und bevor ich die erzähle, müßte ich selbst tot sein. Tot, wie Fräulein Kiesel in meinen Gedichten über Puschkin in Weimar. Unsterblich tot. Nicht eine Fortsetzung der Politik mit menschlichen Mitteln – Ökonomie pur, Verbrauch. Recycling zur Not. Nein, Literatur. Immer wieder von Anfang an; auf das Einzigartige zurückgesprochen. Bis es sich entfernt. Und die deutscheren Dichter wie im Exzeß in den Provinzen kramen, an denen die ihr Geld verdienen, von denen sie sich abgeschnitten haben auf ihrem Transit vom Mutterleib in den Leib der Muttersprache, vorwärts in die Frontstadt, wo sie sich zellteilen in die, die Rotwein, und in die, die Bier trinken, bis sie nur noch gemeinsame Erinnerungen haben und sich als Opfer der kollektiven Erinnerung betrachten.

Es gibt keine Gelegenheitsgeschichten, wie es Gelegenheitsgedichte gibt. Etwas drängt sich in den Vordergrund, und der Hintergrund verstummt. Verpaßte Gelegenheiten. Ich kratze die Preisschilder von den Produkten, bevor ich sie in den warm-miete-inklusiven Kühlschrank stelle. Wie ich die *Tagesschau* gesehen habe, sehe ich jetzt die *Aktuelle Kamera*. Dann höre ich auf zu vergleichen. Es gibt nichts, was es gab. Das, was es immer noch gibt, hat immer noch kein Preisschild. Der politische Hintergrund, Angst. Der ökonomische Vordergrund, Angst. Alles einhundertprozentig.

Nein, der Balkon auf die Fasanenstraße und der Balkon auf den Wielandplatz. Nein, der Balkon bleibt der der Kindheit, auch wenn es dem gegenüber kein Windhund mit keinem Callgirl aus dem fernen Osten getrieben hat. So stumm ist der Garten der Kindheit von einem Balkon aus betrachtet. Der Balkon der Kindheit, auf die die Gegenwart nicht zurückblickt. Die Flügeltür bleibt geöffnet. Draußen bleibt draußen. Der Garten, Synonym für Ausgeschlossenheit. Wer flieht, ist ausgeschlossen. Kein Kind flieht in den Garten. Ein Kind, das in den Garten flieht, ist kein Kind.

Die breiteren Bürgersteige, dort wo jetzt Blixa Bargeld und Nick Cave im Altweibersommer sitzen, waren einstmals Vorgärten. Wenn der Dealer kommt, gehen die Gäste durchs

Café Mitropa ins Hinterzimmer. Der abstrakte Kiddy Sydney und die alternative Lisa Mona, die sich regelmäßig bei MTV eincastet, und die kaffeeschnorrende Nachtigall oder Lerche von Schöneberg aus dem historischen 8-mm-Team Rosa von Praunheims und die Psyche einer Tochter, die unter der Psyche einer Mutter, die unter der Psyche des Mannes, der unter der Psyche des Vaters litt, leidet. Stumme Gelegenheiten, in denen das, was kommt, sich mit dem, was war, nur mittels dessen, was unverständlich bleibt, verständigt. Die Gelegenheit, ein Grund, auf dem Lebendes abgetötet oder noch Totes belebt wird, wie von der Deutschen Bank das Geld,

Das Ich Verdiente.

Es ist mir peinlich, immer noch, ein an den politischen Kategorien völlig uninteressierter, aber vollständig von ihnen besetzter Mensch zu sein. Das Amt des Dichters ist es, im Vater zu wühlen, und der Staat, der Souverän zahlt dies über den Umweg eines Berufes, bei dem ich in der Erde zu wühlen habe, wie der Salinenassessor Novalis.

Bevor ich nach Westberlin übergesiedelt war, hatten Reuter und ich ein Treffen vereinbart. Ort, Datum, Zeit. In der Nähe des Prager Parkhotels sprach mich Heimann mit aufgefaltetem Stadtplan an und flüsterte mir – während ich, wie verabredet, den Blick auf die Karte gesenkt, achselzuckend beteuerte, ich sei selber nur Tourist – Etage und Zimmernummer zu. In dem von Reuter weihnachtlich dekorierten Doppelbettzimmer, und nachdem ich sie bei laufendem Wasser und flüsternd zwei Stunden lang über meine Ankunft in der westlichen Welt informiert hatte, was sie als ihren primären Auftrag an mich verstanden wissen wollten, versuchte ich umständlich zu erklären, daß selbst im Westen der Stadt Kunstszene und politische Szene zwei verschiedene Stiefel wären und ein politisches Engagement mich eher verdächtig machen würde. Im Grunde könne ich nur Jürgen Fuchs, der hauptamtlich als Therapeut arbeitete, konsultieren und ihm von der Couch aus, dem Äquivalent meiner Einsichten in die Psychologie, mein Problem mit Ersatz-Vater-Mannschaften offenbaren; und daß Jürgen mir raten würde, zu den Russen überzulaufen, davon könnten sie, die ihn für einen vom CIA bezahlten Paranoiker hielten, nicht eben ausgehen.

»Kündigung?« sei bei ihnen, wie in jedem normalen Arbeitsverhältnis, prinzipiell möglich. Allerdings solle ich mir vor Augen halten, wie sie auf Überläufer reagierten. Und letztlich hatten sie natürlich recht. Ein von sich selbst Überzeugter läuft nirgendwohin über.

Ihr Wille zu einem tausendjährigen Reich, das erst enden könne, wenn alle Unterdrückten ..., doch ich konnte mir mich, gerade weil ich kein Überzeugungstäter war, sowieso nicht als Doppelagent eines und meines Weltbildes vorstellen. Ich ersparte es ihnen, mich zu agitieren. Ich fühlte mich sicher unter einem Arbeitgeber, der mich nicht an einen anderen verraten würde, da es den nicht gab. Ich fühlte mich in Berlin sicher, in den Herkunftsgemeinden dieser Wagenburg, dieser mehr Situation als Stadt, in einem fast zwanghaften, grenzübergreifenden Geist, der die Gemeinschaft logistisch unbefangen erweiterte: vom Jenenser zum Thüringer zum Sachsen zum Ostler.

Der Zweck des Zusammensitzens im *Marabu*, Ecke Görlitzer-, im *Café Mistral* an der Gneisenau Straße oder in der *Osteria* am Kreuzberg war ja nicht der Sturz der DDR, sondern das Warten auf ihr Ende. Westberlin war für die Ostdeutschen, wenn sie dann nach ihrer Übersiedlung dort blieben, nicht das Behandlungs-, sondern das Wartezimmer. Im Purgatorium der psychischen Geschichte scheinen die Opfer (wie die Täter in der Sphäre des Gewaltverbrechens) an den Tatort gebunden.

Ich tat mein Bestes, Oberst Reuter und Major Heimann darüber aufzuklären, daß es menschlichen Dispositionen widerspreche, die Dinge in einer Art auseinanderzuhalten, wie die überforderten Altkommunisten die Stadt Berlin oder den Staat. Mit dem Hinweis darauf, daß ich es ja sei, der sich ziere, Zusammenhänge zu sehen, die über mich hinausreichten, versuchten sie mich »auf Linie« zu halten. Da dies alles mit Kunst nichts zu tun hatte, überhörte ich mein stillschweigendes Einverständnis in ihre Sicht auf die Dinge.

Ich fühlte mich befreit, wenn sie mich aus ihren vorbestellten, randstädtischen Konspirationen entließen, in denen ich jene thüringisch-sächsisch-östlichen Entgrenzungsgelage, die Zusammenhänge, die ich suchte wie mich selbst, und das, was ich davon verstand, auf ihren ideologischen Schnittmusterbögen ausmalte. Ich war frei, wenn sie mich am selben Nachmittag verabschiedeten, in Richtung Eger an der bayrischen Grenze, via Karlovy Vary, *Grand Hotel Pub*, zu den Kindern, Freunden und Freunden der Freunde, die dachten, ich käme von

Der Anderen Seite:

Aus Berlin. Aus Berlin (West) war Ende der achtziger Jahre eine Stadt geworden, die nur dank der ökonomischen Infusionen, die sich dem westdeutschen Volksempfinden als fortgesetzte Luftbrücke darstellten, noch dort existierte, wo das Gros des amerikanischen Tourismus sie vermutete: an der westdeutsch-westrussischen Grenze; eine Stadt unter dem Sauerstoff-Therapie-Zelt, das das volkseigene Institut Manfred von Ardennes für das überalterte Politbüro in Wandlitz erfunden haben soll. *Stadt ohne Raum,* die Minimalstrafe für das Desaster *Volk ohne Raum.*

Wenn Künstler in Westberlin etwas gründen wollten, dann wendeten sie sich an ein Charlottenburger Netzwerk von Berliner Senat, Künstlernothilfe und Kunst-Rechtsanwalt Raue, Meineke- Ecke Lietzenburger Straße.

Noch im Herbst 1986 gründeten *wir*, das heißt sieben für einen spendenempfangsberechtigten Verein notwendige Mitglieder, für notarielle 111 DM die *Edition Malerbücher*, in der wir die uns gewohnte Praxis grafisch vom Künstler verarbeiteter Texte fortsetzten. 1987 eröffneten *wir*, in diesem Fall eine Töpferin und an Keramik (wie sie in Wilfriedes Werkstatt in Ostberlin bemalt wurde) interessierte Künstler, eine Werkstatt mit Galerie. Im selben Jahr veranstalteten *wir* mit dem *Filmhaus Köln* als Gastgeber *Entgrenzungen*, eine Woche mit Konzerten, Lesungen, Ausstellungen von Bildern, Malerbüchern und Künstlerkeramik.

Aus Effektivitätsgründen galten drei Kategorien von Kunst: Westkünstler, Ostkünstler und übergesiedelte Künstler. Der wahlverwandtschaftliche Ansatz für *Entgrenzungen*, zu differenzieren zwischen denen, die miteinander arbeiten wollen, und jenen, welche es nicht wollen, war zwar auch nur ein Alibi der mir eigenen Angst vor Entfremdung, schien aber in Westberlin, genauso wie in Ostberlin, auf einen Nerv jener von der Norm abgetrennten Künstler zu treffen und den eingefleischten Expansionsdruck zu lösen.

Die Sprache des Sprechens endet an der Oberfläche des Angesprochenen. Weiter geht es nicht. Der Augenblick prallt ab am inneren Auge des anderen. Das Schweigen absorbiert das Gehörte. Kein Gegenüber, kein Sprechen. Der Verleger oder der Leser von Literatur, die Besetzung auf der Bühne oder das Publikum im Saal, der Politiker vor dem Spiegel oder das parteiische Volk vor den Wahlen, meine Führungsoffiziere oder ich, wir sind Vehikel unserer Selbstwahrnehmung als Mehrheit. Auf keine Formel mit uns selbst zu bringende, innerlich zerspante Mehrzahl. Die Angst vor der Katastrophe bringt das Sprechen dazu, sich Wort für Wort der Sprache zu entledigen. Die Katastrophe selbst ist formlos. Übrig bleibt eine Sprache, die sich des Sprechens entledigt hat: Kunst. Eine wieder und wieder von der Verdunstung des Künstlers unter der Sonne verschlüsselte, müde Oberfläche, die sich an ihren Grundlosigkeiten verzehrt.

1988 zog Reinhild von Jena nach Westberlin, wo nicht nur ich, sondern seit 1986 auch ihre Schwester Angelika lebte. Gegen den Willen meiner Führungsoffiziere, die mich keine zwei Jahre vor dem Ende der DDR lieber mit der Tochter eines von dubiosen amerikanischen Spendenfonds alimentierten Kulturhistorikers verkuppelt gesehen hätten, half mir eine Freundin von der Bonner Vertretung in Ostberlin, Reinhilds Übersiedlung zu beschleunigen.

Im selben Jahr kam Penck, der das Ende der DDR zu spüren schien, abgesehen davon, daß seine Dresdener Freunde in der Stadt lebten, öfter und für längere Zeit nach Berlin. Wegen der Arbeit an einer Reihe von Malerbüchern, die ich redaktionell betreute und produzierte, und der konzeptionellen Vorbereitungen einer zu seinem 50. Geburtstag 1989 von der Neuen Nationalgalerie geplanten Retrospektive, wohnte er bei uns in der Gleditschstraße am Winterfeldplatz.

Noch 1982 stellten Kerbach und ich auf einer Ausstellung zur Geschichte des Künstlerbuches verwundert fest, daß sämtliche Autoren der von DDR-Künstlern illustrierten Texte tote waren und die literarischen Zeitgenossen der französischen Maler und der deutschen Expressionisten Anfang des zwanzigsten Jahrhunderts lebende. Damals begann ich, der Kunst einen nebulösen Verlust von Text und der Literatur so etwas wie eine bildliche Oberflächenspannung aufzuzwingen. A. R. Penck, der sich Ende der achtziger Jahre noch stark genug fühlte, dem Markt seine konzeptuell von Inflationstheorien grundierte Produktion zu verkaufen, bezahlte mich einige Jahre lang dafür, daß ich in seiner wandernden Fabrik die Funktion eines Scharniers zur Literatur ausfüllte. Als sein Sekretär befand ich mich zum ersten Mal seit meiner Übersiedlung in einer ökonomisch sicheren Lage.

Der Osten war am Ende, nur ich konnte nicht aufhören. Ich war der Osten, aus dem ich mich verdrängt hatte. Ich war ein Bild vor meinen Augen. Ich rechnete mit nichts. Ich sah mich das Bild sehen. Es gefiel mir, meinem, von welcher Seite auch immer, abstrahierenden Blick zu folgen.

Kaum fünf Kilometer entfernt, auf dem Bild gegenüber, begann der *Aufbau-Verlag* eine Reihe mit Autorinnen und Autoren wie Gabriele Kachold, Stefan Döring, Andreas Koziol, Bert Papenfuß und Peter Brasch, die *Außer der Reihe* hieß. Autoren, die ein Jahr früher mit jedem zweiten ihrer Gedichte abgelehnt worden wären. Bert Papenfuß wurde, und er war keine Ausnahme, ein Paß mit Dauervisum angeboten, so daß wir zu *Poetry International* in die Niederlande reisen und gemeinsam auftreten konnten. Eine Mehrheit schien sich urplötzlich »Außer der Reihe« zu sehen. Selbst die Staatssicherheit schickte eine Art Generalvertreter für gute Kameradschaft und Geistesverwandtschaft oder wenigstens für bessere Verständigung vom Friedrichshain in den Prenzlauer Berg hausieren, der an die Wohnungs- und Ateliertüren der Künstler klopfte, »Guten Tag« sagte und »Ich bin Mitarbeiter der Staatssicherheit und würde gern mal offen mit Ihnen reden.« Das, was ich vorgeschlagen hatte und eigentlich selbst hätte tun müssen, mit der Konsequenz, daß sich die Türen schließen, taten sie jetzt ohne mich.

Die Grenzen zwischen Osten und Westen begannen sich langsam zu öffnen. Nur für die, die aus der DDR ausgereist waren, blieben sie in Richtung DDR geschlossen. Ich litt unter der Deutlichkeit, mit der sich der Osten auflöste, ohne daß sich meine Bindung zur Staatssicherheit zu lösen schien, und fuhr während des Festivals von Rotterdam nach Den Haag. Die russischen Konsulate in Prag oder Budapest (und erst recht die im deutschen Westen) glaubte ich von der Staatssicherheit wenn auch nicht unterwandert, so doch beobachtet. Ich dachte, wenn ich mich in einem sogenannten Drittland bei einer sowjetischen Botschaft meldete, meine Geschichte noch einmal dort zu erzählen anfing, wo ich vor über zehn Jahren aufgehört hatte, sie zu vergegenwärtigen, und um Hilfe bitten würde, wäre die Staatssicherheit bereit, mich gehen zu lassen. Endlich ein deutliches Zeichen von Panik vor dem sicheren Ende. Wahrscheinlich observiert vom diensttuenden Pförtner der DDR-Botschaft, die, wie ich nach meinem Abschied feststellte, die benachbarte war, öffnete ich eine halbe Stunde lang in einem vorgeblich abhörsicheren

Raum der russischen Botschaft einem älteren Herrn, der mir versprach, Moskau zu informieren, mein Herz. Moskau, wo sie längst damit befaßt waren, ihre Claims abzustecken, ihre Goldrubel zu pfründen.

Für Penck, der in Dublin und London lebte, arbeitete ich im Herbst 1988, für einige Wochen in London an der Vorbereitung eines mehrtägigen Jazzfestes, mit dem er sich aus der Stadt verabschieden wollte und zu dem er seine Dresdener und New Yorker Musikerfreunde eingeladen hatte. Nach einem ersten Künstlerbuch mit einfarbigen Kaltnadelradierungen, das wir während der Londoner Zeit für den Druck vorbereiteten, begann ich noch im Dezember ein selbst für meine Erfahrungen mit dieser Materie großes Projekt. *Wolokolamsker Chaussee* von Heiner Müller mit sechsunddreißig Steindrucken für den *Maximilian Verlag Sabine Knust* in München und die *Galerie Rudolf Springer* in Berlin. Zusätzlich sollten im *Rotbuch Verlag* eine Taschenbuchausgabe erscheinen, für Berlin und München die Lesungen Müllers mit Musik von Penck zu den Ausstellungseröffnungen organisiert und für die erste Ausstellung von Pencks Keramik, die parallel in der *Galerie Springer* und der *Keramikgalerie Kattrin Kühn* gezeigt werden würde, die Normal- und Vorzugsausgaben der Kataloge hergestellt werden.

Eine vierundzwanzigstündige Wirklichkeit, von der ich das Gefühl hatte, sie überrenne mich. Wenn ich einschlief, war morgen heute, wenn ich aufwachte heute gestern. Das Dutzend Gedichte, das ich im Jahr schrieb, waren praktischer *Dienst am Kunden,* der für ein Künstlerbuch bezahlte. Die Dividende entsprach dem Witz, den ich beim Verkauf erzählte. Die Witze erzählte mir Heiner Müller, der sich selbst verkaufte. Ich konnte mich nicht mehr verkaufen. Ich hatte mich schon verkauft. Das, was ich noch konnte, war zuhören. Den täglichen Gästen aus Ostberlin, als wäre ich sie, die ich nicht mehr verstand. Das Buch, das ich hätte schreiben müssen, hätte »*Ich, Finden, Eintausendund...*« heißen müssen.

Ich weiß nicht einmal mehr, was ich mir einbildete: daß die Erzählungen der Kunst von den Wänden steigen oder die Gedichte die Bücher leeren. Daß ihre Wahrheit in meine Worte gekleidet, wahr wird (und wenn ihre Schönheit Teil einer Wahrheit ist, dann ist das, was ich selbst im Innersten als häßlich empfinde, wahr?). Daß alles nur eine Frage der Interpretation, der Nachdichtung, der Übersetzung und *Alexander Puschkin ... ein deutscher Sklave* sei, wie ich es in einen kleinen, endlich wieder mal wörtlich gemeinten Text hinein übersetzte, als ich gemeinsam mit Jürgen Fuchs von der Ministerin für *Innerdeutsche Beziehungen* einen Preis und das Preisgeld überreicht bekam. Daß ich aussteigen könne aus einer Geschichte, wie die Sprache aus den Bildbeschreibungen, auf deren Hintergründe ich es abgesehen hatte.

Ich weiß es nicht mehr. Ich weiß, daß es immer nur vorwärts ging, und auch, als ich eines Tages endlich die seit Jahren gesuchten zwei Bände der 1802 erschienenen Erstausgabe von Novalis in den Händen hielt und nach langer Zeit wieder las *Ist dis auch Rausch? so bliebe der Nüchternheit. / der Wahrheit nur die Masse, der Thon, und das / Gefühl der Leere, des Verlustes / und der vernichtigenden Entsagung*, konnte ich nicht mehr anhalten, um noch den Zusammenhängen, die mir längst verlorengegangen waren, zu entsagen.

Ende August 1989 traf ich mich mit Herrn Reuter und Herrn Heimann in Budapest. Aber da wollten sie schon keine

Informationen mehr. Sie führten Selbstgespräche. Ich kam mir nutzlos vor, hatte Mitleid mit ihnen. Es war ein kurzes Treffen, weil sie noch zum Einkaufen wollten, in die Innenstadt. Herr Heimann suchte einen Reisewecker, wie ich ihn hatte, für etwa 9,99 DM,

Mit Digitaler Anzeige.

Als wir nach unseren Ferien am Balaton[38] zur österreichischen Grenze fuhren, standen die von ihren Besitzern verlassenen Automobile aus DDR-Produktion in den kniehoch abgeernteten ungarischen Getreidefeldern. Ein sowjetischer волга und um ihn ein Rudel Trabanten, die Schnauzen wie aufgeschrecktes Damwild auf die höchstens noch vom Zoll mehr bewachte Westgrenze Ungarns fixiert. In den Heckfenstern baumelten die weißen Ärsche tierischer Talismane. In Sichtweite, vor den Schlagbäumen, mischten sich westdeutsche und ostdeutsche Fahrzeuge in den Warteschlangen. Die uniformierten Beamten stempelten Visa im Akkord. In den grenznahen Straßendörfern Österreichs war Jahrmarktsstimmung. Die mobilen Händler aus Franken und Bayern standen ungeduldig in den Staus Richtung Osten.

Penck hatte aufgrund von Verhandlungen zwischen seinem Kölner Galeristen und der Alten Nationalgalerie in Ostberlin, die in der Endzeitstimmung auf Schenkung eines seiner Bilder aus war, die Genehmigung bekommen, in den Osten einzureisen. Wir dachten, daß es auch für uns nur noch ein paar Tage dauern könnte. Von den über zwei Monaten, die es dann tatsächlich noch brauchte, erinnere ich, daß wir Nachrichten zappend vor dem Fernseher saßen oder am Telefon, oder vor beidem zugleich. Immer mehr unserer Freunde kamen aus

Ostberlin. Sie gingen abends nach Hause in den Prenzlauer Berg oder blieben übers Wochenende, um am Montagmorgen zu ihrer Arbeit in den Osten zu gehen.

Ulrich Zieger, der schon mit *Zinnober*, einem der wenigen unabhängigen Theater der DDR, im Westen unterwegs gewesen war, hatte sich kurz vorher von einer gemeinsamen Lesung in München, zu der wir mit Andreas Koziol und Bert Papenfuß eingeladen waren, illegal nach Montpellier abgesetzt. Während Bert mit einem Dauervisum problemlos die Transitstrecken befahren, das heißt, mich auf der Rückfahrt nach Westberlin begleiten durfte, mußte Andreas mit seinem einmaligen Dienstvisum im fränkisch-thüringischen Grenzgebiet das Auto verlassen und zu Fuß durch die Paßkontrolle, das heißt, einreisend in die DDR, seinen Weg nach Ostberlin in einem Fahrzeug mit ostdeutschem Nummernschild fortsetzen. Nach Ulrich Zieger fragte an der Grenze keiner. Wir saßen in Sichtweite der Grenzkontrolle, auf dem Parkplatz einer Raststätte – wie Führungsoffiziere auf die Rückspiegel des Dienstwagens starrend – und warteten auf Andreas, der aber die Gelegenheit ausgenutzt hatte, um nach Suhl, seiner Heimatprovinz, Richtung hessische Grenze abzubiegen.

Die Grenzsituationen häuften sich. Die Schriftsteller, die bisher als konsequente Einzelwesen galten und behandelt wurden, reisten plötzlich in Gruppen. Ein romantisches viertüriges Käfterchen auf vier Rädern in die Gründerzeit.

Bei den Frankfurter Verlagen *Fischer*, *Suhrkamp* und *Luchterhand* verlegten seit Jahren Autorinnen und Autoren wie Gert Neumann, Wolfgang Hilbig und Monika Maron, Thomas

Brasch, Uwe Kolbe und Heiner Müller, Elke Erb und Christa Wolf. Gerhard Wolf, der als Herausgeber *Außer der Reihe* beim *Aufbau-Verlag* betreute, hatte die Lizenzausgaben natürlich im Westverlag seiner Frau untergebracht. So erschienen Gabi Kachold und Bert Papenfuß bei *Luchterhand* und kurz vor der Öffnung der Berliner Mauer zur Buchmesse im Oktober 1989 in Frankfurt. Am Tag des Abends, an dem Bert Gedichte von Jakob van Hoddis vorlesen sollte, kam die Nachricht, er sei verhaftet worden, auf einer Massendemonstration vor der Gethsemane Kirche am Prenzlauer Berg. Er sei verletzt und säße in U-Haft, Rummelsburg. Ich dachte, jetzt drehen sie alles zurück, mit Gewalt. Aber jede Stunde war der Stand der Dinge ein anderer.

Einen Monat später, November 1989, war die Grenze geöffnet. Ich saß wieder auf einem Parkplatz, diesmal am Flughafen Schönefeld, um mich ein letztes Mal mit meinen Führungsoffizieren zu treffen. Wir fuhren zehn Minuten nach Süden, hielten auf einer groben, mitten im Acker endenden Betonpiste, wo sie mir im abgedunkelten, und wie sie betonten, privaten Wagen erzählten, sie seien dabei, ihre Archive zu vernichten und sich sicher, daß es keine Regierung gäbe, die ohne sie auskäme – und entließen mich in Ehren.

Ich ging zu einer Lesung, die der von Bürgerrechtlern während der »Wende« im Prenzlauer Berg gegründete *BasisDruck Verlag* veranstaltete. Es las ein Autor, den ich kennengelernt hatte, bevor es ihm gelang, über eine der Botschaftsbesetzungen Mitte der achtziger Jahre in den Westen zu gehen. In den autobiographischen Erzählungen gab er zu, für die Staatssicherheit gearbeitet zu haben. Ich zerlegte das Buch. Übrig blieben: Eine Schrift, die mir nicht gefiel, billiges Papier, ein eitler Text und ein Erzähler, dessen Gründe mir verdeckt schienen und schamlos ausgestellt. Ich kannte die Geschichte in der Version einer Leipziger Freundin. Sie handelte von einem auf der anderen Straßenseite – gegenüber der Bonner Vertretung im Schatten eines Durchgangs zum Hinterhof – zurückgelassenen Freund, einem dem Behördendruck ausgesetzten Schwulen. Dekonstruktivismus, erst recht im Praesens historicum, griff mich persönlich an. Ich hätte mich hinsetzen und die Geschichte selbst schreiben sollen, auch wenn es immer noch nicht meine eigene gewesen wäre.

In diesem halben Jahr, das zwischen meiner Entlassung und dieser Buchpremiere vergangen war, hatten Jürgen Fuchs, Roland Jahn, Freya Klier, Stefan Krawczyk und Lutz Rathenow die wesentlichen, mich betreffenden Teile ihrer Akten gelesen. Nur ich versuchte mich mit der Herstellung von Lyrik im ganzheitlichen Gründerwahn und an einem Anagramm wie dem Druckhaus und

Verlag *Galrev*.

5.1

In den typischen DDR-Biographien meiner Generation stehen von Zeile drei bis sechs, nach Geburts- und Bildungsnachweis und abgebrochenem Studium immer ein erlernter Beruf und einige für den Renten-Versicherungs-Nachweis ausgeübte *Arbeitete-als*: Telegrammzusteller, Pförtner, Haus- oder Bademeister, Lager-, Transportarbeiter oder Zerspaner, Inspizient oder Souffleuse. Einen direkten Rückgriff auf die, wie man so schön sagte, Schlüsselpositionen der Gesellschaft kann ich, außer in den Texten Gert Neumanns, nicht erinnern. Eine Prosaanthologie mit dem Inhaltsverzeichnis: *Der Herbstlaubstecher, Der Friedhofswärter, Die Korrektorin, Die Pferdepflegerin, Der Aushilfsbeleuchter, Der Telegrammbote* ist nicht erschienen. In der ökonomisch weltfremden Hanglage des DDR-Literaturbetriebes tauchte die Herkunft in Gestalt wehender Selbstzweifel erst dann wieder auf, wenn die lukrative Stunde der Prosa geschlagen hatte oder im Zusammenhang der für ein- bis zweitausend Mark von der Zeit auf einen erschwinglichen Preis herabruinierten Bauerngehöfte in fernerer Nähe des Geburtsortes, im Abseits staatlicher Gleise verrottender Bahnwärterhäuschen oder in gewisser Ferne am rauschenden Provinzbach dämmernder Mühlen. Die Stunde schlug, wenn Freunde etwas ausbauen wollten – für sie selbst auf Lebenszeit und für die Freunde der Freunde mit der Bitte, sich an das zu erinnern, was sie, als sie noch keine Künstler waren, gelernt hatten. So war es problemlos möglich, mit einem Dutzend Autoren, ihren Geldnöten und ihren, aus dem Dunkel düsterer Lehrzeiten wachgerufenen Qualitäten ein Haus auszubauen oder ein mittelständisches Unternehmen in Gang zu halten. Alle hatten ja irgendwann irgendwie irgendein Handwerk gelernt.

Vor diesem während einer Vollversammlung in einer Schöneberger Pizzeria aus der »marktwirtschaftlich kapitalistischen Zukunft« beschworenen Hintergrund beschlossen im Dezember 1989 etwa zwanzig Autorinnen und Autoren, einen Verlag zu gründen, einen *Verlag für Lyrik* mit zu- und fremdarbeitender Setzerei, Druckerei und Servicebereich für die Druckvorbereitung.

Als ich wenige Tage später das, was das DRUCKHAUS GALREV in der Lychener Straße 73 werden sollte, besichtigte, stieg ich durch eine vom Vormieter über die ungarisch grüne Grenze verlassene, in kurzer Zeit zur Müllhalde avancierte, sogenannte Ladenwohnung auf rohrbruchfeuchten Kellern. Die Reste eines Menüs, wie sie sich nach noch jedem Gespräch über die Zukunft der Poesie zurück in den Bioabfall spülen lassen. Wir erklärten das Haus für besetzt und den als

Lebensgrundlage gedachten kleinbürgerlichen Grundriß zu Verlags- und Lagerräumen, Galerie und Café, Setzerei und Druckerei, Labor und Archiv. Ein Haus voller Mieter und ein verfaultes Erdgeschoß hinter der Fassade eines jener Erinnerungsstücke des Berliner Nordens, deren filmreifer Reiz sich in den Einschußlöchern eines fünfundvierzig Jahre zurückliegenden Straßenkampfes erschöpfte.

Ein Anachronismus, im Augenblick, da alles auseinanderläuft, ein altertümlich innen-raumgreifendes Lyriklabel zu installieren, eine Verszelle zu eröffnen, einer Kontinuität verschrieben, die das Persönliche in einer über den einzelnen zurückgreifenden Geste aus Gestaltwillen an einen schwejkschen Begriff von Schöpfung bindet. Und gleichzeitig öffnen die Ämter: das Finanzamt, das Wohnungsamt, das Arbeits- und Sozialamt, das Katasteramt und irgendwann das Amt für die Unterlagen der Staatssicherheit den Antragstellern, den Hausbesitzern und denen, die es werden wollen, den Arbeitslosen, den Steuerberatern und Staatsbeamten die Türen. Ein selbstmörderischer Einfall, DRUCKHAUS GALREV & CAFÉ KIRYL. Fast schon Methode. Ein doppeltes Vorzeichen, mit dem sich leben ließe, ginge es nicht um eine Formel, auf deren einer Seite das Geld und die Gedichte stehen wollten wie auf der anderen die Zeit und der Raum.

Diese in die Mitte des Lebens lockenden Gleichheitszeichen. Geld = Sicherheit, Sicherheit = Heimat, Heimat = Romantik, Romantik = Dunkelheit, Dunkelheit = Vergangenheit, Vergangenheit = Text. Vor zehn Jahren wollte ich einen Text über das Plastische und das Bildhauerische schreiben. Es war wie eine Perlenkette, die sich die Zeit vertrieb, um im Raum sich einzurichten. Der Ehemann (M.) einer Freundin (S.) bat meine Frau (E.), ihm für die Zeit seines Volontariats an der der *Galerie Alte Meister* Dresden angeschlossenen Gußwerkstatt ihr Atelier zu überlassen. Später sah ich das Duplikat einer kleinen Stehenden, eines Steingusses von Lehmbruck in immer wieder anderen Berliner Wohnungen und Ateliers in Berlin, Dresden, Leipzig. In Beton, in Gips, in Bronze. Als ich, wieder zehn Jahre später, für Penck ein paar Steingüsse anfertigen ließ, sah ich, wie M. die Form, die er in Dresden vom Original abgenommen hatte, ausgoß; und ich dachte, derart könne ich den Text, der mich schreibt, schreiben. Ein Text, der die geöffnete Form, in der der Gießer die Formel nach seiner Arbeit auflöst (Ich = Literatur, Ich = Welt, Ich = Du), nur noch erinnert.

Alles Erinnerungen an erste und letzte Begegnungen, eingefroren in Projekten, flüchtigen Verabredungen, funktionalisierten Vereinbarungen, hernach in Küchen plakatierten Veranstaltungen, Verlorenheiten:

1983, ein Konzert in der evangelischen Studentengemeinde von Leipzig, in der sich die Schwulen trafen. Und ich singe ein paar Lieder, lese ein paar Gedichte aus Brinkmanns *Acid-Anthologie* von Charles Olsen, Ed Sanders, Tuli Kupferberg »Laß uns das auch in Berlin versuchen«:

Eine Wohnung am Zionskirchplatz, eine schwule Arbeitsgruppe, schon wieder das Bordeauxrot, immer das einer improvisierten Sitzecke, ein Staubfänger wie mein Erinnern. Nacht. Und auf dem Fußboden, an die Wand gelehnt, Ulrich Zieger, noch mager oder schon abgemagert, dunkel, trotzig, in der Hosentasche die Handvoll Gedichte à la O'Hara. Auf der üblichen Einflugschneise in den Prenzlauer Berg:

Wawerzinek aus Rostock und »Baader« Holst aus Halle, Frank Lanzendörfer oder Johannes Jansen. Ich weiß nicht woher. Theatergesten, die Gestern und Morgen gleichzeitig aus den Angeln heben; und natürlich in ein Buch. Ein Buch aus dem Bauch: Nichts anderes: »Du bist der Verleger, natürlich, du gibst das Geld und die Getränke aus. Den Rest machen wir natürlich selbst, mit X, Y oder Z. Bloß kurz mal noch phonanieren – ist ja ein Privileg, Telefon, Telefonanschluß – von wegen Nachtlager und so weiter«:

1977, ohne Wohnung in Berlin, vom Sicherheitsdienst aus dem ledig unerlaubten Beischlaf mit Uta (wieder im *Hotel Stadt Berlin*) gerissen, hänge ich nachts, während sie im Atelier eines Jazzpianisten mit einem Dramatiker über Eric Satie spricht, wie örtlich betäubt unter einem unersteigbaren Gipfel wie *Der Milchzahn des Prinzen Hamlet* von Miroslav Holub und unter dem Klangkörper des Flügels:

Nach der Lesung mit Häfner und Papenfuß, 1982 im Studentenkeller der *Hochschule für Grafik und Buchkunst* in Leipzig. Wieder darf einer von uns gerade nicht öffentlich auftreten. Das einzige System, das wir erkennen können, das aber nicht passen will, ist das von Kinder-Abzähl-Reimen. Und Katja Lange, die uns großzügig zu Spreewälder Gurken, Wiener Würstchen, Deputatswein und Wodka schräg über die Straße zu den Studententagen ins *Literaturinstitut* einlädt, bevor ich im tiefsten Connewitz aufwache und sie sich zum Bahnhof verabschiedet, in die Verbannung nach Ulan Bator. Und Katja reimt schon wieder »Alle Leute, groß und klein, sagen zur Verfassung Ja«:

Und am 8. Mai, einen Tag bevor die Russen den *Tag des Sieges* feiern, steht ein Leichenwagen, ein Gedicht von einem ins Unendliche gebrochenen, kantig schwarz ins Auge stechenden Langvers, ein Zeichen der Zeit, ein Wink mit dem Zaunspfahl der angelesenen Männerbünde und ein Bruch keiner Vereinbarung vor unserer Haustür in der Schönfließer Straße. Und als ich nach hinten, durch den Garten und die Nachbarhöfe, auf die Erich-Weinert-Straße ausweichen will, um doch noch zur Lesung nach Treptow zu kommen, zu dem von den Schwulen gefeierten *Tag der Befreiung*, steht da ein zweiter Kastenwagen mit laufendem Motor. Wie eine allerletzte Zeile aus Diesel und Angstschweiß, Scheißwetter und Erinnerung an die arbeitsfreien Wochenenden in einer Gemeinschaftszelle:

Wie die immer wieder und wieder allerletzten Zeilen von Thomas. Thomas Brasch, wo immer ich hinkam, ging er gerade. Zur Lesung während einer Rüstzeit am Strand von Warnemünde, zur letzten Selbstkorrektur eines Gedichts in die Setzerei, zu einer Sprechrolle in seinem Langgedicht *Papiertiger,* 1975, als mir sein Bruder Klaus seine hochdeutsche Stimme lieh. Wie der, dem man folgt, einen verfolgt.

Wie man – bis auf die Ausnahmen, die in Berlin geboren wurden – in einer Wohnung im zweiten oder dritten Hinterhof unterm Dach oder im Parterre landet und einen, der hier lebt, der vier, die hier leben, kennt, die je vier hier Lebende kennen, kennenlernt.

»Woher? Wohin? Nach Wahnsdorf?« »Jetzt muß ich nach Wahnsdorf!« Wie komme ich 1977 von Dresden nach Wahnsdorf, ohne durch Radebeul zu müssen, durch das schon der Zug fuhr – durch die Niederung ohne Aussicht am Grund des Elbmeeres. Ufer der Endmoräne –, kein anderer

Weg als der hindurch führt dahin zurück. Und wie komme ich zu dieser Vernissage junger Maler im frischgekalkten Stall eines maroden Bauerngehöftes, ohne der verhaßten, nach der Reblauskatastrophe des 19. Jahrhunderts in die ehemaligen Weinberge gestanzten obst- und gemüsegärtnernden Geometrie meiner Kindheit zu begegnen.

Das Konkurrenzdenken der Maler in den Bildern: Die Aussicht in Zwischenräume. Die kleinen Bilder hängen zwischen noch kleineren Fenstern: Fensterbilder. Von innen nach außen und ein schwarzer Blick zurück: Die zwei Dinge, die ich vom Maler Ralf Kerbach habe, sind erstens: immer wieder ein Bild von außen nach innen in einem Bild von innen nach außen: Die kleine graue Landschaft aus der *Radebeuler Schule* Theodor Rosenhauers und die wie Terrassen über die Stirn gezogene, vor die windflüchtigen Schultern auf noch jeden Ausstellungsraum gerichtete Eintrittsgebärde und zweitens: die genau tausendseitige *Kritik der reinen Vernunft* in Reclams Universal-Bibliothek: Ein luft-ziegel-stein-großes Taschenformat. Und wie er mich fünf Jahre später mit einem halben Ziegel, den er auf der Straße aus der anderen, immanuel-kantfreien Tasche gezogen hatte, aus nichts als reiner Eifersucht erschlagen wollte.

Nur Wahnsinnige erschlagen, was auf sie zukommt, der Rest der Todeskandidaten kommt zurück und erschlägt, was war. Kerbach war immer wie eben auf dem Weg irgendwohin, auf einen Baum, auf einen Berg, auf einen Dachboden, von wo aus sicher ein noch konkurrenzloserer Sternenhimmel zu sehen sein müßte.

Wie 1985. »Da hinten, im Schrank neben dem Stehpult, rechts unten, das sind Gedichte von einem Dresdener, amerikanisch und antiamerikanisch in einem, ein bißchen flußabwärts-romantisch wie du. Glaubst du? Und wenn. Vielleicht hast du eine Idee, die nicht gleich wieder bei *Rotbuch* endet. Der muß raus hier«, was Heiner Müller, wie gesagt, zu jedem sagte, also wahrscheinlich auch zu Durs Grünbein. »Keine Ahnung. In Dresden fangen sie alle gleich an. Erst die Kunst, dann das Leben. Und dann pflegen sie da einen sogenannten *welthaltigen* Witz: bis zur Rente, bis fünfundsechzig, in Ruhe philosophieren und dann in Ruhe reisen.« »Vielleicht bringe ich ihn ja als Fußnote in meinem Vertragspoker mit Suhrkamp unter.«

Und Thomas, 1994, da bin ich längst aus Rom zurück in Berlin; bei ihm in der Eisenacher Straße, »*... Ich liebe die DDR für immer und ewig, wie ich mein Verlagsgrab liebe.«* Ich finde ihn nackt, bis auf ein flaschengrünes T-Shirt von *Banana Republic,* neben dem Bildschirmgries. Anthrazit, seit es kein Testbild nach dem Programm, kein weißes Rauschen nach dem Testbild mehr gibt. Entleerter Videokanal. »Keine Fernbedienung?« »Zu viele Fernbedienungen.« Electronics. Batterien. Ausgetauschte, ausgelaugte, ausgelutschte. Dem Schwachen, dem die taubenblaue Herzbrust schwillt, sobald er nur auf die Straße muß, zu Fuß, höchstens um die Ecke zum Zeitungskiosk und – nie umgekehrt – zu *Eduscho-Tchibo* oder umgekehrt. Der Rest mit dem Taxi. Ein brauner Schurwollanzug, unter dem das Hemd spannt, und eine Kopfstimme, die diskant aus dem Brustfell des bauchredenden Kindes zu wimmern scheint. Dann gehe ich zum Fernseher zu, um ihn auszuschalten. Per Hand. »Wir sind mit Heiner verabredet, 13 Uhr.« Und am Abend schon sitzen wir auf einem Hügel bei Naumburg, wo er Kadett war, und reden die Saale hoch, bis nach dort, von wo aus die Romantiker bei guter Sicht den Schreibturm im Garten Friedrichs ahnten und Schillers

Aufreibendes Ich.

Als wir Galrev, den Verlag und das Druckhaus, gründeten und ich in der Einführung eines ersten, programmatisch schwarzweißen Programmheftes im Frühjahr 1990 schrieb: *Während der achtziger Jahre* hätten *Autoren der unterschiedlichsten Art im Rahmen des Staates* DDR *eine gemeinsame Form gefunden, die der ideologisierten Wirklichkeit insofern besser* entspräche *als die der offiziellen Verlagspraxis, da sie von vornherein eine gespaltene Realität und keine maskierte* vorführe, dachte ich immer noch, »Wir« sei die Gummiform des Gießers. Natürlich wollte es ein Selbstbildnis sein.

Nach einer Ausstellungseröffnung bei Rudolf Springer hatte ich um die Ecke, in der Charlottenburger *Paris-Bar,* ein kurzes Gespräch mit Günter Grass, der die Sache aus angemessener Entfernung wahrzunehmen schien, und während ich mit dem Maler Hubertus Giebe, einem alten, erzgebirgschen Bekannten aus der Dresdener Künstlerjugend, über Gott und Sachsen sprach, fragte Grass, warum ich nicht *Ich* sage. Wofür dieses überstrapazierte *Wir* stünde.

Die Maschine lief. Ihr den Willen zu laufen abzusprechen, war blind. Ich erkannte mein eigenwilliges Geschöpf nicht, da es nicht meinem Spiegelbild ähnelte. Der technische Defekt war ich, objektiviert, willenlos. Ein Schatten, der seinen Schlemihl verkauft hatte. Adelbert von Chamissos *Peter Schlemihl.* Das letzte Künstlerbuch mit Penck.

Aus dem Weg räumen. Zurück auf Null. Die Null eines kreisrunden Horizonts im Vertrauen. Nicht mehr als eine bis zum Horizont überschaubare Landschaft. Die drei grundlegenden, typographischen Zwischenräume von L-A, A-N, N-D, in der Hügellandschaft Thüringens. Nicht in einem Haus an der Steilküste hatte ich gelernt, Abstand zu halten, LAND auch ohne mich zu begreifen. Abstände zusammenzuhalten war mein erlernter Beruf. Am Blindmaterial bin ich schon als Schriftsetzer gescheitert. Der Satzspiegel verrät nur noch als Bild, zu dem der Text irgendwann überläuft, die trivialen Gründe seines *Soseins* und nicht anders.

Das Geld, das die Bilder abgeworfen hatten, schüttete ich in den übersperrten Text einer Wiedervereinigung, die höchstens fähig sein würde, im Westen das östliche Spektakel und im Osten bald kein einziges Buch mehr zu verkaufen. Als das Kapital, mit dem das *Druckhaus Galrev* gegründet worden war, zu Ende ging, begann ich die Bilder, die das Geld abgeworfen hatte, zu verkaufen.

Eines Nachmittags, kurz vor der Frankfurter Buchmesse 1991, bog ich mit zwanzigtausend Mark in der Hosentasche von der Stargarder Straße in die Lychener Straße, um mit einer Vorfinanzierung die Arbeiten an der von Gerhard Falkner und Silvere Lothringer herausgegebenen Anthologie *AMLIT, Neue Amerikanische Literatur* anzuschieben. Aus dem *Café Kiryl* kam mir Adolf Endler entgegen und fragte, ob an den Gerüchten, die in der Bürgerbewegung die Runde machten, die Jürgen Fuchs für eine mehrteilige Spiegelserie recherchiere und Biermann in seinen Dankworten anläßlich der Büchner-Preis-Verleihung öffentlich zu machen gedenke, etwas wahr wäre. Er frage mich privat, ob ich zwanzig Jahre lang für die Staatssicherheit gearbeitet hätte. Ich hatte noch nie von

Gerüchten, außer den von der Staatssicherheit manipulierten, gehört, daß etwas an ihnen nicht wahr wäre. Ich wußte, was mich erwartete. Ich verlor im Moment die Fähigkeit, mich in mein Gegenüber hineinzuversetzen.

Ich wußte: Das eine ist die Kindheit. Aber dies ist die totale Kindheit. Die sinnlose Totale auf eine Kindheit, zu der ich »Nein« sagen müßte, wie ich mich zu Adolf Endler »Nein« sagen hörte. Ich fühlte mich verlassen von mir, wie von meinem Vater, der nicht an meiner Mutter, sondern an mir gescheitert war, weil seine Feigheit ihn hinderte, sich in mir zu sehen, wie ich mich nicht dazu überwinden konnte, mich in ihm zu sehen. Schuldig. Der Schuldleib, der sich abends im Bett krümmt, bis Leib und Schuld erschöpft in die Dämmerung abzwitschern.

London, Bond Street, die Schuhe von *Churchs* für die Ewigkeit. *Weimar-Jena* für die Ewigkeit und *Gedichte* für die Ewigkeit, *Rom.*

In diesem einen Jahr, zwischen Herbst 1991 und Herbst 1992, als Reinhild und ich endlich privat – die künftigen Mitstipendiaten der deutschen *Villa Massimo* hatten sich öffentlich geweigert, ihren Aufenthalt in meiner Nachbarschaft zu verleben – in den nordrömischen Stadtteil *Tomba di Nerone* übersiedelten, wurde ich auch noch von den Menschen, die sich bisher nicht als Opfer des Systems, aber, da ich für die Staatssicherheit gearbeitet hatte, in diesen Zusammenhang gesetzt sahen, nachträglich derart mit ihrer historische Bedeutung verknüpft, daß ich den sie überdimensionierenden, ungeliebt ideologischen, aber auch schicksalhaft düsteren Part ihrer Erinnerungs-Kunststücke mit der Vergangenheit zu spielen hatte.

Plötzlich erinnerte jeder, was seine Künstlerkarriere, sein für Wahr-genommen-worden-Werden als Avantgardist, seine vorletzte Liebe, seine unbedingte Unität, sein Aufblühen zur weltbewegenden Metapher für den wenigstens freien Underground der achtziger Jahre zersetzt, im Keim erstickt oder doch zumindest überschattet hatte.

Das, was ich zwanzig Jahre lang dem Dutzend von mir an die Literatur verkauften Malerfreunden Dresdens und den dortgebliebenen Dichtern meiner Generation, was ich den protestantischen und den in der protestantischen Kirche untergekommenen Dissidenten, Punks, Schwulen und Lesben, was ich den nach der Berliner Szene und den nach den Rändern der Berliner Szene Süchtigen, was ich der Liedermacherszene und der Rockmusikszene, der freien Film- und freien Theaterszene, was ich der Jenaer Szene und Erfurter Szene, was ich den Frauen und der Kunst, was ich den hilfreichen Privilegierten und den hilflos Privilegierten, den Diplomaten westlicher Vertretungen und den Geheimdienstmitarbeitern westlicher Vertretungen, was ich den freien Medien und den freien Mitarbeitern der freien Medien genommen hatte, das führten sie mir jetzt in Gestalt dessen vor, was ihnen an ihrem Leben als Defizit erschien.

Orte, die nicht verlassen worden waren, wie öde Orte, Gedichte, die nicht veröffentlicht wurden, wie nie geschriebene Gedichte, die nicht geschrieben werden durften. Ausstellungen, die nicht stattfinden konnten, wie geschlossene und verbotene Galerien. Kirchen, die nicht einstürzten wie Staatskirchen, Unterschriftensammlungen, die ihr Ziel nicht erreichten, wie von mir unterschrieben. Kunst, die nicht politisch sein sollte oder von der Politik nicht wahrgenommen worden war, wie von mir ästhetisch privatisiert, Frauen mit Ehemännern, die von mir im Auftrag der Staatssicherheit ent-mannt worden waren, ein Medienbild, ein menschliches, wie ein Bild von Luigi Fontana nach dem kalten Krieg,

Selbstmord Wie Mord.

Mut war für mich eine körperliche Reaktion auf Angst, zu der ich nur noch als Selbstbeobachter vor dem Fernsehschirm fähig war. Ich sah mir zu. Ich spürte mich warten, in ein Knäuel von Worten und Bildern verstrickt. Ein Pullover, der sich um das Kind strickt, während es gleichzeitig aus ihm herauswächst. Ein lähmender Trick des Zeitraffers. Trickfilm. Lehrfilm. Ja = Nein. Wie konnte ich, der ich all das wie Pech und Schwefel zusammenzuhalten versucht hatte, meinen, die Dinge seien zu differenzieren.

Ein Journalist lud mich – zu einem Gespräch mit Biermann, der zugesagt habe – für seinen *scoop* ins Maxim Gorki Theater ein, wo er mich der versammelten Presse vorführte. Heute denke ich, daß Biermann von nichts wußte. Aber als ich ihn dort vor den laufenden Kameras sich zuhören hörte, wie ich mich mir zusehen sah, war meine Welt irgendwie wieder in Ordnung. Ja war Ja und Nein Nein.

Ein paar Wochen, nachdem das *Druckhaus Galrev* zur Herbstmesse 1991 im *Literaturhaus Frankfurt* eines der Malerbücher von A. R. Penck unter dem Titel PROË als Taschenbuch mit Gedichten und kurzen Essays von Stefan Döring, Gerhard Falkner, Durs Grünbein, Thomas Kling, Bert Papenfuß und Peter Waterhouse vorgestellt hatte, hißte Biermann seine Standarte in Darmstadt, und die ersten von Jürgen Fuchs recherchierten Zusammenfassungen meines Lebens als Spitzel der Staatssicherheit erschienen im *Spiegel*. Ich gab mich dem Sophismus hin, einem vor meinen Augen von mir Entleerten entspräche ein hinter mir von mir Leeres. Da war sie wieder, *Unsere Sache*, zu der ich meinte, stehen zu müssen. Die, frei von mir, die meine bliebe. Der Sachwert eines bösen Gottes, der, wenn er verschwinden würde, das Böse mitnähme. Das Gute, das man anfaßt, ohne verletzt zu werden von den Verletzungen, bleibe. So kompliziert ist es mit Gefühlen, gott- und gegenstandslosen.

Vier Monate später, nachdem die gesellschaftspolitischen Regeln die plötzlich zur Genossenschaft mutierende Brigade der Autorinnen und Autoren des *Druckhauses Galrev* animiert hatten, mich von meinen Klassensprecherpflichten zu beurlauben, um dem privatwirtschaftlichen Kulturbetrieb ein ethisch korrektes Format zu verpassen, war ich nur noch das Rauschen dessen, was die Medien tagsüber von mir abspulten. Zur selben Zeit begannen die TV-Programme, ihre eigenen Pausen zu füllen.

Vier Jahre später saß ich, meinen Fernseher hatte ich verkauft, allein und kurz vor meinem tatsächlichen Abschied aus dem Verlag (einer OHG persönlich haftender Gesellschafter, die weder wirtschaftlich noch programmatisch gewillt waren, meinen ruinösen Vorstellungen der Produktion von Literatur zu folgen), in unserer endlich auch noch von meinem diffusen Wunschbild von Familie verlassenen Wohnung in Berlin-Schöneberg.

»Herr Staatsanwalt Dr. Heisig ruft sie zurück«,hörte ich eine weibliche Stimme auf meinem Anrufbeantworter sagen. Ich hatte beim Kammergericht angerufen, um zu fragen, ob ich mir einen Rechtsanwalt, den ich mir nicht leisten könne, nehmen müsse, nachdem ich die Vorladung zur Klärung des Sachverhalts geheimdienstlicher Agententätigkeit für die DDR erhalten hatte. Das Gericht hatte seine Büros in der Elßholzstraße am Heinrich-von-Kleist-Park, um die Ecke meiner Wohnung, wo die vier Besatzungsmächte getagt hatten. In einem Hochsicherheitstrakt im vierten Stock saß ich vor Herrn Heisig. »Ihre Akten haben wir nicht. Aber das, was in den Täterakten steht, deckt sich mit dem, was über die Opferakten verteilt ist.« Als es mir gut ging, wären dreißigtausend Mark keine Strafe gewesen, jetzt überstiegen die dreitausend Mark, die ich für eine Einstellung des Verfahrens zahlen sollte, selbst meine Schuldgefühle. Ich zahlte die unregelmäßigen Raten von fünfhundert Mark an eine Petersburger Initiative für obdachlose Kinder.

1987, als ich dachte, ich würde untergehen im ökonomischen System des Westens, hatte ich mich auf eine freie Stelle im Öffentlichen Dienst an der Kunst beworben. Ein Mitarbeiter des Kultursenats von Berlin riet mir damals, abzuwarten. Ich bin ihm, auch wenn er später meine Bewerbung als Auftrag der Staatssicherheit interpretierte, dankbar dafür und, wie ich es in der Schule der DDR gelernt habe, der Einheit von Staat und Gesellschaft, aus der ich aufgrund meiner Geschichte ausgeschlossen zu bleiben gewillt bin, gewiß: *Die Basis aller ewigen Verbindung ist eine absolute Tendenz nach allen Richtungen.*

Es gibt keinen selbstgewissen Grund dafür, daß ich seit 1996 wieder im Prenzlauer Berg lebe. Ich denke, es ist der Versuch, mich der möglichen Reaktion auf eine Geschichte auszusetzen,

Die Ich Mir Selbst Erzähle.

ABBILDUNGEN UND ANMERKUNGEN

I.: Ich auf dem Motorrad eines der Freunde meines dreißigjährigen Vaters in Radebeul, 1958. II.: Ich mit Ich-Puppe, 1957. III.: Notizbuch, Aufzeichnung eines Traumes aus der Nacht vom 17. auf den 18. Juni 1982. IV.: Dresden, 1986. Die Grundstraße unter der Standseilbahn in Loschwitz und die Trümmer des Hauses, in dem ich 1973 kurzzeitig wohnte. V.: Uraufführung des Stückes für Puppen und zwei Schauspieler *Herr Ubu* beim Künstlerfest im Pfarrgarten von Pfaffroda durch Steffen Reck (Regie) und Bernd Weißig, 1977 (Foto: Eva Anderson). VI.: Berlin-Pankow, Publikum in der Alten Pfarrkirche, 1981 (Foto: Helga Paris). VII.: Der Cottbuser Künstler Hans Scheuerecker während einer Performance im Sprachenkonvikt Berlin, 1985 (Foto: Harald Hauswald, *Ostkreuz*). VIII.: Berlin-Pankow, Konzert von *Schwarz-Weiß* in der Alten Pfarrkirche, 1981; links: Kerbach, rechts: Rom (Foto: Helga Paris). IX.: Autorenfoto von Helga Paris für das Buch *Jeder Satellit hat einen Killersatelliten*, 1982. X.: Gruppenfoto von Helga Paris nach einer Gemeinschaftslesung in der Küche von E. Maaß, Schönfließerstraße 21, Berlin-Prenzlauerberg, 1980; von links stehend: Eberhard Häfner, Jan Faktor, Heinz Kahlau, Uwe Kolbe, Roland Manzke, Wolfgang Hegewald, Peter Brasch (gestorben 2001), Dieter Schulze, Eckehard Wenzel, Michael Rom (gestorben 1991), Leonhard Lorek, Lutz Rathenow; von links sitzend: Rainer Kirsch, Rüdiger Rosenthal, Traudl Kulikowski, Sascha Anderson, Bert Papenfuß und Stefan Döring. XI.: Mit Volker Braun, 1982 (Foto: Helga Paris). XII.: Cornelia Schleime und Gabriele Kachold während eines Pleinairs im Eichsfeld, 1983 (Foto: Heike Stephan). XIII.: Einladung zur Uraufführung des Fernsehspiels für die Deutsche Bühne *flucht nach vorn* unter Verwendung einer Grafik von Ralf Kerbach, 1982. XIV: Allen Ginsberg nach seiner Lesung in der Werkstatt von Wilfriede Maaß, beim Bemalen einer Fayence, Februar 1983 (Foto: Heike Stephan). XV.: Mit Bert Papenfuß während einer Lesung, Dresden, 1982. XVI.: Mit Elke Erb (Mitte) und Gert Neumann (links) vor der Samariterkirche, während der Veranstaltung *Wort & Werk,* 1986 (Foto: Harald Hauswald, *Ostkreuz*). XVII.: Mit Heiner Müller während einer Lesung zur Eröffnung der Ausstellung von Penck in der Wohnung von Inge und Dietrich Bahß, Magdeburg, 1985 (Foto: Dietrich Bahß). XVIII.: Letztes Konzert von *Fabrik* im Rostocker Studentenklub, Sommer 1986; von links nach rechts: Hansi Noak (Geige), Stefan Hachtmann (Gitarre), Jörg Beilfuß (Schlagzeug), Sascha Anderson (Gesang), Gunther Krex (Baß). XIX.: Eine interne Hausmitteilung der Hochschule für Bildende Künste Dresden. XX.: Während der Eröffnung der Ausstellung und Sammlung *Tiefe Blicke* im Hessischen Landesmuseum Darmstadt, 1985; links: Bild von Wolfram Scheffler, oben rechts: Textbild von S. Anderson, unten rechts: Gemeinschaftsbild von Scheffler, Schleime, Anderson (Foto: Dietrich Bahß). XXI.: Einladungskarte: Wolfram Scheffler in seinem Atelier und Selbstporträt des Fotografen Thomas Florschuetz. XXII.: Doppelporträt; links: Thom di Roes, rechts: Wolfram Scheffler, 1984 (Foto: Thomas Florschuetz). XXIII.: Notizbucheintrag von 1985, poème trouvé (aus der Serie eNDe): ein Gedicht von Wilfriede Maaß. XXIV.: Mit Wilfriede in unserer Wohnung, 1985. XXV.: Berlin-Schöneberg, von links nach rechts: Helge Leiberg, Bert Papenfuß, Ralf Kerbach, 1988. XXVI.: Penck im *Café Kiryl* vor dem Siebdruck *Demokratie ist lustig* von Joseph Beuys, 1991. XXVII.: Mit den Herausgebern von AMLIT, *Neue Amerikanische Literatur,* links: Gerhard Falkner; Mitte: Silvere Lothringer, im Hinterhof des Druckhauses Galrev, 1992. (Foto: Susanne Schleyer). Falls es für die Abbildungen XV, XVIII und XXIV Rechtsträger gibt, bitte ich sie, sich beim Verlag zu melden. Unscharfe Schnappschüsse verantwortet der Autor.

1: DEFA: Deutsche Film-Aktiengesellschaft, (1946 bis 1990), volkseigene Filmstudios der DDR. 2: Die Mehrzahl der zusammenhängend kursiven Sätze in den Kapiteln 1.1. bis 5.1 stammt von Friedrich von Hardenberg (Novalis, der von 1773 bis 1802 lebte); ansonsten wurden sozialistische Standards, wie *Alle Menschen werden Brüder*, Buchtitel und familiengeschichtlich relevante Sprichworte wie *die Puppen tanzen lassen* kursiv gesetzt. 3: LTI (Lingua tertii imperii: Sprache des Dritten Reiches) *Notizbuch eines Philologen von Victor Klemperer* (1881–1960), Philipp Reclam junior, Leipzig. 4: Zu Sais: bezieht sich auf Friedrich Schillers (1759–1805) Gedicht *Das verschleierte Bild zu Sais.* 5: Поживём-увидем (sinngemäß): sehen, um zu leben. Московская: russischer Wodka. Варенье: Konfitüre. Чёрт возьми: Hol's der Teufel. Халва: Süßspeise. Коммунагорск (Kunstwort): Stadt des Kommunismus. Крупская: Geburtsname der Ehefrau Wladimir Iljitsch Lenins. Мир: Frieden, Welt. Пётр: Peter. Русак: Feldhase, Russe. Усталый: müde. Москвич (Moskowiter): sowjetische Automarke. Дружба: Freundschaft. Тройка: Dreigespann. Имени: namens. Волга: sowjetische Automarke. 6: Jährlich an einem der Sonntage vor oder nach dem 19. Januar stattfindender Gedenkmarsch zu den Gräbern von Karl Liebknecht und Rosa Luxemburg auf dem *Ehrenfriedhof der Sozialisten* in Berlin-Friedrichsfelde. 7: Futura: auf der Philosophie des Bauhauses basierende, geometrische Schrift von Paul Renner aus dem Jahr 1927. 8: Karl-Marx-Stadt: heute wieder Chemnitz. 9: *F9*: DDR-Nachfolgemodell des BMW 326 der EMW (Eisenacher Motorenwerke) nach der Trennung vom bayrischen

Stammbetrieb. 10: Charles Ives: amerikanischer Komponist, (1874–1954). 11: Patty Frank: 1876 in Wien geborener Freund von Karl May, der bis zu seinem Tod 1959 in Radebeul lebte. 12: Rosamanna, Kissell und Bubert: Süßspeisen. 13: *Goldbrand*: DDR-Weinbrand, Kognak-Ersatz, von dem behauptet wurde, er dürfe nur deshalb nicht Cognac genannt werden, weil die Lizenz nicht zu bezahlen sei. 14: ČSSR:Tschechoslowakische Sozialistische Republik. Staat aus Tschechien und der Slowakei, 1945 bis 1990. 15: *Tetrapack*: Dreieckskegel-Verpackung für einen viertel Liter Milch. 16: *Neues Deutschland*: Zentralorgan der SED. 17: Picassotapete: Wandtapeten, auf denen sich, entweder vorgedruckt oder mit einer gummierten Rolle vor Ort aufgetragen, ein blasses, meist abstraktes Muster wiederholte. 18: *Hofmannswaldau,* Christian Hofmann von: deutscher Barockdichter aus Breslau (1616–1679). 19: *Tesla*: tschechisches Spulentonbandgerät. 20: Alleinunterhalter: heute DJ. 21: Billiger Lohn: Im Vorsatz steht eine lapidare 5, aus der ich den Preis in Mark der DDR schließe, den ich für das gestohlene Buch hätte zahlen müssen. 22: Grünes Gewölbe: Dresdener Schatzkammermuseum. 23: *Tal der Ahnungslosen*: in Dresden konnte, der abseitigen Tallage wegen, kein Westfernsehen empfangen werden. 24: Jahresendprämie: dreizehntes Jahresgehalt, Weihnachtsgeld, das für besondere kollektive Leistungen an den einzelnen ausgezahlt wurde. 25: *Iskra* (Der Funke): sowjetische Zeitung. 26: Intershop: volkseigene (staatliche) Devisenläden, in denen die DDR-Bürger ihr Westgeld ausgeben konnten. 27: Dschingis Aitmatow: kirgisischer Schriftsteller (geb. 1928). 28: Leonid Leonow: russisch-sowjetischer Schriftsteller (1899 – 1994); »Der Dieb«, eines meiner Lieblingsbücher, beschreibt das Moskau der Zwischenkriegszeit aus zwei Perspektiven. 29: ADN: Allgemeiner Deutscher Nachrichtendienst (DDR-Nachrichtenagentur). 30: Strammer Max: eine Scheibe Schwarzbrot mit Schinken unter einem Spiegelei. 31: NDL: Neue Deutsche Literatur, Zeitschrift des Schriftstellerverbandes der DDR. 32: *Lippoldsberg*: siehe *Volk ohne Raum* von Hans Grimm. 33: *Leuchte mein Stern, leuchte*: sowjetischer Spielfilm von 1969, Regie: Alexander Mitta. 34: Eisenhüttenstadt: in den 50er Jahren als

Stalinstadt in der Nähe von Frankfurt a. O. errichtete Plattenbausiedlung, von der der österreichische Architekt Richard Neutra bei einer Visite sagte: »Da hilft nur noch Efeu.« 35: HVA: Hauptverwaltung Aufklärung der Staatssicherheit der DDR. 36: *Blaues Wunder*: 1893 von Klaus Köpke erbaute Elbbrücke, die Dresden-Blasewitz mit Dresden-Loschwitz verbindet. 37: Pawel Kortschagin: Hauptheld des Buches *Wie der Stahl gehärtet wurde* von Nikolai A. Ostrowski (sowjetischer Schriftsteller: 1904–1936). 38: Balaton (Plattensee): großer ungarischer See nahe der österreichischen Grenze.